彭瑞骢先生百年诞辰纪念文集

北京大学医学人文学院医学史与医学哲学系
中国自然辩证法研究会医学哲学专业委员会 编著

北京大学医学出版社

PENGRUICONG XIANSHENG BAINIAN DANCHEN JINIAN WENJI

图书在版编目（CIP）数据

彭瑞骢先生百年诞辰纪念文集 / 北京大学医学人文学院医学史与医学哲学系，中国自然辩证法研究会医学哲学专业委员会编著. —北京：北京大学医学出版社，2024.3

ISBN 978-7-5659-3027-0

Ⅰ. ①彭… Ⅱ. ①北… ②中… Ⅲ. ①彭瑞骢—纪念文集 Ⅳ. ① K826.2-53

中国国家版本馆 CIP 数据核字（2023）第 210807 号

彭瑞骢先生百年诞辰纪念文集

编　　著： 北京大学医学人文学院医学史与医学哲学系
　　　　　　中国自然辩证法研究会医学哲学专业委员会
出版发行： 北京大学医学出版社
地　　址：（100191）北京市海淀区学院路 38 号　北京大学医学部院内
电　　话： 发行部 010-82802230；图书邮购 010-82802495
网　　址： http://www.pumpress.com.cn
E-mail： booksale@bjmu.edu.cn
印　　刷： 北京信彩瑞禾印刷厂
经　　销： 新华书店
责任编辑： 刘　燕　　**责任校对：** 靳新强　　**责任印制：** 李　啸
开　　本： 710mm × 1000mm　1/16　　**印张：** 16.5　　**字数：** 253 千字
版　　次： 2024 年 3 月第 1 版　2024 年 3 月第 1 次印刷
书　　号： ISBN 978-7-5659-3027-0
定　　价： 80.00 元

人到世界上走一遭，

一定要留点痕迹。

——彭瑞骢

编 委 会

序一

彭瑞骢同志是北医人爱戴的老书记，也是一位享有社会盛誉的医学教育家和中国卫生事业推进者。

他自1940年考入北京大学医学院后，就一直在北医学习和工作，见证了北医70多年来所经历的变革和发展。他在很长时期内担任北医的领导，在各个关键时刻做出正确抉择，带领北医广大师生员工不断前行。

彭瑞骢同志积极倡导从哲学的高度来反思医学教育。他身体力行，在医学界开展自然辩证法的学习和研究，并亲自主持编写了教科书——《医学辩证法》。在他的带动下，医学伦理学和卫生经济学等一批新兴学科得到发展，为应对新时期医学教育的挑战做出了积极贡献。

彭瑞骢同志深刻地认识到，从原来单纯的生物医学模式转变为生物—心理—社会医学模式更加符合医学的本质。20世纪90年代，他与美国哈斯汀中心合作，率先在中国开展了医学目的的讨论。大家达成共识：医学的目的不仅仅是“消灭疾病，战胜死亡”，而在于提高人们的生存质量。医生应该给予病人更多的关注和照料，帮助人们战胜慢性病。他参加了世界卫生组织1978年在苏联阿拉木图召开的“2000年人人享有卫生保健”会议，以及而后在印度、南斯拉夫及苏联里加等地召开的一系列国际会议。他在卫生部的领导和支持下，将这些会议的精神在中国进行了认真的宣传和贯彻，在全国引起了广泛重视。

彭瑞骢同志关心北医重点学科的建设和前沿学科的发展。在职期间，他对北医泌尿外科中心、血液病中心和成形外科中心等的建设，以及核酸生物化学、分子生物学等前沿学科的发展倾注了大量心血。他也十分关注国家广大农村缺医少药的状况和国家初级卫生保健网的建设。

彭瑞骢同志有很强的党性和政治把握能力，同时对同志充满爱心。改革开放前，政治运动不断，知识分子不时受到冲击，他总是能用他的政治智慧，既服从全局，又维护学校师生的利益，在北医形成了宽松的政治氛围和与人为善、团结和谐的传统。他善于发现人才、欣赏人才、爱护人才、支持人才，为各类人才的成长创造条件，使众多人才为北医发展竞折腰。所有这些都与他厚道的人品有关。

2023年是彭瑞骢同志百年诞辰，北医人分外怀念他，纷纷写文章回忆往事，表达对他的崇敬和爱戴，读后让我非常感动。“政声人去后”。

一个人在领导岗位的时候，多被一些溢美之词包围，而那些“好听”的话，恐怕是要打很大折扣的。但是一个人离去了还能被那么多人怀念和赞扬，这才能够真切地看出被怀念者在人们心目中的地位和影响。在大家的怀念文章中，显现的是北医真实而生动的历史轨迹，也体现出北医人的厚道品质。现在我们把这些怀念文章收集成册，供大家交流和学习。这是非常有意义的。

当前，世界局势风云激荡，中国特色社会主义建设进入新阶段。面对新形势、新任务、新挑战，我们北医人要继承彭瑞骢同志的遗志，学习他的崇高精神和优秀品质，矢志奋斗、革故鼎新，不断开创新局面，早日把北医建设成世界一流医学院校。

衷心希望这本文集能够成为北医人奋斗道路上的精神食粮。

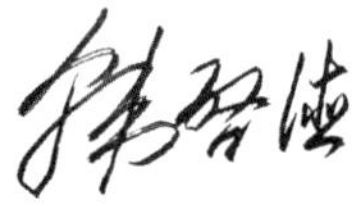

中国科学院院士、中国科学技术协会名誉主席、北京大学医学部原主任

2023 年 6 月 13 日

沧桑逾九秩，皓首穷经，抱道传薪通哲理；

光明伴终身，忠心敬业，滋兰润蕙泽杏林。

2023 年是彭瑞骢先生 100 周年诞辰。作为医学教育家、公共卫生学家、高校管理者，他将毕生奉献于北医的医学教育事业和中国的医药卫生事业，鞠躬尽瘁，死而后已；他是北医第一个教员党支部书记；他是第一个把生物—心理—社会医学模式概念传播到中国、指导卫生改革与发展的人；他积极倡导从哲学的高度来反思医学教育；他时刻关心北医重点学科建设和前沿学科的发展；他是北医人眼里的“活字典”，是大家口中亲切呼唤的“老彭”，是北医人心中永远铭记的“老书记”。

作为老彭的学生，我是在他的教导下、培养下成长起来的。1955 年我考入北医，当时老彭是北医党委副书记。1980 年他任北医党委书记，一直到 1993 年。这在全国高校恐怕也没有先例。

老彭同志对北医的贡献也是全局性的。

第一是明确北医的定位和奋斗目标。在 1986 年北医第七次党代会上，学校把建设国外知名、国内一流的高层次和多学科的医科大学确定为奋斗目标。老彭跟我们讲，北医不是跟国内院校竞争，主要是在国际上竞争。我们记住他的教导，一直朝着这个目标努力。

第二是重视领导班子建设。他一直讲，领导班子建设应该是老、中、青三代相结合，滚动式换届，不是说上来一个主要领导，原班子就全部“换血”。这样的指导思想和方针对于北医长期、稳定的发展具有重要意义。北医党的领导班子始终坚持民主、和谐、团结，这一点对于北医的发展至关重要。

第三是重视学科建设。他多次强调，北医要有重点学科，同时还应该有一般学科。内科、外科对于医院和医学教育是不可缺少的，但一般学科也应该重视，同时还应该有新兴学科。有些学科现在看不出来，但它是有发展潜力的。他认为，对一个大学来讲，重点的教研室或系，或者医院的重点科室，对于促进学校的发展是非常重要的，所以党委要对其加强管理和建设。

第四是重视学科人才梯队的建设。他始终重视人才的培养，特别是对于学术带头人的培养。老彭和我们经常去学院和二级单位摸底，与各医院院长一起梳理出各院的学术梯队，做好人才储备，这对北医的可持续发展十分重要。

第五是对于医学教育和医学体制的改革有独到的见解。他对我们说，学校的正校长首先要抓医学教育，因为这是全面性的工作，否则他不可能对北医有全面的了解。老彭善于用哲学的思想思考医学教育问题：提出医学的目的是什么，医学发展的方向是什么，进而提出医学和公共卫生的整合问题，并且前瞻性地提出医学教育与人文教育相结合。在他的领导下，北医成立了社会科学与人文科学部（简称“社文部”，后改为公共教学部，现北京大学医学人文学院）。这在当时的医学院校中是少有的。对于医院的定位到底是什么，当时卫生部有同志提出医院应该市场化，老彭坚决不同意。他认为医院应坚持公益性，不能市场化。

老彭曾经说过：“人到世界上走一遭，一定要留点痕迹。”2023 年，正值老彭百年诞辰，学校组织了一系列纪念活动，成立了筹备组，广泛采集资料，开展专家访谈，编辑《彭瑞骢先生百年诞辰纪念文集》，共收录了 40 余篇文章。其中既有老彭生前同事、学生、学界同仁的追思，也有子女和孙辈对他的回忆，准确地介绍并评述了他的成长历程、革命事迹、工作经历、学术成就、医学思想及奉献精神。

老彭的一生，是热爱祖国、追求真理、忠贞不渝的一生，是严于律己、勤奋耕耘、无私奉献的一生，是襟怀坦荡、严谨治学、精心育才的一生。他的品质和风范永远铭刻在我们心中。愿我们向老彭学习，传承厚道的北医精神，秉持“勤奋、严谨、求实、创新”的学风，老老实实做人，踏踏实实做事，立足本职岗位，根据党的需要和安排，为祖国的繁荣发展贡献自己的力量！

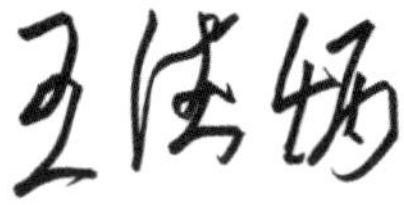

北京大学原党委书记、原北京医科大学校长兼党委书记

2023 年 6 月 15 日

2023年是医学教育家、公共卫生学家彭瑞骢100周年诞辰。他，是北医人眼里的“活字典”，是北医人心中的“老书记”。北医的发展与国家共命运，与民族同兴衰，与现代医学在中国的发展紧密相连，与人们的生命健康息息相关。彭瑞骢也由一个追求真理、热爱祖国的热血青年成长为一位政治素养成熟、领导才能出色的北医党委书记。他跌宕起伏的一生，也是时代的缩影。

拳拳报国志

彭瑞骢祖籍江苏苏州，彭氏家族属书香门第。彭瑞骢的父亲彭望恕在家族专门奖学金的支持下留学日本，回国后在民国农商部任职。20世纪20年代，彭望恕脱离政界，任教于北京大学农学院。母亲顾冰一也是书卷世家出身，兰心蕙质、知书达理，非常重视子女的教育。这样的家学传统为彭瑞骢今后的人生和事业打下了坚实的基础。哥哥姐姐们专修土木、翻译及师范专业，家里安排彭瑞骢学医，也是出于任何时代都要有人治病的实际考虑。

1940年彭瑞骢从北京师范大学男附中毕业，顺利考入北京大学医学院医学系。通过长期接触进步读物和受进步同学的影响，他希望参加抗日斗争、追求真理、向往革命的心情越来越迫切。1944年，彭瑞骢亲自到阜平解放区根据地目睹了中国共产党领导的抗日根据地的蓬勃生机，同年3月正式加入中国共产党。

抗日战争时期，彭瑞骢在晋察冀城市工作部担任交通员，往返于解放区和国统区之间，传递信息和执行相关任务。1944年7月，彭瑞骢从北京大学医学院毕业，考入北京中央医院（现北京大学人民医院）做内科实习医生。做医生期间，彭瑞骢先后得到了钟惠澜、朱宪彝等名家的直接教导和严格训练，培养了他治学严谨、严肃、严格的学风，以及不知疲倦的工作作风。1945年他由组织委派，转到开滦矿务局医院做住院医师。

1946年6月，上级决定让彭瑞骢回北平，到北京大学医学院担任公共卫生科助教。同年12月，医学院首次成立了教师党支部，彭瑞骢为首任书记。他在林宗扬、严镜清教授的领导下，从事教学和研究工作，开展了部分北医宿舍学生斑疹伤寒（鼠源型）的流行病学研究。1947 年至 1948 年，彭瑞骢与方亮教授、王光超教授、王锦江同学等人在京西公主坟附近的什坊院村建立了什坊院保健院。在这种革命与公共卫生专业结合的实践中，彭瑞骢更坚定了为大多数人服务的理念。

1949 年 1 月，彭瑞骢站在北医的队伍里欢欣鼓舞地迎来了北平的和平解放。同年 2 月，彭瑞骢被选为中共北京大学医学院第一任教员党支部书记，后改任北京大学党总支组织部部长。5 月 4 日，北京大学校务委员会成立。胡传揆、严镜清两位教授为北京大学校务委员会委员，胡传揆为医学院院长，彭瑞骢为医学院秘书。从此，“彭秘书”成了北医方方面面的“小当家”。

初探建设路

1950 年 1 月 4 日，北京大学医学院划归卫生部管辖。3 月，经中共北京市委批准，医学院建立党总支部，由中共北京市委组织部直接领导。9 月，总支委改选，彭瑞骢当选为总支书记。

1952 年，全国进行院系调整，北京大学医学院脱离北京大学，独立建院。1953 年我国开始实行第一个五年计划，国家决定重点投资，发展高等教育，并选定在北京西北郊新建、扩建一批高等学校，北医被列为其中之一。从此，北医开始在卫生部管辖下独立建设、发展，作为总书记兼任学院秘书的彭瑞骢身负重任，夜以继日地为北医的建校和发展奔忙着。

彭瑞骢认识到“好老师—好学生—好人才—好成果—好老师”这种良性循环的重要性，开始把建校的重点放在吸引优秀人才上。经过多方共同努力，北医吸引了一批知名专家和留学英才加盟，如药学院的章琦、诚静容，临床专业的张丽珠、李家忠、王叔咸、马万森等人。1952 年 7 月，全院教职工人数增至 1382 人，其中教授 41 人，副教授 26 人，讲师 50 人，助教 211 人。北医汇聚了一大批中国当时最好的教授、名医，由此组成了一支老中青结合、具有较高医学理论和专业技术水平、热心为新中国医学教育事业服务的师资队伍。彭瑞骢感慨道：“正是这批专家、教授和青年教师，以及后勤、建筑、技术人员，为北京医学院的建设和发展、为新中国的医学教育事业做出了贡献!”

1955 年 4 月，北医召开第一次党代会，选举了曲正为书记，彭瑞骢等任副书记，领导学校工作。1956 年，在毛泽东的《论十大关系》报告中提出的繁荣科学文化事业的“双百方针”指导下，彭瑞骢与主管业务的院领导深入课堂、实验室、研究室，向专家学习，提升专业知识，熟悉业务工作规律，为做好管理工作创造条件。认识到知识的重要性，彭瑞骢决定选择在生物化学专业深造。他通过听高级生化课、做生化实验等，积极学习专业知识，深刻体会到，“作为领导，如不深入学习有关专业知识，那么做管理工作就难以恰到好处。”

彭瑞骢将医学分为基础医学、临床医学、预防医学、特种医学和理论医学。他及时组织包括马文昭、臧玉诠、刘思职、林振纲、沈寯淇等教授在内的专家小组，对各科室的长远科研规划和 1956 年具体科研项目进行审查，最后确定了 108 个科研项目，作为全院“1956 年科研计划”。到 1957 年上半年，全院共完成论文 130 多篇，包括基础、临床、药学、卫生学等方面。

1958 年，卫生部将人民医院、中央直属的平安医院和北京市第七医院划拨给北医做教学医院，自此北医才建立起完整的教学和临床体系，完善了培养一个合格医生应具备的硬件系统。同年，在彭瑞骢等校领导的组织下，学校决定从北大医院每个科室抽调 3 ~ 4 名骨干医生组建北京大学第三医院（简称“北医三院”）。这一时期，北医建立了“三基、三严”制度，“三基”即基本理论、基本知识、基本技能；“三严”即严肃的态度、严格的要求、严密的方法，注重住院医师培养，建立了骨干团队。同时，北医还通过走基层加强对学生的思想教育，如在暑期下乡考察，组织“抗梅队”（治疗梅毒），以及到青海、内蒙古进行社会实践。

彭瑞骢带领北医人在基础条件有限的情况下积极探索医学教育的创办模式，北医在大家的奋斗中茁壮成长起来。

发展改革风

彭瑞骢始终坚持思考，认识到尊重知识和尊重知识分子的重要性，更认识到独立思考的重要性。在主持北医工作后，彭瑞骢反复思考如何建设北医，北医的发展目标和发展方向是什么，北医要达到以及可能达到的高度是怎样的。因而，抓住改革开放的大机遇，迎接挑战，促使北医发展，尽快培养人才，成了当务之急。

经过1977—1980年的调整，1980年9月，北医召开了第六次党代会。会上彭瑞骢代表党委作工作报告。报告中明确提出了北医的发展方向是：稳定办学规模，以提高为重点，把学校建设成为教学中心、科研中心和医疗中心，把北医建成我国医学教育的最高学府。

大会选举了新一届党委成员，经中共北京市委批准，彭瑞骢为党委书记。这次党代会标志着北医拨乱反正结束，迎来了建设现代化的北京医科大学新时期。

1980年，彭瑞骢用中国传统文化辩证地审视过去的同时，又锲而不舍、学而不倦地注视着世界医学科学发展的动向。他触摸着时代与科学发展的脉搏，通过科学与哲学的思考，琢磨着如何规划未来，推进北医的复兴。

彭瑞骢认为，要全面考虑，提高北医的医、教、研人才队伍以及实验室的质量水平，立足国内，走向世界，而决不能满足于只在国内占据领先地位。后经院务委员会多次讨论、党委决定，北医立足全院的学科建设和发展、教研室的建设和梯队培养，选拔大批业务人员出国进修。至1991年，北医先后公费派出各专业1000多人次奔赴世界各地学习进修。绝大多数出国进修人员不负众望，学成回国后，发挥专长，对学校的学科建设、师资队伍的培养以及医疗改革和教学、科研、医疗质量的提高都起到了很好的作用。

加强理论创新与实践

20世纪80年代卫生事业改革兴起，彭瑞骢把握时代要求，积极在北医建设卫生事业管理学科。为提高卫生行政部门与卫生单位的科学管理水平，彭瑞骢按照卫生部的决定，于20世纪80年代初在北医筹建卫生事业管理干部培训中心（现为公共卫生学院卫生政策与管理系）。他积极支持举办卫生事业管理专业骨干师资班，并作为主编组织编写了《中国卫生事业管理学》。这本书被行政主管部门推荐为卫生事业管理专业的教材和卫生事业管理干部的主要参考书，并一直沿用至今。

20 世纪 80 年代，是彭瑞骢率先把生物—心理—社会医学模式的概念传播到了中国，指导卫生改革与发展。他指出："生物医学模式是文艺复兴以来，特别是百余年以来，一系列重大科学进展的辉煌成果。众所周知，从医学本身的发展和医疗保健的客观社会需要来说，在现代工业化社会中，传染病、寄生虫病、营养缺乏病已经不再是威胁人们的主要疾病，它们在'疾病谱'和'死因谱'中所占的地位显然已不重要，取而代之的是与心理性、社会性因素有关的疾病的地位显著提高。以目前头三位死因的心血管病、恶性肿瘤和脑血管病来说，其发病机制都含有心理紧张、吸烟、环境污染等心理、社会因素。至于公害病、交通事故、自杀、吸毒、酗酒、饮食过度，因犯罪率升高和'家庭瓦解'，以及其他种种心理、社会原因引起的心因性疾病的广泛发生，则更主要来自心理、社会因素。从整体来说，必须把生物医学模式转变为生物—心理—社会医学模式，从生物、心理和社会学三个方面，而不能只从生物学一个方面来研究人类的健康与疾病，以及社会的医疗保健措施。"他强调：生物—心理—社会医学模式这种现代医学的构成，对于改革医学教育的课程设置，改变医务人员和医学生的知识结构，促使医学联系社会实际，促进卫生事业管理、卫生法学和卫生经济的研究，都有着重要的实际意义。

实践证明，改革开放以后，在北医心理学、社会医学与卫生事业管理、医院管理、健康教育、卫生法学等教研室的建立，以及社会科学与人文科学部的设置，都体现了彭瑞骢等北医人积极的理论思维，促进了医学相关学科的发展。

现在，生物—心理—社会医学模式已在人们的心里扎了根，而且越来越广泛地被应用于医疗卫生保健事业的改革，对提高医疗质量和促进临床医务人员的成长起到了重要作用。

坚持医学辩证法

20 世纪 60 年代，彭瑞骢在北医抓科学技术革命，在实践中发现了许多问题，亟须理论上的指导，于是彭瑞骢萌生了成立自然辩证法学习小组的想法。70 年代末，为倡导以马克思主义哲学思想指导医学科学的发展，他在北医政治理论教研室建立了自然辩证法教学组，并亲自给研究生开课。

1979 年 6 月，北医汇集了几十位在基础医学、临床医学和预防医学第一线工作的专家教授、教师和自然辩证法工作者，成立了全校的自然辩证法研究组，推动了北医自然辩证法的教学与研究工作，同时把它应用于指导教学与科学研究实践。

1984 年，彭瑞骢主编的《医学辩证法》出版。他在绪论中写道："医学辩证法是在总体上研究医学科学，在总结医学科学成就、探讨生命活动和疾病过程一般规律的基础上，研究医学科学中的思维方式问题，以及防治疾病、促进健康和医学科学研究中的方法问题……医学辩证法是自然辩证法的分支学科，与自然辩证法是特殊和一般的关系。它用辩证唯物主义的观点，研究医学的发展规律和医学工作者的理论思维。"1986 年，这本书被卫生部确定为医学生选修课的推荐教材。

20 世纪 80 年代中期，彭瑞骢特别注意到了卫生改革与发展总体思路的研究。他汲取了我国经济体制改革的经验，积极参与卫生改革与发展的活动和研讨。90 年代初，他参加了卫生部关于卫生改革与发展纲要的起草组。1995 年后，他积极对《中共中央、国务院关于卫生改革与发展的决定》的起草提出建议。近些年来，他多次参与医疗服务体制改革的讨论，并参与有关的课题研究。他既能从国内外卫生事业发展的历史中汲取经验和教训，又能联系中国实际，从政治、经济、社会、伦理等全方位、多角度地考虑和研究卫生改革与发展的思路。他的那些具有全局性、前瞻性和战略性特点的论述深得人心。

桑榆为霞天

"人到世界上走一遭，一定要留点痕迹。"这是彭瑞骢的座右铭。无论在创建国家重点医学院校、兴教育才，还是在医学思想、理论研究和促进卫生改革和发展等方面，他都有独特的建树。他在中国的医学学术思想和理论发展史以及医学教育史上留下了不可磨灭的痕迹。

退休后，彭瑞骢仍一有空就往北医和各医院跑。不少教职工看见他大冬天穿着一身中式衣衫，戴着毛线帽，推着一部已经生锈的自行车风里来雪里去。师生们关心他，总劝说着让司机开车送他。他笑着挥挥手说不用。彭瑞骢待人宽容、诚恳，尊重和爱护知识分子。身边的人说从没见过彭老与谁生过气，即使看到别人的缺点，他也总是单独约人心平气和地指出来。

面对新时期医学教育面临的新情况、新挑战，彭瑞骢曾语重心长地对当下的医学生说："'无德不医'。学校只能教育你认识是非，但是社会太复杂了。你要是想拿学医当敲门砖去赚钱的话，那就别来学医，此路不通。对青年的教育在做人问题上绝对不能含糊。"他始终坚持"医乃仁术"，认为专业教育重要，人文教育也不可偏废。

2015 年 1 月 7 日 17 时，彭瑞骢在北京逝世，享年 91 岁。彭瑞骢的一生是献身于医学教育和医药卫生事业、不断追求真理的一生。他把自己的命运与国家的发展紧密相连，始终对党、对国家、对人民忠心耿耿，将毕生的精力奉献给了祖国的医学教育和医药卫生事业，奋斗不息、鞠躬尽瘁。

2023 年值彭瑞骢百年诞辰之际，经校友和师生员工倡议，由中国科学院院士韩启德出面发起，邀请著名艺术家、民盟中央专职副主席、中国美术馆馆长吴为山先生亲自设计、无偿制作彭瑞骢纪念雕像，最终于北京大学医学图书馆落成。彭瑞骢追求真理、热爱祖国的赤诚情怀，躬耕教坛、哺育良才的无私奉献，严谨治学、卫戍健康的担当作为，低调平易、厚道温和的楷模风采，为北医构建全员、全过程、全方位的育人大格局奠定了坚实基础，也树立了光辉榜样，永远值得我们学习和怀念！

彭瑞骢先生与我

（按作者年龄排序）

目录

斯人宛在，光华如昔
——深切缅怀彭瑞骢老书记

集体追忆

彭瑞骢是北医人爱戴的老书记。他的一生与民族解放和国家的发展建设密切相连。他清正廉洁、朴实无华。他谦恭品正、慎终如始。他爱国荣校，博学、博雅、博文。他把一生奉献给北医的医学教育事业和中国的医药卫生事业，鞠躬尽瘁，死而后已。

一、追求理想，为北医发展呕心沥血

彭瑞骢从青年时代起就追求真理。从抗日战争到解放战争，他在晋察冀边区分局城市工作部从事地下党工作，在北平解放前风雨如磐的年代，地下交通员的工作充满了危机和挑战。1944 年 3 月，他加入中国共产党。

彭瑞骢从 1949 年起担任北医教员党支部书记，后直至北医党委书记。他长期在领导岗位工作，特别注意掌握党的政策。从 20 世纪 50 年代开始的历次运动到 80 年代的政治风波，他在力所能及范围内，尽力保持北医工作的稳定，做好团结、保护知识分子的工作。他的身上体现了党的优良传统和共产党人的品德风范。

党的十一届三中全会后，国家确立了改革开放的大政方针。经过对“文革”的反思，他头脑清楚，目标明确。在改革开放的大潮下，他密切观察世界医学发展的动态，对北医的现状有着清醒的认识。他以敏锐的眼光，瞄准世界一流水平，利用世界银行贷款，抓住机遇，“抢占高地”，大力培养师资队伍。他与北医领导班子达成共识：发展是硬道理，人才是第一位，学科建设是人才成长的基地。他以缜密的思维和果断的决策，有计划、有目的地输送北医大批教师出国进修。这一举措为北医的发展赢得了机遇。

对于北医的建设，他认识到：领导班子的水平决定着北医发展的高

度。他认为，领导班子需要集体领导，不能一个人说了算。在实践中，彭瑞骢和班子成员不断探索、不断实践、不断积累经验，逐渐形成了几条思路。首先是集体领导制度，防止一言堂；其次是领导班子滚动换届，以确保学校发展的连续性和稳定性；最后是领导班子运行中，要着力培养年轻干部。

彭瑞骢认为，高校是出人才、出成果的地方。师资培养、学生教育、行政管理、干部工作，都应围绕着建设一流学校，从长远发展着眼。他说，配备好一个强有力的领导班子，有利于工作的开展，有利于事业的传承。他强调，北医的发展、中国医药卫生事业的发展，不仅是自己这一代人的工作，也是一代又一代北医人的大业。只有将北医建设成为高水平的医学院校，才能够为全人类的发展做出贡献。

在彭瑞骢的领导下，北医从20世纪80年代开始，在十几年时间里，注重领导班子建设，把培养年轻干部健康成长放在首位。实际工作中，他亲自参加干部考核。对于后备干部梯队，彭瑞骢认识到干部需要德才兼备，有才无德不行，有德无才也不行。有才可以工作，但缺乏群众基础，还会有私利缠身的弊病。如果只有德，缺少开拓创新精神，也不利于工作开展。所以，建立年轻干部后备梯队的标准必须是德才兼备。党委常委会还确立了“两个梯队一起抓”的原则，即学术梯队和管理干部梯队一起抓。两个队伍的干部互有联系，又互为基础。以这样的培养方式，一些人可能成长为领导干部，另一些人会成长为学科带头人。彭瑞骢从事业出发，努力创造学校领导班子工作“交而不乱、接而有序、政策连续、稳定发展”的氛围。

在干部的选拔和任用上，彭瑞骢没有丝毫个人利益。彭瑞骢要求班子成员眼界开阔、胸怀宽广，工作目标向上。他不断告诫北医师生“不能松懈，稍一松懈就会被赶超”“被赶超意味着落后”。他深入研究，始终追踪国际医学前沿的发展动态，用行动发挥着领头羊的作用。实践证明，彭瑞骢“建立干部梯队制度”“滚动换届”的想法和实践，对于北医的长远发展是有效的。他在干部选拔和任用上体现出的政治智慧和领导经验，是他长期思考并不断积累实际经验的结果。

彭瑞骢深厚的学养还体现在他敏锐的洞察力和广博的知识上。他善于站在更高的层面思考问题。他说搞学科发展，首先要设计发展路径，有开阔的视野。他多次讲："心内科不行，心外科无地位，北医要上去，一定要赶超。找准突破口，跨越式前进，占领制高点，这样北医才具备发言权。"他常说："医学发展，特别是临床医学与预防医学结合很重要。"他列举了许多名医的学术转型，比如吴英恺[1]、严仁英[2]。他们在个人学术生涯取得成就后，都体会到医学要取得更大的社会效益，转向人群的工作很重要。学术转型也是医学发展的趋势。他用缜密的思维准确地指导着北医的发展方向。

作为党的领导干部，彭瑞骢对党在历史上的历次运动有着深刻的认识。建党 90 周年、新中国成立 60 周年、抗日战争胜利纪念日等重大时间节点，他都抱病参加离退休党支部会议，与大家一起回顾历史，总结经验教训。他特别关注党的十八大召开和新一届党中央领导集体，关心国家的前途和命运。

彭瑞骢晚年时不仅思考党在发展建设中的经验和教训，还反思新中国成立后的知识分子政策。他思考中国医药卫生事业走过的历程，反思北医发展建设中的经验和失误。他寄予北医的未来，希望北医的明天更加美好。

二、尊师重道，辛勤耕耘杏林沃土

尊重知识、爱护人才是彭瑞骢领导艺术的突出特点。他深知如何发挥知识分子的作用，如何把握知识分子政策。20 世纪 50 年代，北医聚集了一大批优秀的医学人才。许多老教授得知彭瑞骢是共产党员，因为对他个人的欣赏和信赖，从而加深了对共产党的认识和了解。那时，彭瑞骢经常与老教授、老先生们在一起，倾听他们对学科发展的经验和设想。作为学

1 吴英恺（1910—2003），男，医学家，中国科学院学部委员，中国胸心外科开创者之一，率先在中国研究心血管病的流行病学和人群防治。

2 严仁英（1913—2017），女，1940 年获北京协和医学院博士学位。1951 年 12 月加入九三学社，1979 年加入中国共产党。中国著名妇产科、妇女保健专家，北京大学医学部终身教授，北京大学妇儿保健中心主任，世界卫生组织妇儿保健研究培训合作中心主任，中国关心下一代工作委员会专家委员会主任委员，原卫生部妇幼卫生专家咨询委员会主任委员，中国疾病预防控制中心名誉主任，北京大学第一医院（简称"北大医院"）名誉院长，北京大学"蔡元培奖"获得者，被誉为"中国围产保健之母"，创建中华医学会围产医学分会，创办《中华围产医学杂志》，曾任九三学社第六至八届中央常委，第三、五、六、七、八届全国人大代表，第二、三届全国政协委员。

校领导，如何发挥老知识分子的作用，彭瑞骢体会得最深刻。他与知识分子真诚地交朋友，以诚待人，以诚持校。他谦逊朴实的品格，深受老教授的赞许。

为了北医可持续发展，彭瑞骢十分关注青年人的成长，并努力创造和培育青年成长的土壤。20 世纪 80 年代中期北京医科大学第一医院（现北京大学第一医院）皮肤科朱学骏[1]大夫出国进修，学到了一些国际上的新知识、新方法，回国后他感觉自己有责任把科里带动起来，就组织科里开展读书会和报告会。彭瑞骢在党委常委会上肯定了朱学骏的做法。他要求领导班子成员善于发现年轻人才，鼓励青年教师、青年医师发挥才干，推动年轻人才尽快成长。20 世纪 80 年代中期，基础医学院方积乾[2]和其他老师要组织青年教师沙龙。彭瑞骢得知后，不但鼓励沙龙的举办，还积极参加，注重倾听青年教师的意见和建议。在北医，只要有利于青年教师成长的活动，他都予以热情的支持、大力的宣传并加以推广。在党委书记的岗位上，他善于发现知识分子中积极的一面，同时，他也注意引导青年教师，特别注重学科成员之间的团结与协作。他坚持原则，秉持辩证的包容，在知识分子中求同存异。他说，允许年轻人犯错误，也允许年轻人改正错误。他求贤若渴，欣赏有思想、善于思考、有独立见解的人，并做到知人善用、人尽其用。

他把有思想、有才干作为考量和选拔领导干部后备梯队人选的标准之一。彭瑞骢发现和培养青年人才的做法极大地调动了北医青年知识分子的积极性。在人才培养工作上，他堪称楷模。

彭瑞骢是北医建设的引领者。他重视医学生的科学素养，同时认为医学生更要重视人文素养，人文精神与科学精神的培养不可偏颇。社会科学与人文科学部（简称“社文部”）就是在他的大力支持下成立的。他还亲自担任社文部第一任主任。社文部的资料室藏有大量人文社会学科的书籍，在这里常常可以看到彭瑞骢读书的身影。

1　朱学骏（1942—），男，1965 年毕业于北京医学院医疗系。北京大学第一医院主任医师、教授、博士生导师。曾任北京大学皮肤与性病学系主任、国家皮肤与免疫疾病临床中心名誉主任。

2　方积乾（1939—），男，生物统计学博士。1985 年在北京医科大学由讲师直接晋升为教授。1991 年任中山医科大学（现中山大学）教授、博士生导师。1993 年以来，任香港中文大学兼职教授、国际生物统计学会中国组负责人。

课程改革给当时的中共党史教研室主任马模贞[1]教授留下了深刻印象。经过长期的授课实践，中共党史教研室的教师们深思熟虑地提出了将中共党史课程改为中国革命史课程。这个改革意见在当时的历史条件下是需要勇气，要敢于担当的。彭瑞骢对此给予了大力支持。课程改革初期，将中共党史拓展为中国革命史，带来了不小的震动，并引起了高等教育机构的关注。经过反复论证并综合学生的反馈意见，中国革命史课程改革取得了较大的成效，其影响远远超出了该教研室最初的预想。马模贞教授因教改及其在人文与社会科学教学上的贡献，获得了“全国优秀教师”称号。马模贞教授说：“荣誉称号给了我，课程改革成功的背后是彭瑞骢。”她体会最深的是老书记不仅对医学学科的建设有独到的见解，对人文学科的发展也有研究。马模贞教授说：“没有彭瑞骢的支持，中国革命史课程改革不会取得成效。……彭瑞骢是北医人文与社会科学学科建立和发展的奠基人和推动者。”

三、襟怀坦荡，为北医建设勇于担当

彭瑞骢心胸宽广，从不掩饰自己的缺点或错误。2013 年 8 月 5 日，学校举行彭瑞骢 90 岁生日小型茶话会。他深知自己的身体状况，意识到这将是最后一次跟大家见面。他坚持借着这次宝贵的机会，向到会的人们表达歉疚。他说：“过去做错的事、说过的错话，虽然我不是第一把手，但都在领导岗位，我都有责任。在‘拔白旗’时，领导说了一些错话，我也有责任。在此向大家表示歉意。”

他敢于担当、无私无畏，向北医人敞开胸怀，真诚地道歉。

2010 年生病以后，他以顽强的毅力与疾病抗争。他行动不便，但始终思维清晰。他思考的问题越来越深刻，对党的历史、北医发展建设、新中国医药卫生事业的历程，他都在思考和反思。意识到人生即将走到尽头，他拼尽全力，用 2 年多的时间，在 2012 年 8 月终于完成了回忆录和

1 马模贞（1931—），女，中国近代史学家。1949 年 2 月加入中国共产党，1954 年毕业于北京大学史学系，教授、硕士研究生导师。是研究李大钊的专家，中国禁毒史研究的开创者和专家。曾任全国医学院校政治理论教学研究会会长，1998 年被评为“全国优秀教师”。

文集，把他一生奋斗的体会，以文字的形式告诉大家，期待北医人从中汲取经验，以利于未来的发展。

四、宽厚待人，无名无利无悔

彭瑞骢实事求是，重视发挥各类人员的特长。陈化[1]同志回忆，1953年她从上海第一医学院转学，插班到北医52级医学系。1952年北医招收了206名新生，其中有100多名高中毕业生，还有二十几位调干生及二十几位来学习西医的中医学生。

陈化同志作为1941年入党的新四军战士，担任班级党支部书记。她说："记得那时候彭瑞骢同志负责学生工作。班上的中医学生唐由之、方药中、陆广莘、朱方寿等都已经是名震一方的中医大夫。来学习西医的中医学生个性鲜明，脾气、秉性各异。"陈化深有体会地说："彭瑞骢的记忆力惊人，他可以认出52级许多新生，了解很多同学的性格、特点、脾气、秉性。"彭瑞骢教给陈化同志工作方法。他实事求是的工作态度，深得52级学生的称誉。

彭瑞骢经常深入第一线调查研究。1956年口腔系成立党总支，当时的办公室设在原学校照相室的暗房，白天办公也要开灯。有一次彭瑞骢到口腔系党总支办公室，看到这个条件，他对马熙允说："没事，你更可以经常深入科室。"这句话马熙允记忆深刻，她认识到这是彭瑞骢对她的工作要求——要深入下去。文革末期，彭瑞骢从茶淀农场回到学校，在医教组做一名普通干事。为了亲自了解北大医院挂号难的问题，他半夜骑车去北大医院挂号处，亲自体会挂号情况。彭瑞骢真抓实干的作风，令马熙允深受教育，至今不能忘记。

五、严于律己，用赤诚温暖无数北医人的心

作为领导者，彭瑞骢平易近人。几十年里，他坚持骑自行车上下班，

---

1 陈化（1926—2017），女，原北京医科大学党委副书记、副校长。

这个印象深深地刻在北医人的脑海里。他说，教授们都没有坐车，我为什么要坐车。他还说，骑车可以锻炼身体。他严于律己，女儿彭嵋报考北医基础医学系，因成绩差几分而被录取到医疗系。他说要按孩子高考的实际分数录取。

他宽以待人。只要在学校，他办公室的门就永远开着。任何一位师生员工走进来，他都认真接待，帮助解决问题。下班后走在校园里，北医任何人都可以拦下他，跟他反映情况。在他身上看不到“官气”，他始终把自己当做北医的一员。他虽身居领导岗位，但心里装着无数的教授和工友。朱聃教授的女儿生病，不愿治疗，其子女找到彭瑞骢，他就去北大医院病房做朱聃教授女儿的工作。膳食科郭守权师傅分了房，他到 16 号楼 5 层问候。2011 年至 2013 年，他在身体状况稍微稳定时，登门看望曲绵域[1]、李天霖[2]、籍孝诚[3]、陆广莘[4]教授。同时，他默默地承受着几十年老友杜如煜、张树基、李天霖、丁东杰等教授们离世前的告别。

他心里装着北医的师生，更惦念为北医发展做出贡献的人士。上海第一医学院易鸿匹教授在困难时期支援北医建设，1960 年至 1962 年一个人北上，帮助北医建设药理学科。上海第二医学院沈鼎鸿教授也是通过北京市委与上海市委协商支援北医建设，1958 年至 1962 年在北医微生物教研室任教。这两位教授暂别上海支援北医建设，彭瑞骢一直记在心里，每到上海出差都登门看望。2011 年北医人去上海考察，彭瑞骢专门签名送书，请党委副书记李文胜代表北医看望和感谢两位教授。听说沈鼎鸿教授百岁生日，他与王谔教授、龙振洲教授联名写贺信。沈鼎鸿教授听说彭瑞骢病重了还惦念着他，很受感动。回忆在北医的时光，他期待能回来参加北医百年校庆。

1 曲绵域（1925—2018），男，中国运动医学专家、教授，1949 年毕业于北京大学医学院，历任北京医学院运动医学研究所所长、北京医科大学校长，第五、六、七、八届全国政协委员。

2 李天霖（1924—2013），男，中国社会医学学科的拓荒者之一，北京医科大学卫生统计、社会医学教研室主任、教授。

3 籍孝诚（1923—2019），男，1948 年毕业于北京大学医学院。我国儿科学事业的先驱者之一，中华医学会围产医学分会第一届委员会常委，曾任北京协和医院儿科主任。

4 陆广莘（1927—2014），男，中国中医科学院主任医师，首届“国医大师”称号获得者。1948 年 10 月起从事中医临床工作，1952 年应考中央卫生部中医药研究人员，录取后入北京大学医学院，学习西医 5 年。1957 年被分配到中央人民医院（现北京大学人民医院），从事中医科研、临床、教学工作。1958 年 1 月在北医首次开设中医病房，1958 年秋在北医首次开设中医学概论课程。

彭瑞骢对北医的热爱遍布校园和各个附属医院，整个北医都装在他的心里。即便生病了，每天他也会坐在轮椅上在北医的校园里走一走、看一看。张津萼老师说："老彭不是官，他就是一位群众，他和我们大家在一起。"

20世纪50年代，柳萍老师和彭瑞骢做邻居，都住在8号楼23组。彭瑞骢生活朴素，吃饭不讲究，中午常常做简单的面条。他对母亲十分孝顺，常见他给母亲洗头、洗脚。北方人听不懂他和母亲的苏州方言，但母亲很慈祥，他对母亲很体贴，他们之间关系亲密。彭瑞骢生病以后，惦记姐姐，在女儿的陪同下看望已91岁高龄的姐姐。清明时节，他在子女的搀扶下到八宝山给老伴卜毅扫墓。走到人生尽头，他更加思念亲人。在回忆录中他深情地回忆了父母、哥哥、姐姐以及儿女、家庭。

六、无怨无悔，勤勉工作70余年

彭瑞骢具有深厚的学养和扎实的理论修养。从少年时期他就养成了好学深思的习惯，练就了常人难以企及的记忆力。李天霖老师曾感慨："老彭的读书能力、学习能力超群。我从18岁开始与他一个宿舍同住3年，他的学习精神影响了我一辈子。"1999年离休以后，彭瑞骢依旧博览群书，参加医疗卫生改革的各种研讨会，经常在"神仙会"上探讨医学教育和卫生改革。2010年生病住院，他仍坚持读书、思考。一生中他从未停止读书，真正做到了活到老、学到老。

彭瑞骢总是惦记北医。住院以后，凡老朋友、老部下、学生们探视，他的话题都离不开北医的发展，离不开医学教育、医疗体制改革。他说："以前我们跟着人家学，经过30多年的努力，我们具备了一定的实力，在某些领域可以做引领者。在卫生革命的转型期，北医应抓住机遇，在世界舞台上发出我们的声音，站在全人类的角度，做出我们应有的贡献。"直至病重，他从未停止思考。

北医百年，是彭瑞骢期待已久的愿望。回想70余年的风雨历程，他有千言万语。他为百年庆典画册写道："愿北医人在下一个百年里，充分挖掘和大力弘扬祖国传统医学，为我国医药卫生事业的现代化建设做出重要贡献，为世界医学发展与建设做出贡献。”他把一生中的经验和教训，用回忆录的形式与大家分享。他在国家危难时起航，在逆境中保持清醒。他的一生对党、对国家、对医学教育事业忠心耿耿。他淡泊名利、播撒智慧，家里存放着50多本国内外各个机构颁发的聘书。他用毕生精力，捧回一个奖励——2013年北京大学“蔡元培奖”。

彭瑞骢从抗日战争时开始，历经75年风雨，见证了北医的沧桑巨变。他在人生中真诚地行走，始终不渝地追求理想。他顺逆数变，委屈不曲，是信念的光辉照亮他的一生。彭瑞骢为北医人所敬仰，不仅因他的学识，还因他的品格。他是前行者，披荆斩棘，用智慧铸造阶梯，供后来者攀登。他是一粒种子，已深深地融入北医这片多情的土地。他以自强不息的精神，成就了传奇的一生。

彭瑞骢老书记说过：“人到世界上走一遭，一定要留点痕迹。”我们看到在他生命的旅途中，留下的是深深的印记。

敬爱的老书记，站起来是一面旗帜，倒下去是一座丰碑！他是一把号角，让信念和梦想在北医人心中蔓延。前行的路上，老书记的精神将鼓舞着我们一直向前！

彭瑞骢是一位智者，是我们的挚友，更是我们的师长。老书记永远在我们心中。

彭瑞骢同志千古！

本文为2015年3月由程传泰、陈化、嵇静德、马熙允、柳萍、陈淑华、程伯基、贾春红联合执笔。

忠贞不渝、坚定不移，为中国医学教育与卫生事业奉献一生

——记北医改革、发展的设计师与践行者彭瑞骢教授

朱锡莹　陈育德

朱锡莹，女，1927年10月生，上海人，中共党员，研究员，曾任北京医科大学卫生管理干部培训中心健康教育教研室第一任主任，多年从事大学生烟草控制研究与实践，在控烟领域做出突出贡献，2017年10月27日因病去世。

陈育德，男，1936年4月生，上海人，北京大学公共卫生学院教授，长期从事保健组织、卫生统计、社会医学与卫生事业管理的教学、实践与研究。1959年毕业于北京医学院卫生系，后留校任教，同年8月加入中国共产党。参与创建社会医学与卫生事业管理专业，为国家卫生事业培养和储备了大量干部，为卫生统计中心的工作打下了坚实基础。曾任北京大学公共卫生学院社会医学与卫生事业管理教研室主任，公共卫生学院副院长、院长，卫生管理干部培训中心副主任、主任。1989年至2000年，任卫生部卫生统计信息中心主任。

彭瑞骢教授1944年毕业于北京大学医学院，服从党的安排，在北医坚守岗位，从事医学教育工作，为北医的建设和发展奋斗拼搏了70余年。在这70余年的医学教育生涯里，他既有经验，也有教训，更多的是奉献，留下了不可磨灭的痕迹。从这些痕迹中，人们看到了北医人爱国、进步、民主、科学的光荣传统；看到了北医人发扬钻研求实、创新向上的优良学风和精神；也看到了一个单位或部门的领导人，如何紧扣时代脉搏，伴随祖国的改革开放，抓住机遇，迎接挑战，使北医人在饱尝“文化大革命”的浩劫后绝处逢生，从处于青黄不接的境况中走出低谷，为我国培养了一代又一代医生和青年医学工作者，促使中国医

学教育事业不断地出人才、出成果，迈步走向世界，自立于世界医学之林。

一、生于忧患，坚定为人民服务的信念

彭瑞骢 1923 年生于北京的一个职员家庭，时值祖国内忧外患之际。他祖籍江苏苏州，清朝时其家族曾是科甲鼎盛的望族，祖孙会状，出过 14 位进士，31 名举人。父亲于清末留学日本，学习农业与法律。受家庭影响，彭瑞骢努力读书。他生在北京，长在北京大学民主与自由、讲求读书与科学救国的摇篮之中。特别是在新中国即将成立的黎明前的黑暗里，他看到了光明，积极投身到了救亡运动的革命洪流之中。1944 年 1 月，经同学金英爱（中国共产党地下党党员）介绍，他毅然奔赴晋察冀抗日民主根据地。在当地学习 1 个月以后，领导动员他回到敌占区，长期潜伏，坚持地下斗争。1944 年他加入中国共产党。

（一）既要革命，也要做学问

1944 年 7 月，彭瑞骢由北京大学医学院毕业，考入北京中央医院（即现在的北京大学人民医院）做内科实习医生。不久，又转入唐山开滦矿务局医院。他先后得到钟惠澜、朱宪彝等名家的直接教导和严格训练，养成了治学严谨、严肃、严格的学风，以及不知疲倦的工作作风。1946 年，他回到北京大学医学院任公共卫生科助教、讲员。同年 12 月，医学院成立了中国共产党第一个教师党支部，彭瑞骢任书记。当时，他在林宗扬、严镜清教授的领导下，从事教学和研究工作，开展了部分北京大学医学院宿舍学生斑疹伤寒（鼠源型）的流行病学研究，还研读了一些关于中国乡村卫生建设的专著，以及定县、璧山县卫生实验区的报告。由此他得到启发，结合医学院的特点，进行防病治病和卫生状况调查，以团结更多的师生参与爱国民主运动。1947 年 6 月 2 日，他与同道方亮等商议，先从每人月工资中提出 5% 作为开始活动的经费，在京西公主坟附近什坊院村的一个农场的大厅里，办起了什坊院保健院。每星期四下午及星期日全天，由北医师生轮流来为附近农民义诊。1947 年暑期、1948 年

寒假，方亮与彭瑞骢等先后带领三批同学在此防病治病和进行入户调查，了解农村卫生情况。他们对近20个村庄、2000余户的1万余农民开展了调查，结果提示：这里是甲状腺肿大的高发区，患疥疮等皮肤病的人也不少，婴儿死亡率高得惊人；农民的生活十分贫苦，几口人只有一床破棉被过冬，……这些都给同学们留下了深刻的印象。教学相长，在革命与公共卫生专业相结合的实践中，彭瑞骢更坚定了为大多数人服务的理念。

凭借他那受名师培育的温文尔雅、真诚严谨的学人品格，彭瑞骢广泛联系群众，做深入细致的思想工作，发展和壮大自己的队伍：北医教员党支部从开始时仅有3名党员迅速壮大，领导医学院师生与国民党反动派展开了不屈不挠的斗争。

1949年1月31日，彭瑞骢在北医的队伍中欢欣鼓舞地迎来了北平和平解放。同年2月，建立了中共北京大学医学院党支部，彭瑞骢被选为第一任党支部书记，后改任北京大学党总支组织部部长。1949年2月28日，北京市军事管制委员会文化接管委员会正式接管北京大学。5月4日，北京大学校务委员会成立。由军管会任命胡传揆、严镜清两位教授为北京大学校务委员会委员，胡传揆为医学院院长，彭瑞骢为医学院秘书。从此，“彭秘书”成了北医方方面面的小当家。对北医的创建历史和当时的基本情况，他可以如数家珍地告诉你：1912年10月16日，一批从海外留学归来的医学家创办了国立北京医学专门学校，校址设在北京和平门外八角琉璃井胡同。它标志着中国的医学教育进入了一个新的历史阶段，1923年改名国立北京医科大学校。1928年并入北平大学，改称北平大学医学院。1946年改称北京大学医学院。新中国成立时，北医有医学、牙医学和药学三个系、一个附属医院，357名本科生、597名教职工和一定物质基础，是一所正规高等医学院。1912—1949年的37年里，有1166名学生毕业。北医为社会培养了一批医药卫生人才，也为新中国医学教育和医药卫生事业的发展准备了一定的条件。但学校规模小，办学经费严重不足，设备陈旧简陋，培养人才速度太慢。凡此种种，与新中国建设事业的发展和人民的需要相比很不匹配。

（二）时代赋予北医的历史任务

1949 年 10 月 1 日，中华人民共和国中央人民政府正式宣告成立。北平改称北京，北京大学由中央人民政府教育部直接领导。

1950 年 1 月 4 日，中央人民政府政务院文化教育委员会根据中央人民政府卫生部的请示，决定将北京大学医学院划归中央卫生部管辖。

1950 年 2 月 13 日，在北医第一次师生员工大会上，卫生部李德全部长、贺诚副部长着重谈了北京大学医学院的任务和发展问题："北大医学院在今天卫生事业的发展和首都学术界都有值得重视的重要地位。北大医学院是中国的宝贵财产，是培养大量卫生干部的工厂。今后，北大医学院的建设方针是改造医学院和发展医学院。要努力提高学术水准，大力培养为人民服务的多种人才。据估计，当前全国需要 47 万名医生，而现实只有 2 万多名医生，需要培养大批卫生干部补缺。这是我们贯彻教育方针的改造重点。中国也需要研究人才，至少需要 0.5 万人，但当前我们的改造重点应放在培养 47 万名医生上，而不是急于解决研究人才……发展医学教育的目的是解决人民的需要，为人民服务，不是为教育而教育。这样，教育才能发展，才会得到人民的支持。卫生部同意北京大学医学院由卫生部领导，为此可以解决卫生事业的发展问题。"

1950 年 3 月，经中共北京市委批准，医学院建立党的总支部，由中共北京市委组织部直接领导。9 月总支委改选，彭瑞骢当选为总支书记。

1950 年 8 月，第一届全国卫生会议召开。全国政协第一届全体会议通过的共同纲领规定和教育部有关精神提出："医学教育要培养德、智、体全面发展的医药卫生人才，进行学制改革，统一管理招生""高等医药院校实行统一招生与分配"。与此同时，中央还制定了"面向工农兵""预防为主""团结中西医""卫生工作与群众运动相结合"的卫生工作四大方针。这些为医学院的改造和发展指明了方向。

1952 年，全国进行院系调整，北京大学医学院脱离北京大学，独立建院。1953 年开始的第一个五年计划，国家决定重点投资，发展高等教育，并选定在西北郊新建、扩建一批高等学校。北医被列为其中之一。经卫生部核定，第一期建造面积为 45 680 平方米，当年投资 7 533 000 元

（新币）。1953 年 7 月 12 日，卫生部李德全部长亲自参加奠基典礼，部分建筑当年竣工。从此，北医开始在卫生部管辖下独立建设、发展。

为了培育 47 万急需的卫生人员，按照卫生部的要求，北医要为新中国承担起培养成千上万卫生人才的重任。当时的院长胡传揆是著名皮肤性病学家，副院长是留学德国后去解放区工作的细菌学家曲正，教务长是在解放区从事医学教育多年的马旭。而作为总支书记又任秘书的彭瑞骢，则承担了“穷人的孩子早当家”的角色，在党的领导和诸多教授、学者的指点、帮助下，为北医的建校和发展奔忙，显示了他的才能与无私的奉献。

要培养人才，首先要有好老师，要招收好学生。教育是立人，是关系到学生一辈子的大事。如果学生经过学校培养，毕业后能得到社会的承认、接纳，来投考这所学校的好学生就会越来越多。这样，“好老师—好学生—好人才—好成果—好老师”，才能形成良性循环。没有大批有较高素质的人才，怎能建设北医、发展北医。曾经有一位海外归来的学人愿意到北医工作，可是就因为没有编制，彭瑞骢无奈地看着他悻悻离去！于是，抓住北医转归卫生部管辖的时机，彭瑞骢等人四处奔走，克服了许多困难，争取到了 800 个编制。国家还拨给 1000 多万斤小米买房子，为开展工作创造了必要的条件。经多方面的努力和有识之士的推荐，吸引了一大批专家学者来北医工作。1953 年，原有七年制医学系的学生将进入第七年的学习和分配，彭瑞骢等人就设法为他们开办了三期高级师资进修班，还吸收了部分外来学员，按医、药、卫生专业教师的要求进行一年培训后，大部分留校担任教师，或被分配到全国。学校又从应届毕业生中挑选优秀学生留校任教。1952 年 7 月，全院教职工猛增至 1382 人，其中教授 41 人，副教授 26 人，讲师 50 人，助教 211 人。由此组成了一支老中青结合、具有较高医学理论和专业技术水平、热心为新中国医学教育事业服务的师资队伍。每当回忆及此，彭瑞骢深情地说：“正是这批专家、教授和青年教师们，以及后勤、建筑、技术人员，为北医的建设和发展、为新中国的医学教育事业做出了贡献！”

（三）北医成立党委，彭瑞骢也想做副博士

为适应学校发展和党的建设需要，经批准，1954 年 11 月 27 日，北

医成立党委。1955 年 4 月，北医第一次党代会隆重举行。曲正同志任党委书记，彭瑞骢等任党委副书记。经中共北京市委批准，还建立了党的领导小组，曲正为组长，成员有阎毅、马旭、彭瑞骢等，领导学校工作。1956 年正式确立院党委对学校实行全面领导。1956 年 1 月，中央召开了知识分子会议，重申了党的知识分子政策，明确宣布知识分子是工人阶级的一部分。4 月，毛泽东同志作了《论十大关系》的报告，再次强调贯彻知识分子政策的重要性，并提出了繁荣科学文化事业的“双百方针”，要调动知识分子的积极性，向科学进军。北医院党委积极贯彻中央知识分子会议精神，彭瑞骢与主管业务的院领导深入课堂、实验室、研究室，向专家学习，使自己多掌握一些专业知识，熟悉各种业务的工作规律，为搞好管理创造条件。特别是当时中央领导鼓励有条件的学校领导也攻读副博士学位，对此彭瑞骢情有独钟。他说：“回想自己刚从北医毕业后，就在钟惠澜教授的指导下做临床医生。钟教授强调临床实践的重要性，给我压担子，要我管十多个病人，并要求病床周转快，病人住院不到两个星期就得出院。遇到抢救病人时，更忙得上下楼梯时还得拿着手摇机子数病人的血球！常常还要开夜车，结合病人的实际情况进行学习，准备教学，是家常便饭。”彭瑞骢说：“从事医学教育而自己不了解医学是不行的，要真正了解医学，必须通过自己亲身实践，才能真正懂得哪些是重要的。药学系王序教授说得好，大学毕业，自己不做科研就教大学是绝对不行的，也给了我深刻的印象。”因此，彭瑞骢决定选择一门专业系统学习。考虑到原来从事的公共卫生学必须经常到现场调查研究，自己身为医学院领导，不可能做到这一点，他便选择了生化专业。通过听高级生化课、做生化实验等，积极学习专业知识，他由此得到启示：“作为领导，如不深入学习有关专业知识，那么，做管理工作就难以恰到好处。”

中央知识分子会议精神激发了北医教研人员和青年学生向科学进军的热潮。北医的科研工作全面开展起来，特别是广大青年科技人员，纷纷制定红专规划和向副博士进军的努力方向，积极参加科研工作。为此，彭瑞骢等及时组织包括马文昭、臧玉诠、刘思职、林振纲、沈寯淇等教授在内的专家小组对各科室的长远科研规划和 1956 年具体科研项目进行了审查，并特邀专家费尧道罗夫参加，最后确定了 108 个科研项目，作为全院

1956年科研计划，上报卫生部。虽未全部落实，但全院科研工作大有进展。到1957年上半年，全院共完成论文130多篇，包括基础、临床、药学、卫生学等方面。例如，马文昭教授关于磷脂类可促进创伤愈合的报告；朱洪荫副教授关于8例拇指再造术的经验总结；张乐天教授关于针灸对牙髓炎的镇痛作用的报告；王序教授关于中药化学成分的研究，以及用中医方法治疗肾炎，大蒜疗法抑制金黄色葡萄球菌等研究，都获得了好评；臧玉诠教授关于哺乳类动物小脑皮质异位的蒲肯野细胞及其发生学意义的研究受到国际同行的好评。1954—1957年，北医加强了基础理论教学和科研工作的领导和管理；1956—1957年，全院共招收本科生794人，比1949年增加了4倍，比1950年增加了2倍多。1957年全院有在校生3408人，比1949年的591人增加了4倍多；1957年毕业的学生有561人，比1949年的97人增加了近4倍。1955年开始招收研究生，至1956年共招收研究生79人。1956年，中央召开全国知识分子问题会议，成立了以陈毅为主任的国家科学规划委员会，集中大批优秀科学家编制了《1956—1967年科学技术发展远景规划（修正草案）》。卫生部据此制定了《高等医学教育十二年规划（草案）》，北医选派教师参加了这两个规划的制定工作。此后北医也组织部分专家制定了北医十二年发展远景规划。但是，由于后来频繁的政治运动，该规划未能实现。

二、进行科学与哲学的思考，幡然悔悟和自新

遗憾的是，历史的曲折，使满腔热情建设北医的彭瑞骢一度跌入磨难的深渊。在一系列的政治运动中，彭瑞骢一时清醒，一时蒙头转向。当他正要研究医学教育的特点和规律，探索如何加强党对学校工作的领导以及保证学校中心工作开展的奥秘时，社会经历了动荡。

（一）在磨难里深刻反思

20世纪60—70年代，为保持自己的精神面貌，彭瑞骢不间断地早起学习和锻炼，他说："同样一件事情，你所站的角度不同，得出的结论会完全不同。对人必须全面了解，正确分析。"在干校劳动时，他的特点是

能吃苦耐劳。人们说他是一个“早出晚归，什么脏活、累活都抢着干的人”。更可贵的是，他身处逆境而能坚持学习和反思，保持清醒的头脑和坚强的意志。在劳动和被批斗之余，他学习了大量哲学、马克思主义理论原著和鲁迅的文章。对自己，他不停地反思，进行自问自答、自我批判和改造；在挨斗、挨批之余，在牛棚里，他如饥似渴地学习和反思；在干校劳动之余，他还是不停地学习和反思。

（二）失之毫厘，错以千里

是对科学与哲学的思考，使彭瑞骢明白了一些事物发展的必然规律。回顾历史，彭瑞骢看到了北医走过的是一条曲折的路，其间有坦途，也有荆棘丛生的崎岖小道；有成功，也有失败。更多的是正确中伴有失误，顺利时夹带着挫折。他在反思过程中不断汲取教训，总结自己的经验和教训；最痛心的是自己在理论思维上出了偏差，只“唯书”，只“唯上”，而不“唯实”！寻根溯源，关键在于自己能否按事物发展的客观规律办事，在复杂多变的环境中善于观察、调查研究、勤于思考与分析，既要敢于领导，又要谨慎决策。要做到这一点，就得下工夫学习，学理论，学哲学。彭瑞骢在北京中央医院（现北京大学人民医院）任内科实习大夫时，冯传汉已是那里的主治大夫，后为北京医学院附属人民医院骨科教授。冯传汉为人热情，对专业的钻研精神和对政治工作的关心，给彭瑞骢留下了深刻的印象。1959 年，于光远同志要彭瑞骢组织北医人写一些医学与哲学的文章，他就约了冯传汉、李天霖及杜水伯共同讨论了预防为主的哲学思想，其后以“冯天水”为笔名撰写了一篇文章，发表于《北京医学院学报》。由此，他体会到冯传汉勤于思考，视野很广，对医学的发展及中国卫生工作的特点了解很深，分析水平很高，由此冯传汉成了他学习理论和哲学、理论联系实际、勤于思考以及想深、想远、想透的榜样。

三、拨乱反正，机遇青睐有准备的人

1977 年 7 月 15 日，中共中央党校的《理论动态》创刊号发表了《“继续革命”问题的探讨》，提出社会主义改造基本完成后，继续革命的主要内容应是文化、技术、生产力的革命。这是理论上拨乱反正的第一个行动。在全国范围内开展“什么是检验真理的标准”的大讨论中，彭瑞骢积极参与，并把自己和北医人引上了“唯实”的正确道路。

面对国家千疮百孔、百业待兴的局面，邓小平同志多次发表讲话，强调教育和科学技术的重要性。1978 年 3 月，全国科学大会指出：当代社会生产力的巨大发展主要靠科学技术，我国实现四个现代化的关键是科学技术的现代化。4 月，彭瑞骢作为北医院党委副书记参加了全国教育工作会议。只要是他参与领导或做过的错事，不论自己是否担任了“主角”，他一律不予推诿，逐一认错改正，赔礼道歉。彭瑞骢责己以严、待人以宽。他以亲身受过磨难的人的真情实意，向一个又一个蒙冤人道歉，安抚他们心中的创伤；他还能豁达大度地对待曾在运动中错误地对他进行攻击诽谤的人，这种品格令人折服；他更能以一个共产党员应有的气魄，心地坦荡，有错即改。这一切都为北医的复兴和再度辉煌创造了必要的条件。接着，通过评定技术职称，北医晋升教授 30 名、副教授 60 名，讲师、工程师、助理研究员等 684 名，使知识分子的学术业务水平和从事专业工作的能力得到了政府和社会的承认，极大地鼓舞着知识分子发挥专长，提高教学、科研和医疗质量。

经过 1977—1980 年的调整，迎来建设北医新时期。1980 年 9 月，北医召开中国共产党第六次代表大会，彭瑞骢同志代表党委作了工作报告。报告中，根据中央对重点高等学校的要求，明确提出了北医的发展方向：稳定办学规模，以提高为重点，把学校建设成为教学中心、科研中心和医疗中心，把北医建成我国医学教育最高学府。20 世纪 80 年代，北医要努力使大学生的质量尽快达到世界先进水平，尽快培养出相当数量的硕士生、博士生和专科医生。报告强调，要发挥北医基础医学学科较强的优势，提高临床试验研究和预防医学的水平；加强社会医学、卫生事业管理学、医学教育和医学辩证法等学科的研究；对临床教学、临床试验研究，以及正确处理医、教、研的关系和加强政治思想工作等问题提出了要求。大会选举了新一届党委成员。经中共北京市委批准，彭瑞骢任党委书记。这次党代会标志着北医拨乱反正结束，迎来了建设现代化的新时期。

四、领导与决策的奥秘

彭瑞骢阅读了大量理论和哲学书籍，经过磨炼和反思，在用中国传统文化辩证地审视过去的同时，又能锲而不舍、学而不倦地注视着世界医学的发展动向，始终触摸着时代与科学发展的脉搏，通过科学与哲学的思考，琢磨着如何规划未来，推进北医的复兴。

（一）把握发展的方向，按照医、教、研的特殊规律办事

作为对北医进行全面领导的党委书记，彭瑞骢强调："作为学校的主要领导，党委书记的职责是要带领学校把握发展的方向，按照医学院校医、教、研特殊的规律办事。凡是涉及学校发展的重大决策，都要进行论证和集体讨论；主要抓自身建设和思想政治工作，为学校医、教、研的中心工作提供保证；要认真做好组织工作，为医学教育事业培养干部和后备人才。要能总揽全局，包括政治、经济、环境和单位情况，还要知人知己、知人善任，才能决胜千里之外。特别是在竞争和发展中要求取胜，必须要有设计思路，既要回顾过去阻碍前进的是什么，又要考虑切入点是否正确，能否持续发展。要以思路取胜，决策对了，不走冤枉路，发展就快！"他还有趣地把学校的整体工作比作一盘棋，说："一个好棋手，每走一步棋，都会想到第二步、第三步。棋逢高手，常能预见最终的棋局。工作和下棋一样，不能只看眼前，要有中长远规划。如下围棋，从一开始，布局就要全面、准确、周到，否则，一子不慎，满盘皆输。围棋中的哲理很深，每子之间都相互牵连，关系密切，如同我们的医、教、研。"正是在他这种思想的指导下，全面规划和建设一个面向世界、面向未来、争创一流的社会主义现代化医科大学的宏伟蓝图在他心中形成。他还从"文化大革命"前有关四个现代化建设规划的科研十年赶超规划中汲取经验，明确了学科建设方向和要求，分别予以落实与支持。

（二）立足国内，走向世界，迎来北医科学的春天

彭瑞骢高瞻远瞩、深谋远虑。他强调：要全面考虑，提高医、教、

研、人才队伍以及实验室的质量水平，立足国内，走向世界，决不能满足于只在国内占据领先地位。为此，首先要派遣教师出国进修学习，使他们先得到提高。经党委决定、院务委员会多次讨论，并立足全院的学科建设和发展、教研室的建设和梯队培养，北医大刀阔斧地选拔大批业务人员出国进修。至1991年，先后公费派出1000多人次分赴美、英、法、德、日、加拿大、澳大利亚、瑞典、瑞士、比利时、挪威、丹麦、荷兰等国学习进修。进修的专业包括生物化学、分子生物学、生理学、药理学、免疫学、毒理学、环境保护学、药物化学、内科心血管学、儿科学、妇产科学、血管科学、肾病学、口腔医学、流行病学、卫生学、卫生统计学、卫生管理学和肿瘤的生化、免疫和病理，以及德语、英语、医学教育管理等近60个学科。学校对出国人员的基本要求是：主要了解本学科的现状和发展趋势，学习先进的科学技术和实验操作方法。临床科室人员进修的重点是临床实验室研究的先进技术方法和诊疗技术。对照国内外的差距和发展趋势，对出国人员还需知人善用。例如，对有些学科如心血管外科，需跨系、跨医院组建配套团队，出国学习完整的成套技术。对个别出国人员，如当时生化教研室的学科带头人、教研室主任张乃蘅来说，还有一些特殊要求。当时国外分子生物学发展很快，而且张乃蘅联系到了美国康奈尔大学吴瑞教授，到其所在的生物化学系、分子与细胞生物学系访问、学习。彭瑞骢就给张教授提出了特殊任务，要她学成回到学校后，帮助推动医学科学研究的发展，并帮助其他领域（如临床学科）开展分子生物学的学习和研究。果然，张乃蘅学成回国后，如约承担起了这项“播种”的任务。回到学校后她就建立起了分子生物学研究室，并能放弃某些个人得失，接收北大医院吴希如、姚秀岚和北医三院曲绵域等教授等派来的研究生学习，直到他们能独立研究或自己建立中心实验室。绝大多数出国进修人员不负众望，学成回国后，发挥专长，对学校的学科建设、师资队伍的培养、医疗改革以及教学、科研、医疗质量的提高都起到了很好的作用。作为学校的主要领导人，他还抓住一切机会，注重发展和培养卫生单位的领导人，如他在国际交流中，争取到了美国凯洛格基金会一个历时 3 年的国际卫生项目，并派出王德炳等 3 人参加这一由 18 个国家、29 名成员参与的国际卫生领域领导层开发项目。日后这些项目的参加者均在不同的岗位上在医学教育与卫生事业中发挥了积极作用。此外，学校还派遣部分中老年专家、教授到国外做短期考察访问，邀请国外专家来院兼职和讲学，或任名誉教授、客座教授和学术顾问等。据不完全统计，至 1991 年底，来校讲学的国际专家达 4700 多人次。同时，北医抓住 1977 年重新归属卫生部领导的机遇，争取到了 700 个科研编制，为北医迎接科学春天的到来创造了条件。

（三）呼唤学习医学哲学，研究医学发展规律

彭瑞骢认为，一个单位或一个部门的领导，执政能力的高低取决于他解决实际问题的能力。遇到问题时，首先要看是否是常规性问题。对一般人来说，是都应该会处理常规性问题的。若非常规性问题，就得看是哪个层次应该处理的问题，又为什么要把这个问题提到你的面前。是干部对此问题不熟悉、有顾虑，还是属于制度问题、规章问题？还是新问题？作为领导，必须予以调查研究，深入分析，找到问题所在，才能考虑如何去解决问题。在改革与发展的新形势下，对北医来说，首先要组织医、教、研各科的学术带头人学习马克思主义理论和哲学，提高理论思维的能力，才能遵循一般学校教育的客观规律性以及医、教、研各自的客观规律性，做好学术上的“领头羊”。对自然辩证法素有研究的彭瑞骢深知“一个民族想要站在科学的最高峰，就一刻也不能没有理论思维”。因此，加强医学哲学问题的研究，提高医学生和医务工作者理论思维的水平，对于加速我国医学科学现代化有着一定的重要性和迫切性。于是他首先组织和发动北医各医院、各学科的带头人，共同学习医学哲学，研究医学发展规律，提高理论思维能力。这一举措受到了北医乃至协和医学院老教授们的拥护。他们都积极参加学习班。彭瑞骢也每次参加学习和讨论，从中得益匪浅。如早在 1980 年，冯传汉教授就提到：“一个学校要知名靠什么？主要靠一批国际上有地位的知名教授（冯教授形象地把他们称作桥牌中的王牌）和有关学科建设，这需要较长时期才能做到。但是，当前我们就必须努力去做。这样，到本世纪末，北医才有希望成为世界著名学校。培养中青年一代是当务之急，我们这一代人应考虑的是促使学科走向世界，支持中青年专家上去，不要考虑自己个人出多少成果，有多大名气，要关心的是学科

集体。”而且，冯传汉教授提出，学校教育要着眼于学生的一辈子，帮助其树立良好的思想作风和独立思考的能力。其他“王牌”教授如北医著名的“三王”（即北大医院内科教授王叔咸、生理学教授王志均、药学教授王序）在学习和讨论中也常常会提出一些有利于办学的指导思想，他们是彭瑞骢心目中学习医学辩证法、研究医学教育、推动北医医学发展的亲密战友和“关键人物集体”的重要成员。

（四）理论联系实际、明辨是非、阔步前进的范例

1979年12月，由彭瑞骢等主持、在广州召开的全国医学辩证法讲习会上，来自全国各地积极学习医学辩证法的医学工作者们联系我国现代化的发展方向，从理论上分析和论证了我国中医、西医和中西医结合三支力量同时发展的必要性。提出的建议为卫生部所采纳。这次讲习会既纠正了1958年北医曾在组织西医学习中医的“抛纲”中不切实际地提出的所谓“迅速地做到中西医合流”规划的错误，以及在具体工作上要求过高、过急的缺点，也批驳了社会上一股所谓“活学活用”式的简单化的“创新医学派”的思潮，使医学工作者走向系统探讨对医学具有指导作用的医学中的认识论、方法论的学习和研究中。

（五）适应卫生改革与发展的需要，积极建设卫生事业管理学科

为提高与加强卫生行政部门与卫生单位的科学管理水平，彭瑞骢积极按照卫生部的决定于20世纪80年代初在北医筹建卫生管理干部培训中心（现为公共卫生学院卫生政策与管理系）。经过3年的建设，该中心设置了社会医学与卫生事业管理、卫生经济、健康教育、医院管理、工业卫生事业管理、人口与卫生法学6个教学、研究室，教职员近40人，并在国内外聘有兼职、客座教授10余位。在教学方面，培训中心具备了从事卫生事业管理专业大专、本科、硕士学位研究生等多层次学历教育和不同层次社会医学与卫生事业管理等专业在职干部的培训能力。培训中心建设与发展的关键是师资队伍的建设。对此彭瑞骢十分重视，坚持走理论与实践、国内培养与派出国进修相结合的道路，使培训中心在师资队伍建设方面奠定了一个较为坚实的基础。彭瑞骢不仅领导了这个中心的建设，还身体力行，亲自参与其中。他虽身负繁重的学校党政领导工作，还是专门抽出时间为卫生事业管理专业的本科生、研究生讲授卫生事业管理学绪论、卫生政策等课程。他积极支持举办卫生事业管理专业骨干师资班，并在举办骨干师资班的基础上，作为主编组织编写了《中国卫生事业管理学》。这本书被行政主管部门推荐为卫生事业管理专业的教材和卫生事业管理干部的主要参考书，并一直沿用至今。

（六）调整结构和建立持续发展的运行机制

彭瑞骢认为，顺应科学发展的规律，考虑长远规划的设计和进程，要着重调整体制结构与建立持续发展的运行机制，紧抓培养青年医学科学工作者，才能达到持续发展的目的。而对北医的改革发展中需要解决的问题，还需要从有关学科的现状、科室及有关人员观念的角度去分析，从体制和运行机制的方面去考虑和解决问题。

对北医占优势的重点研究所和科室，如北大医院的泌尿外科、人民医院的血液研究所等，必须给予必要的支持。对一些现在存在不足的科室，则鼓励跳跃式发展。如原来北医的心内科比较落后，彭瑞骢就一再鼓励这个学科的人员，从20世纪80年代就以开展冠心病的冠脉造影、支架治疗以及心血管分子生物学等为目标，努力奋进，以求在发展中取胜。由此，伴随学科的发展，中年学科带头人也成长起来了。

对有些问题，要特殊情况特殊办理，但原则上是医、教、研统筹兼顾，把价值观统一起来。比如，著名儿童青少年卫生学家叶恭绍教授一心想创建一个儿童青少年卫生研究所。不料，有人给她当头泼了一盆冷水，说：“这个，你这辈子是看不见了！”但叶恭绍教授执着地追求，有事就找彭瑞骢商量。在万里同志的支持下，1982年，她终于看到了这个研究所的成立。特别是，彭瑞骢提出的办所的指导思想——“鱼头鱼尾很重要，要往两头伸”拓宽了叶恭绍和她的继承人叶广俊等儿童青少年卫生研究所同志们的思路。在实施工作计划中，不但抓住了卫生防疫站对学校卫生的监督工作，还抓住了培养研究生以及幼儿园的健康教育和健康促进工作，更牢牢地记住了配合教育部门，充分发挥各学校为学生保健服务的第一线人物——校医的作用，使儿童青少年的卫生研究工作得到顺利开展。

又如龙振洲教授想尽快建立和发展免疫学科，做了许多准备工作，想一下子招收 8 个研究生，一时间议论纷纷，难以解决。为此彭瑞骢采用“短路”的办法，即由学校承担这 8 个编制，支持了免疫学科的建设和发展。

另外，为了鼓励广大医、教、研人员攀登医学科学高峰，北医还设立了“桃李奖”“名医奖”及“伯乐奖”等。

（七）加强国际上的交流与合作

很多发展中国家在向发达国家过渡时，在医学领域中，精神卫生和口腔医学学科的发展都相对落后，我国也不例外。要缩小这两个学科与国际水平的差距，最好的办法是加强国际上的交流与合作。彭瑞骢清楚地知道，我国口腔卫生落后得惊人，每 10 万人中竟然没有一名合格的口腔医生。20 世纪 70 年代，北医医疗队在云南巡回医疗时，那里的老百姓迫切地需要治牙、镶牙。后来经过医疗队医生的专业治疗，他们最终如愿以偿。老百姓激动地说：“我们年轻时是有牙没饭吃，新中国成立后，是有饭吃可没了牙。今天，北京的摩雅（傣语，意为医生）来了，我们有饭吃，也有牙吃饭了！”改革开放以来，通过加强国际上的交流与合作，北医口腔医学在医、教、研方面均有长足发展。

1979 年，彭瑞骢与世界卫生组织（World Health Organization，WHO）卫生处处长 N. Satorius 进行会谈，并得到其大力支持。随后，北医举办了一系列精神卫生研讨会，并与 WHO 开展合作项目，不断缩小该学科与国际水平的差距。彭瑞骢还担任《中国心理卫生》这一跨学科精神卫生杂志主编，并且每期他都亲自主持终审会议。与会专家心悦诚服地说：“他所提的审议意见，往往与有关专业终审人的意见是一致的。”《中国心理卫生》之所以越办越好，与主持人彭瑞骢的博学多才是分不开的。

（八）抓住机遇，开辟中美公共卫生研究合作基地

1990 年 6 月，我国派出以彭瑞骢为首的专家组出访美国。同行的有著名妇产科专家严仁英、统计学家李天霖、流行病学家何观清和钱宇平以及政府官员秦新华，还有当时在美国进修的李竹。按照美国合作项目谈判

惯例，彭瑞骢担任中方合作项目董事长，带着董事会成员与美方谈判。这个中美合作项目是一个大型公共卫生领域的研究项目，是新中国成立以来在公共卫生领域承担的重大国际科研合作项目之一。这个项目的提出源于1982年，由严仁英教授和左启华教授在国内率先对儿童智力低下方面进行的研究。当时她们准备在北京市西城区进行一项0～6岁儿童智力低下研究的课题，希望有流行病学相关专业人员参与，共同拟订设计方案，深入研究先天畸形和围产期保健，为提高我国出生人口质量提供必要保障。当时，WHO在北京市顺义县进行围产期保健高危管理合作研究项目。1983年，专家从围产期保健监测结果中发现，造成围产期婴儿死亡的原因中有1/3是神经管畸形。该结果在1983年10月北京召开的“欧洲/中国围产期保健监测商讨会”上报告后，引起了大家的高度重视和关注。当时，这种出生缺陷在美国发病较少，在我国北方的某些省市却是高发。因此，WHO有意与我国合作，开展新生儿出生缺陷监测研究工作。于是彭瑞骢与北医流行病教研室主任连志浩研究决定，先派连志浩的研究生参与做一点工作。1986—1987年，美国疾病控制与预防中心（Centers for Disease Control and Prevention，CDC）有意与我国谈判，开展此项合作。彭瑞骢应邀亲自带着一行人员到美国与CDC主任等洽谈和讨论合作方案。几经周折，彭瑞骢于1990年再次为此项目带专家组出访美国，与美国专家对项目中的医学伦理、母婴保健、流行病学及统计学等方面的合作问题进行充分的探讨，并将合作计划方案大体上确定下来。中国项目不仅包括流行病学研究，还包括临床、实验室、社会学和其他医学的研究。随着在北方地区进行的工作摸索和经验的积累，又把研究现场从北方扩大到与发达国家十分相近的南方江浙一带，使这项课题拥有了更宽泛的应用意义。目前，在南方地区的研究结论得到了认可，已被世界上发达国家广泛采用。更为深远的意义在于，包括南北方在内的研究现场逐步发展成为一个公共卫生和临床、实验研究的国际科学研究基地，具备了使科研项目持久、深入开展的可能性。这个基地的建立，使得神经管畸形研究之后，带动了第二个合作项目——先天性心脏病的防治研究。

五、博学多能，传播世界医学新潮流，独领风骚

在北医，彭瑞骢是一个有名的勤奋自学、博览群书、博学多能的人。他不仅是一位出色的医学院领导者和决策者，也是一位学富五车、足智多谋的大学问家。他掌握英、日等国文字，可随时阅览国内外学术专著和进行广泛交流。尽管公务繁忙，但工作之余他手不离卷，坚持不断地跟踪国外医学文献，了解世界医学的发展动向。特别是改革开放以来，他强调探究客观事物的发展规律，并与医学院校医、教、研的特点相结合，以其敏锐的观察力和超前的教育意识，促使北医的学科建设和发展尽快与国际接轨，而且在医学学术领域也有独特建树。

（一）最先把“生物—心理—社会医学模式”传播到中国

20 世纪 80 年代，是彭瑞骢最先把生物—心理—社会医学的概念传播到了中国，指导卫生改革与发展。他说：“1946 年通过的《世界卫生组织宪章》开头便写道：健康乃是一种在身体上、精神上和社会上的完满状态，而不仅是没有疾病和衰弱。人们一再强调生物科学对于医学的决定性意义，并且创用了‘生物医学’（biomedicine）这个术语。生物医学模式便成为进展迅速的现代医学的标志和核心。”然而，他强调：“我们也不能不看到生物医学模式的局限性，在它的框架内，没有给病患（illness）的社会、心理和行为方面留下余地。”“1977 年，美国罗切斯特大学医学院精神病学和内科学教授恩格尔（G. L. Engel）在《科学》（*Science*）杂志上发表了《需要新的医学模式——对生物医学的挑战》，在理论上对此作了更明确的、扼要的论述。”彭瑞骢运用渊博的学识，为我们阐明了有关概念和理论，并积极支持对“生物—心理—社会医学模式”的研究和应用。他指出，生物医学模式是文艺复兴以来，特别是百余年以来，一系列重大科学进展的重要成果之一。众所周知，从医学本身的发展和医疗保健的客观社会需要来说，在现代工业化社会中，传染病、寄生虫病、营养缺乏病已经不再是威胁人们健康的主要疾病，它们在疾病谱和死因谱中所占的地位显然已不重要，取而代之的是与心理性、社会性因素有关的疾病的重要性显著提高。以目前头三位死因的心血管病、恶性肿瘤和脑血管病的

发病因素来说，都有心理紧张、吸烟、环境污染等心理社会因素在内。至于公害病，如交通事故、自杀、吸毒、酗酒、饮食过度，以及因犯罪率升高、“家庭瓦解”和其他种种心理、社会原因引起的心因性疾病的广泛发生，则更主要来自心理、社会因素。因此，彭瑞骢强调：“从整体来说，必须把生物医学模式转变为生物—心理—社会医学模式，从生物、心理和社会学三个方面，而不能从生物学一个方面来研究人类的健康与疾病，以及社会的医疗保健措施。”他强调，生物—心理—社会医学模式这种现代医学的构成，对于改革医学教育的课程设置，改变医务人员和医学生的知识结构，促使医学联系社会实际，促进卫生事业管理、卫生法学和卫生经济的研究，都有着重要的实际意义。实践证明，改革开放以后，北医心理学、社会医学与卫生事业管理、医院管理、健康教育、卫生法学等教研室的建立，以及社会科学与人文科学部的设置，都体现了彭瑞骢等北医人先进的理论思维，促进了医学相关学科的发展。现在生物—心理—社会医学模式已在人们的心里扎根，而且愈来愈广泛地被应用于医疗卫生保健事业的改革，对提高医疗质量和加快医务人员的成长起到了重要作用。彭瑞骢指出，预防医学与初级卫生保健的发展促使医学更多地重视保护与促进健康；由于知识更新速度的加快，科学技术、信息技术、疾病谱、人口谱的变化和医疗保健任务的变化，要求教师从向学生传授知识为主转到以培养能力为主的途径上来，向教师提出了更新知识、迅速掌握先进技术的要求，并需要他们在较短的时间内培养为社会主义现代化服务的高质量人才以及拿出具有较高水平的科研成果。他强调：培养学生要有思路，老师要做科研，要着眼于实践，要有创新精神，才能出成果。某个学校科研成果突出，就说明这个学校水平高，培养出来的学生才能不断地脱颖而出。

（二）迎接挑战，积极参与“2000年人人享有卫生保健”活动

新中国的卫生建设始终坚持了面向大多数人的方针，把卫生工作重点放到农村，取得了显著成绩，为国际所公认。但是，自改革开放以来，东部与西部、城市与乡村之间在社会与经济发展水平拉开了距离，一度缩小了的差距又有扩大的趋势。这个差距在健康水平和享有卫生保健方面也十分突出。在卫生建设方面如何做到公正，以及防止差距的进一步扩大，就

成了一个十分重要的问题。同样，这一问题也始终困扰着国际社会，但同时也带来了挑战与机遇。20 世纪 80 年代以来，WHO 大力推行 1978 年阿拉木图会议通过的“2000 年人人享有卫生保健”的宣言，以解决全球存在的“卫生有”与“卫生无”不公正的状况。1982 年起，彭瑞骢多次参加了 WHO 与国内合作举办的“人人享有卫生保健”的规划研讨班和有关活动：1985 年，他随陈敏章部长参加了在南斯拉夫召开的有关“人人享有卫生保健领导层开发”的研讨会，1986 年参加了在印度召开的有关领导开发的“智力资源”研讨会，1986 年参加了在日本冈本召开的医学教育调整方向（面向初级卫生保健）的研讨会，1987 年参加了在日本冈本召开的技术转移（最发达国家向发展中国家）研讨会，1988 年参加了在苏联召开的《阿拉木图宣言》10 年总结会议，以及在日内瓦第四十届世界卫生大会召开之时的专家讨论会——加强对初级卫生保健的领导。彭瑞骢根据这些会议的精神，结合我国的实际情况，为在我国推行初级卫生保健做了大量工作。例如，受卫生部的委托，1986 年在北医成功举办了“实现人人享有卫生保健领导干部研讨会”，与会的有 WHO 的官员，他们介绍了泰国和南斯拉夫的经验；还有北京、黑龙江、山东、湖北、安徽、江苏六个省市政府的负责人（副省长或秘书长），各省的医学院院长、公共卫生学教授、省卫生厅厅长、医政处处长、省卫生防疫站站长，以及一个县的县长、卫生局局长、县医院院长、县卫生防疫站站长等。通过 5 天紧张的讨论，既使与会者提高了对初级卫生保健的认识，又及时汲取了国际上加强领导的经验，提出了实施方案。这次讨论会成为在我国推动与实施初级卫生保健的一个里程碑。

（三）坚持理论思维指导实践，创建医学辩证法新学科

20 世纪 70 年代末，为倡导以马克思主义哲学思想指导医学科学的发展，彭瑞骢在北医政治理论教研室创立了自然辩证法教学组，并亲自给研究生开课。1979 年 6 月，学校吸收了在基础医学、临床医学和预防医学第一线工作的几十位专家教授、教师和哲学自然辩证法工作者，成立了全校的自然辩证法研究组，推动了北医自然辩证法的教学与研究工作，同时把它应用于指导教学与科学研究实践。1984 年，彭瑞骢主编的《医学辩证

法》出版，他在绪论中写道：“医学辩证法是在总体上研究医学科学，在总结医学科学成就、探讨生命活动和疾病过程一般规律的基础上，研究医学科学中的思维方式问题，以及防治疾病、促进健康和医学科学研究中的方法问题”“医学辩证法是自然辩证法的分支学科，与自然辩证法是特殊和一般的关系。它用辩证唯物主义的观点，研究医学的发展规律和医学工作者的理论思维。”1986 年，这本书已被卫生部确定为医学生选修课的推荐教材。

（四）强调卫生改革与发展总体思路，提出全局性、前瞻性和战略性论点

20 世纪 80 年代中期，汲取我国经济体制改革的经验，彭瑞骢特别注意到了卫生改革与发展总体思路的研究，积极参与卫生改革与发展的活动和研讨。他曾参与并组织过多次有关卫生改革与发展的研讨会，发表过多篇有关卫生事业发展战略问题的文章。20 世纪 90 年代初，他参加了卫生部关于卫生改革与发展纲要的起草组。1995 年后，他积极对《中共中央、国务院关于卫生改革与发展的决定》起草提出建议。进入 21 世纪，他多次参与医疗服务体制改革的讨论，并参与有关的课题研究。他既能从国内外卫生事业发展的历史中汲取经验和教训，又能联系中国实际，从政治、经济、社会、伦理等方面全方位、多角度地考虑和研究卫生改革与发展的思路。他的那些具有全局性、前瞻性和战略性特点的论述深得人心。

（五）积极参与医学目的的讨论，提出关于“医学目的”的精辟论述

“医学危机”在各国的出现，引发了 20 世纪八九十年代国际医学哲学界对“医学目的”的再讨论，例如，美国的哈斯汀中心（Hasting Center）就是倡议讨论“医学目的”者之一。彭瑞骢多次参与并在国内组织这样的讨论。为此，他或者在北医开课讲述，或者组织校内外医学哲学学者进行讨论。他自己更是勤于笔耕，撰写了多篇文章。概括起来，通过“医学目的”的讨论，他认为应明确如下三个问题：

1. 把预防医学、临床医学、基础医学作为医学整体，决不能把医学仅仅当成临床医学；把医学与公共卫生结合在一起，弥合两者之间的分裂，选择疾病防治与促进健康的突破口，提高效率与效益。

2. 把照料（care）与治疗（cure）放到同等重要的位置，特别是对慢性病的照料常常比治疗更为重要，改变目前不加区别地追求“根治”的情况。

3. 避免早死亡，提高生命质量，帮助人们实现安详地死去这一要求。这也是对医学目的认识的一个突破、修正与发展。

彭瑞骢撰写的有关把公共卫生整合到医学目的中的论文《医学与公共卫生的目的》（*The goals of medicine and public health*）已被美国哈斯汀中心收录到专著《医学目的》（*The Goals of Medicine*）中。在我国，“医学目的”这一讨论是彭瑞骢继前一次引起“生物—心理—社会医学模式”转变的讨论后又一次重要的讨论，并且更具有全局性、前瞻性、战略性，对中国的卫生事业产生了深远的影响。

六、“人到世界上走一遭，一定要留点痕迹”

彭瑞骢在北医学习、成长，长期参与党政领导工作，又兼公共卫生与医学哲学的教学与研究工作。他那谦虚谨慎、勤奋好学、又红又专和淳朴憨厚的学者风范吸引着诸多青年学子向他学习。他那远见卓识的论述，更显示了一个成熟的医学哲学思想工作者独具的魅力：坚持理论思维，把握时代特征，从实际出发，善于总结过去并向前看，预言卫生事业发展的前景。正是他的这种魅力吸引着国内外学者和高层领导。他们对彭瑞骢给予尊敬和信任并委以重任。从 1949 年 2 月彭瑞骢任北医第一任党支部书记起，到 1998 年离休，他长年为北医的建设和发展辛勤工作着。彭瑞骢曾任中国农村卫生协会副会长、国际农村医学会理事、第七届全国人民代表大会教育科学文化卫生委员会（简称“全国人民代表大会教科文卫委员会”）顾问、第八届全国政协委员（医药卫生界），八次被 WHO 聘为临时顾问、医学伦理专家委员会主任，并任卫生部政策与管理专家委员会顾问等。

“人到世界上走一遭，一定要留点痕迹。”这是彭瑞骢自己的座右铭。无论身处顺境还是逆境，他都忠贞不渝、坚定不移、披荆斩棘、勇往直前、执着追求。无论是在创建国家重点医学院校，兴教育才，还是在医学思想、理论研究和促进卫生改革和发展等方面，他都有独特的建树。他在中国的医学学术思想和理论发展史以及医学教育史上留下了不可磨灭的痕迹。

早在1994年，彭瑞骢就认为，“医学生要有人文学科的哺育，医学要开展跨学科的研究。世界上知名的综合大学都有医学院，……大学需要医学院，医学院需要大学”。他积极支持北京大学与北京医科大学强强联合。经过8年的研究和磋商，在跨入新世纪的第一年——2000年，北京大学与北京医科大学组建新的北京大学。从此开始，北医形成了文理医并重、协调发展的新局面。2003年全校科技论文成果喜人：国际国内论文被引用次数居全国首位，医学SCI论文列全国第一。2003年度北大医学类论文有285篇被SCI收录，居全国同类院校和科研机构榜首，实现了数量上的重大突破。在医疗机构的单独排名中，北京大学医学部成为全国唯一有三家医疗单位同时进入前20名的单位。

2004年12月21日，在北京大学医学部“欢欢喜喜迎新年”师生联欢晚会上，医学部百人大合唱《革命人永远是年轻》的队列里，一个北医人最熟悉的面孔引起了人们的注意。他容光焕发，和年轻人一起高声歌唱。正是他——彭瑞骢，60多年前从北京师范大学男附中毕业，考入北京大学医学院学习并参加革命，毕业后任医学院第一个中国共产党教师党支部书记，开始了他建设和发展北医、执着奋斗60余年的生涯。此时此刻，他似乎回到了当年刚到北大学医、风华正茂的青年时期！

作为北医的一员，彭瑞骢始终密切关注着祖国的繁荣富强和社会的和谐、稳定，关注着母校北医的建设与发展。一代又一代的北医人将薪火相传，为中国的卫生事业建设发展贡献自己的一份力量。

本文部分内容最早以《他留下了不可磨灭的痕迹——记医学教育家彭瑞骢在促进医学学术思想与卫生事业发展中的奉献》为题发表于《中华预防医学杂志》1995年第6期第327—330页，2005年5月5日由朱锡莹完成第6稿修订，2011年4月27日陈育德完成第7稿修订，2023年陈育德、姜海婷完成第8稿修订。

无怨无悔为北医敬业奉献一生的老彭

魏承毓

魏承毓，男，1928年1月生，甘肃甘谷人，中共党员，我国著名流行病学家、霍乱防控专家。1954年毕业于北京医学院医疗系（七年制），经党组织授意，随来华苏联专家学习流行病学，后留校任教，长期从事霍乱与感染性腹泻的防治研究及高等医学教育工作。曾任中华医学会流行病学学会主任委员，《中华流行病学杂志》总编辑，卫生部医学科学委员会霍乱专题委员会副主任委员、腹泻病专家咨询委员会副主任委员、顾问，中国人民政治协商会议北京市第五、六、七届委员会委员等。主编《霍乱防治手册》（历版）、《实用流行病学》及《副霍乱概述》等，强调求真务实和密切联系卫生防病实际。曾获卫生部科学技术进步奖二等奖、中国流行病学终身荣誉奖，享受国务院政府特殊津贴。

我于1947年考入北京大学医学院医疗系七年制，1954年根据国家需要，服从组织分配，毕业留校，从事流行病学教学研究，在北医学习和工作了一辈子。彭瑞骢书记比我大5岁，早先也是在北医卫生系流行病学教研室工作，后来从事学校党政和管理工作。我和他最早的正式接触是在20世纪50年代。那个时候我们都很年轻，也是我们接触得最多的时期。我们知道院长办公室有个“彭秘书”，也有人叫他“小彭”。他聪慧干练，办事很干脆利索，亲和力很强，大家有事都很愿意找他。我常常叫他“老彭”，我与他的交往中主要有以下几个方面印象深刻。

一、“请”各单位接受党委办公室部署肝炎防治

20世纪60年代肝炎暴发流行。1960年的一天，中共北京市委大学部

与北医联系的工作人员廖叔俊来北医，告诉老彭，说市委大学部听宣传部在一个报告中讲北京市各大学肝炎流行，非常奇怪的就是在北医也流行。廖叔俊还说了八个字——“帅旗之下，肝炎流行”，这怎么了得！学校对此高度重视。当时杨纯[1]任北医党总支第一书记，彭瑞骢是副书记。他俩让我到市里了解具体情况，经核实消息准确。为了能够更快、更彻底地发现并隔离所有传染源并控制传播，北医立即组织了党委防治肝炎办公室，老彭任办公室负责人，我担任办公室秘书，协助他做具体工作，并且组织了一个专家组进行群众性普查，对北医所有被诊断为肝炎的人逐一甄别。

那个时候给我特别深刻印象的就是关于公文的撰写和待人的态度，我从老彭那里学到很多。每次由我负责起草办公室给各个系、各附属医院的指示。我当时写的是“医学院党委办公室责成各有关基层的领导”，必须如何如何，办什么事。要印发的时候，都要老彭亲自过目。他看后说的话给我的印象特别深。当时他非常客气地说:“老魏，你看这样行不行啊? 不要用‘责成’这个词，行不行? 不要用‘必须’，把它改成‘北京医学院党委请各支部、各有关单位，按照党委的要求，认真地组织防治的措施、对策’。”他说，我们和基层党组织都是平等的，因此不能用“责成”这样的词汇。我听后很受启发。自此，我在写任何材料以及在待人接物过程中，包括给学生讲课，都是用“请”字，比如“请你干什么”，而从不使用“你必须怎么做”这样的表述。

二、全力支持霍乱防治等流行病学专业工作

老彭和我在流行病学的教学和研究方面也有交集。当时他还忙着党委千头万绪的工作，但对流行病学这个专业的发展情况也了如指掌。那时我们卫生系资历最老的是林宗扬教授。他原是协和医学院的负责人，新中国成立以后，从协和医学院调到北医，从事流行病学教学研究。还有一位是严镜清教授，是我们北医卫生系第一任系主任。老彭经常来流行病学教研组请教他们两人。后来苏联专家以及流行病学教研组朱聃教授也开设了一

1 杨纯（1917—2015），女，原名万国瑞。1937 年加入中国共产党，1955 年 2 月任周恩来总理办公室主任，后担任原北京医学院党委书记、中国医学科学院党委书记、卫生部副部长等。是第一、二、三届全国人大代表，第六、七届全国政协委员。

些讲座。在我的印象中，老彭经常来参加这些活动。

更重要的是，老彭全力支持我开展霍乱防治，特别强调理论与实践相结合。从1961年直到2021年，我从事霍乱防治工作整整60年。由于我在流行病学教研组做助教时跟卫生部防疫司互通传染病疫情，故跟卫生部有着密切的联系。1961年广东省阳江地区首次暴发霍乱以后，我承担相关的调查和防疫工作。当时全国对霍乱相关信息严格保密，并起名“02号病”，所以我每次接到任务就只能向时任党委书记的老彭汇报。后来卫生部防疫司专门分管霍乱的副司长罗冬祥就告诉我：“因为霍乱疫情传播的速度很快，一有工作，说走马上就得走。我这里有事要找你，都是急事。如果你逐级经过学校党委批准，然后再到我们这里，就耽误时间了。你回去以后，能不能和你们的书记彭瑞骢商量一下，把这个任务审批权力交给我们防疫司。”我回学校后就找老彭，他毫不犹豫地说：“这个问题讲得很好，霍乱是国家的任务，非常需要及时到现场工作，以后你就直接受防疫司的指挥，不用再向北医党委汇报和请示。”所以，当老彭授权以后，我再接到卫生部的电话就立即走了。老彭对我开展霍乱防治工作的特别支持，还体现在学校教研室给我安排工作的时候，都避开每年5月到11月霍乱流行季节，还把我的教学任务安排在每年的非霍乱流行期，这样日常的教学、科研工作和霍乱防治工作就两不耽误。

三、“要管学生一辈子，而不是一阵子”

老彭很重视医学教育，关注人才培养，坚持遵循医学教育规律。在他的大力倡导下，北医建立了“三基、三严”制度，“三基”即基本理论、基本知识、基本技能，“三严”即严肃的态度、严格的要求、严密的方法。我经常听到他说：“真正对学生的关心不单单是在学校的这一阵子，往后还要一直关心他们，要管一辈子。”

老彭的这些话给我印象非常深刻，影响很大。从这以后，我就经常地、自觉不自觉地这样做。根据老彭的这种见解和思想，我和学生们一直保持长久的联系，经常互发消息，对他们保持着长期的关心和照顾。比如，最早的1957年毕业的赵惠林（后来在广东省疾病预防控制中心工作）、1963 年毕业的现新疆医科大学教授赵福祥、1984 年前后毕业的现北京大学第六医院黄悦勤及现深圳市疾病预防控制中心工作的徐新云，以及 1983 年毕业的现中国疾病预防控制中心病毒病预防控制所生物安全研究中心主任武桂珍。武桂珍最近被授予“全国三八红旗手标兵”称号时，第一时间给我发了消息报告成绩。我要举例子能举很多，这里仅举几例，其他的就不详细再说。此外，1992 年我退休以后，老彭对我也一直很关心，互有往来，互有赠书。还特地送给我一本《傅雷家书》。我在他生病住院期间也去看望过一次，后来我通过他的长子彭军给过他一本《夹边沟记事》。

关于老彭，令我感触比较深的还有他的担当精神。他总是把各种缺点、错误自己揽下来，有事情总是自己承担，从不把责任推卸给别人。这一点也是非常值得我们学习的。

四、生活上保持艰苦朴素的优良作风

老彭在生活方面也是我的楷模，非常简朴清苦，还坚持学习。20 世纪 50 年代后期，我与老彭同住在家属院 8 号楼的一套房子里，共三个房间。由于老彭的爱人卜毅已经搬到水电部宿舍去了，所以老彭单独住一间，我们家住一间，另外一间由老彭的母亲和我的岳母住在一起。这个阶段我和老彭接触得比较多。每天他很早就起床，多数情况下他 6 点多到食堂吃饭。有的时候食堂还没开门，他就在厨房里自己弄些挂面简单地热一热，吃完就走了，总是晚上 10 点以后才回来。我听见开门的声音，接着是开电灯的声音，就知道老彭回来了。他走进房间静悄悄地关上门，不管多忙，都坚持再读会儿书。我现在家里放碗筷的小桌子就是当时老彭房间用于看书和办公的桌子。还有一个他洗衣服的瓦盆，现在还在我家阳台上。他后来住在水电部宿舍，每天到北医上班得有六七公里，都是自己骑自行车，直到退休，从不坐北医专车。事实上，以他的级别完全可以有司机开车。有人曾劝他说：“老彭，你年龄也大了，不能不服老啊！骑这么远的路，而且车水马龙的，在外边被撞了得不偿失，何必这样犟着呢?”他说：“我要锻炼。不仅锻炼体力，也锻炼脑力和思维。”后来有一段时间由于老彭的爱人生病在协和医院住院，老彭每天下班以后就骑车直奔协和医院陪护照料他爱人，直到病房要关灯时才回家，很是辛苦。

五、实事求是地深入基层联系群众

老彭一生向学、勤奋谦逊，始终保持着学习、思考和研究的好习惯。他深入基层联系群众，对待同事、上级、基层的干部都是一视同仁，没有一点架子。由于我爱人董育芳在北医党委办公室统战部工作，所以老彭也经常到我家里来，坐在客厅沙发上向我们了解教工单位的动态、思想情况、群众意见，以及有没有困难等。有时快谈到饭点儿了，我说："老彭，你坐这儿，我来给你热菜吃。"但他从没留下吃过一次饭，我到他家倒还吃过一次。老彭始终坚持一心为公、顾全大局的党性原则，宽容大度、不求名利，自觉维护领导班子的团结。他为人正直善良，待人真诚谦和，既开拓创新，又严谨求实，在各种场合从不张扬，从不说假话、大话、空话，从不居功自傲。他曾说："集体智慧是北医发展的源泉和动力。"长期以来，在老彭的带领和影响下，北医不仅形成了清正廉洁的领导集体，还形成了宽松的政治氛围和与人为善、团结和谐的优良传统。

以上是我在实际工作和生活中与老彭接触的主要感受和心得，他永远是我的榜样，我深深地怀念老彭。

时间：2023 年 3 月 7 日 9:30—11:40

地点：北京市海淀区北医家属院魏承毓教授家中

受访人：魏承毓

访谈人：刘启满、郑佶祺

录制人：姜海婷

文稿整理：刘启满、姜海婷

审阅修订：姜海婷、魏承毓

青年学人的朋友和引路人

韩济生

韩济生，男，1928 年 7 月生，汉族，中共党员，浙江杭州萧山人，神经生理学家，中国科学院院士，博士研究生导师。1953 年毕业于上海医学院医学系。韩济生在大连医学院生理高级师资班进修后，先后在哈尔滨医科大学（1953）、北京卫生干部进修学院（1956）、北京中医学院（1961）和北京医学院（1962）等单位生理系任教。1965 年他接受周恩来总理的指示，从事针刺镇痛原理研究。1979 年由讲师直接晋升为教授。1983—1993 年任北京医科大学生理教研室主任，1987 年任北京医科大学神经科学研究中心主任，1993 年任卫生部神经科学重点实验室主任、北京医科大学神经科学研究所所长，并入选中国科学院院士。现为北京大学神经科学研究所名誉所长，北京大学医学部神经生物学系教授。

1947 年，我考取了上海医学院（现复旦大学上海医学院）。1952 年从上海医学院毕业，我立志要做一名外科医生。当时，国家百废待兴，需要建立大量的医学院校，我们这一班毕业生被国家要求向教学和科研方向发展。于是，我放弃了自己的临床梦想，进入大连医学院，跟随生理学家、教育家吴襄教授进行生理学的进修。之后在吴襄教授的引荐下，我认识了中国科学院院士、消化生理学家王志均教授。1962 年，我进入北京医学院（现北京大学医学部）生理系，担任王志均教授的助手。此后，我在科研、国际合作交流等方面都得到了彭瑞骢书记的大力支持，他是青年学人的好朋友和引路人。

一、为我打开针刺镇痛研究领域的大门

20 世纪五六十年代，中国一些地区在利用针刺穴位止痛做外科手术，如此有中国特色的事引起了周恩来总理和卫生部的重视。1965 年，周恩来总理指示卫生部部长钱信忠抽调人力研究“针刺麻醉”的原理，这个任务也交到了北京医学院。找了几位老教授均被拒绝后，时任北京医学院党委副书记的彭瑞骢书记找到我。1965 年 9 月初，他问：“你愿不愿意做针刺麻醉的原理研究?”其实我也不愿意做，毕竟学的是西医，对针刺麻醉一无所知（当时针刺麻醉处于半保密状态），独创新领域肯定困难重重。接受国家总理给的任务更是难下决心，做不好就辜负了党和国家的信任，而且我的心里也有负担，如果做不出来怎么办，是不是会说我反对中医或别的什么呢？然而，“养兵千日，用兵一时”，国家培养自己做生理学工作者已经 12 年，算来超过了四个千日，现在上级下达了明确任务，安能拒之而不受？我是听党的话，叫我干什么我就干什么。我想，做教学也是做，做科研也是一样做。既然周总理要我做，我就高高兴兴地做。

彭书记说：“我帮助你了解，你明天跟我到通县结核病研究所，到那里我们亲自去看看针刺麻醉怎么做的。”第二天，我们就驱车去了通县，观看胸科专家辛育龄教授做肺叶切除术。患者是一位女工人，20 多岁，因结核病需做肺叶切除。术中没有用药物麻醉，只是在四肢上扎了针灸。一位总针灸师根据手术的进行步骤发出指令，四位针灸师按照指令在各自负责的肢体上捻针，经过 30 分钟针刺诱导期，手术开始了。手术灯下，刀、剪和止血钳在胸部长长的切口处操作，但患者还能清醒地与护士说话，脸上也毫无痛苦的表情，还能用麦秆吸橘子汁。看了手术以后，彭书记问：“怎么样，做不做?”我说：“做!”我觉得可以接受这个任务，因为事实摆在那里，针刺麻醉肯定有它的道理，只不过我们还不知道罢了。于是，我和汤健、周仲福经过严肃的讨论，依依不舍地离开了消化生理研究室，开始投身于针刺麻醉原理的研究。彭书记的这种工作方式是非常难得的。他并没有下命令让你必须做，而是循循善诱，让你自己看见事实，你自己说做，那么就往下做。在此期间，彭书记在人力资源上也给了我很大支持。

与彭书记的第一次见面就影响了我此后的研究方向，自此我就开始了针刺镇痛原理的研究，后来成立了全国第一个疼痛科，并通过捐款和设立奖项推动神经科学的发展和患者的康复，为人类消除或减轻疼痛。这是头等大事，是伟大的事业。我这一做就是 60 多年。

二、破格将我从讲师直接晋升为教授

我一向提倡三个字：德、才、勤。德，就是德行，这是最主要的；才，就是才华、聪明；最后一个就是“勤”。人家都说对人的要求是“德才兼备”，但是我觉得德才兼备还不够，还需要勤快、勤劳，不断地找活干，而不是说懂得怎么干，教育别人怎么做，而是自己去做。所以我自从学校毕业以后，就拿“德”“才”“勤”这三个字来要求自己，特别是“勤”，就是找活干，这是我最高兴的。

我这个人，就是干活，踏踏实实地干实事，很少和领导打交道。而彭书记是知人善任的，也很谦和。对于我在“文化大革命”期间坚持从事针刺麻醉原理研究的情况，彭书记也看在眼里，认为确实是我们积极努力取得的结果。1978 年，彭瑞骢根据全国教育工作会议的会议精神，在北医通过评定技术职称晋升了 30 名教授。1979 年我受邀至美国参加国际会议讲针刺镇痛的原理，但当时我只是一个讲师，学校提出最好能够提升到副教授或者教授。在我个人的职称晋升一事上，彭书记大胆地根据实际科研贡献做出了破格晋升的决定。在这个职称调整过程中，彭书记做了非常深入的调查工作，甚至还亲自跑到仪器修理厂，深入群众，去了解我对工人怎么样。我听到了以后也很感动。最终，1979 年 4 月，我被破例从讲师直接升到了教授，而在这次唯一破格晋升的事情上，彭书记也承受了很大的舆论压力，实属不易。

三、推动国际合作交流

从 1965 年起，我开始从事针刺麻醉原理研究。在当时的北医生理楼三楼，在艰苦的环境下我坚持熬过无数实验和计算研究的日夜，用科学的方法证明针刺有降低痛觉敏感性的效果，发现了镇痛的物质基础，基本阐明了针刺镇痛的科学原理，并在家兔针刺镇痛实验之后进一步找到了“生物自体分泌的麻药”，为针刺麻醉进入科学的轨道做出了自己的贡献。

当时彭书记作为北医领导，总揽全局，为科学研究取得重大突破创造了条件。时任世界卫生组织官员的朱章赓来到北医参观时，彭瑞骢特地安排他参观了我的实验室。朱章赓主动询问我们的实验需求，并提供了重要的实验试剂。正是借此，我们成功发现了针刺麻醉中起镇痛作用的重要物质——5-羟色胺。

此外，1978年以后，彭书记为北医大批人才出国交流提供了机会。我是第二批被公派出国的，在瑞典乌普萨拉大学进修了7个月，研究针刺时间过长疗效会逐渐降低即发生“耐受”的物质基础。在北医的支持下，我有机会到世界各地作报告。我在报告中提出关于针刺镇痛“耐受”的问题，推测其原理可能是由于过多的阿片肽触发了抗阿片物质“八肽胆囊收缩素”的生成，实验结果证明确实如此。由于彭瑞骢的信任，我有机会到26个国家和地区做了200多场报告。在国际学术交流的过程中，我的思路得到了启发，并取得了许多突破。

四、注重理论与实践相结合

彭书记的信任与支持还体现在转化医学研究上。我与博士后吴鎏桢不断求索、共同努力，发现对穴位进行一定的电刺激能加速内啡肽的释放，明显减轻吸毒者的戒断症状，解除心理依赖。我们还发现高频刺激对解除戒断症状有效，低频刺激对解除心瘾有效，高低频变换的刺激对两者皆有效，由此研制出韩氏穴位神经刺激仪（即“韩氏仪”），并可将其用于各种慢性痛及海洛因成瘾等的治疗。参与禁毒事业需要与公安打交道，这就需要学校的批准。彭书记等校领导对此也十分支持，“韩氏仪”得以在戒毒方面大放光彩。如今，“韩氏仪”作为代替针刺的方法已经广泛应用于临床，对各种急慢性疼痛、不孕不育症、失眠症和抑郁症都有很好的疗效。

彭书记给我留下了非常深刻的印象，我把他与周恩来总理以及我的老师季钟朴教授并列。这三个人都是我非常敬佩的人。彭书记给予了知识分子极大的尊重与信任，为科研工作创造了条件，为人才发展提供了机会。他立足国内现实，推动国际交流，为推动中国医学研究事业的发展做出了突出的贡献。

时间：2023 年 3 月 9 日 10:00—11:30

地点：北京市海淀区北医三院家属院 26 号楼 10–4

受访人：韩济生

访谈人：靳亚男、姜海婷

录制人：张晓辉

文稿整理：靳亚男、姜海婷

审阅修订：姜海婷、韩济生

我们的好书记
——忆彭瑞骢老书记为防原子专业的发展和人才培养所做出的贡献

陈兴安

陈兴安，男，1930年9月生，上海青浦人，卫生部中青年突出贡献专家。1992年起享受国务院政府特殊津贴，是卫生部重点赞助的5名WHO归国学者之一。1954年北京医学院医学系毕业，1954年9月至1955年9月为北京医学院卫生系苏联劳动卫生专家卡姆恰特诺夫的研究生。1956年4月至1957年5月于总后防化防原子军医师资训练班结业，是第二军医大学为北京医学院、上海医学院等10所重点高等医学院校培养的10名我国第一代放射卫生防护专家之一；曾担任北医工业卫生102教研室讲师兼放射劳动卫生教学小组组长近20年。作为第一完成人获得国家科学技术进步奖二等奖1项，省部级科学技术进步奖3项，预防医学科学院科学技术进步奖二等奖2项，出版多部专著，发表论文近百篇。陈兴安曾于1989年和1998年两赴切尔诺贝利，“是我国唯一被允许在事故堆内照相的中国人，也很可能是唯一有两次考察切尔诺贝利事故经历的中国人”。

1956年，彭德怀元帅根据当时的国际形势，通过卫生部下令要在包括北医在内的10个重点医学院校建立军事医学教研组。我服从组织安排，于1956年4月到防化防原子军医师资进修班进修，与40多名部队学员一起学习了13个月。这个进修班是总后卫生部委托上海第二军医大学举办的，由苏联专家开林教授指导。结业后我回到北医不久，军事医学教研组奉命撤销，于是我又回到了劳动卫生教研组。

1958年国家大办原子能，北医要成立防原子专业。领导考虑到我的上述经历，又把我调出劳动卫生教研组，负责工业卫生“102”教研组放射劳动卫生教学小组的筹备。此时，彭瑞骢书记考虑到我在部队所学不能完全适应工作需要，便亲自同刚从苏联留学回来不久的李振平老师（原北医地下党支部书记）直接联系，让我到他所在的中国科学院原子能所（401 所）的第七研究室以及该所技术安全室进修 5 个月。回校后，彭书记指示我们："搞卫生的绝对不能脱离现场，正如同临床医生不能离开病人。"这个指示我们终生受用。

彭瑞骢书记和原清华大学党委何东昌书记比较熟。1960 年他又主动亲自出面，建立了同清华大学工程物理系的协作关系。1961 年、1962 年，由我去为该系 2104 专业的学生讲授放射卫生课。该系则派成诚老师到我们教研组讲授高级核物理剂量学。1964 年我和符绍莲同志应邀去清华 200 号，协助该反应堆建立个人卫生防护条例、皮肤除放射沾染剂的配制以及卫生通过间的设计。1997 年，清华核能与新能源技术研究院协助我在清华大学接待国际放射防护委员会第二常委会首次来华，并成功举办了年会，这些都是与彭书记的关怀分不开的。

1972 年明确了小组的长远科研方向，即研究稀土作业工人吸入钍的健康效应及其防治措施。1974 年在北医科研几乎停顿、人力和物力极端困难的条件下，根据一本书上的一张图片，我们开始仿制美国制造的呼出气中钍射气测定装置。在研究工作后期，只剩下我一个人进行试验，而且没有科研经费。需要两人操作时就临时请 101 教研组韩旭同志协助。所用价格高达 200 元的大型光电倍加管，是由 103 教研组汪友蕃教授的科研经费支持的。至于 800 元的仪器加工费，钢铁研究院的工人师傅得知我们的研究是为工人健康服务的，就一分钱都没要。更为难以置信的是，这项仿制工作的最后一次实验需要的购买 20 元钱的干冰，是由院党委彭瑞骢书记批给姚树印科研处长，再由姚处长批给 101 教研组饶用清主任帮助解决的。

1977 年，由于取消了培养放射卫生专业生的任务以及科研经费严重不足等，北医党委对工业卫生 102 教研组的去向做出了"保留名称、人员分配"的决定。1978 年 2 月经本人申请、彭瑞骢老书记等领导的批准，我被调至原卫生部工业卫生实验所继续这项课题研究，并与白云鄂博矿职工医院协作，于 2005 年获得该所 1965 年成立以来的第一个科学技术进步奖二等奖。

1998 年 11 月 3 日，北京市核学会在清华大学举行专场学术报告会，由我介绍深入切尔诺贝利事故堆内的考察纪实和应汲取的教训。意想不到的是，在我报告完后，发现彭书记坐在头排听我的报告并大加赞扬。他认为用大量照片的方式进行讲演，要比单纯理论来理论去的干讲效果强得多。返校后，我将此事转告了原党委宣传部部长张质同志。他当即决定于 1998 年 12 月 20 日晚在北医大礼堂，由我向当时团委举办的团校 700 名共青团员做了上述报告。结合核事故的教训，我们要提倡学习大庆的“三老四严”[1] 作风。

回顾数十年来北医领导对我们教学小组的正确领导、热情支持和帮助，我深切地感受到彭瑞骢老书记是一位对党的事业无限忠诚、深入知识分子、主动关心年轻人成长的伯乐式的党的优秀领导干部，是每一位共产党员学习的好榜样。

向彭瑞骢老书记致敬！

本文为 2014 年 6 月 5 日陈兴安于纪念在北医毕业 60 周年所作，2023 年修订。

文稿整理：姜海婷

1 “三老四严”的提法，最早出现于 1962 年，到 1963 年就形成了完整的表述，是大庆石油职工在会战实践中形成的作风。经总结提炼后提出：对待革命事业，要当老实人、说老实话、办老实事；对待工作，要有严格的要求、严密的组织、严肃的态度、严明的纪律。1964 年 5 月石油部召开第一次政治工作会议，将采油一厂中四队的经验总结提炼为“三老四严”精神，并在全油田加以推广。

纪念中国卫生经济学科创建的引领者和培育者彭瑞骢同志

孙光德

孙光德，女，1930年10月生，中共党员，中国人民大学劳动人事学院荣休教授。1945年8月至1948年7月就读于北京师大女附中，毕业时保送至北京师范大学教育系，1949年先后入华北大学二部教育系及俄文大队学习。1950年中国人民大学建校，转入中国人民大学政治经济学系学习，1953年6月毕业分配至北京医学院从事政治经济学教学，后任北京医学院马列主义教研室副主任，1984年2月返回中国人民大学，从事劳动经济学和社会保障学的教学和研究。曾任中国卫生经济学会副会长、中国劳动学会理事、北京市民政学会理事、北京市妇女理论研究会理事等，为中国卫生经济学、社会保障学两个学科的创建和发展做出了突出贡献。

1953年从中国人民大学政治经济系毕业后，我进入北京医学院教授马克思主义相关课程，随后担任北京医学院经济教研组主任和马列主义教研室副主任。由此，我和彭瑞骢同志结下了不解之缘。

事情的缘起是这样的。1980年，时任北医党委书记的彭瑞骢同志出访美国考察，带回来了两份材料给我，一篇名为《卫生经济计划与管理》的小册子，这是由国外印发的中文版的文献，还有一篇是世界卫生组织的英文报告。他说："美国很多医学院校都开设了卫生经济学这门课，我国已进入改革开放阶段，以经济建设为中心，全国各行各业都在学习和讨论'按客观经济规律办事'，我们也应该在中国创建这一学科，北医应承担起这个重任，而北医校内也只能由系统学习过经济学的你来负责。你先把这两篇文献看一下，思考思考。如果有什么问题和困难可以来找我。"回来后，我先读了中文小册子，感到开了眼界，而对另外一篇英文文献则感到有些困难。虽然我拥有较好的经济学背景，但想在国内完全空白的领域打通一条新路也绝非易事。加上大学时我学习的是俄语，英语是中学时候学习的，已荒废多年。但想到有彭瑞骢同志的指引和支持，我下定决心一定要完成这个任务。于是，我抱着英文字典，像蚂蚁啃骨头一样钻研国外的文献，最终翻译出了《卫生经济学在国家卫生计划和政策制定中的作用》这篇世界卫生组织的报告，并把译文登载在了中国医学科学院的杂志《医学研究通讯》上。就这样，我开始了对中国卫生经济学的探索，并投入学科创建中。

事实上，改革开放的社会背景为卫生经济学的建设搭建了舞台。1979年元旦，当时的卫生部部长钱信忠根据党的十一届三中全会精神提出卫生部门也要按经济规律办事，运用经济手段管理卫生事业的课题，从此原本“国家养、低收费、高福利”的医院面临转型。同年，卫生部、财政部和劳动部联合发出《关于加强医院经济管理试点工作的通知》。在全面开创社会主义现代化建设新局面的进程中，深入开展卫生经济理论研究，普及卫生经济学知识，对促进卫生事业发展、加强卫生机构管理、建设社会主义物质文明和精神文明具有重要的理论和实践意义。

这一时期，在彭瑞骢同志的领导下，北医全院包括附属医院都组织学习中央精神，讨论“按客观经济规律办事”相关工作，并举办了为期一周的短训班，由我为医院的院长和各科科主任讲课，讲解医学院和医院该如何按客观经济规律办事，内容主要包括什么是卫生经济学、社会主义卫生事业的性质和作用、我国的医疗保健服务制度、卫生费用等内容。为了这次讲座，我在备课过程中向卫生部和医院从事管理的同志请教，并从他们那里借阅了一些文件来学习。这次经历也让我领悟了将经济学具体应用到卫生领域中的重要性，也更坚定了我在中国建立卫生经济学科的决心。

1981 年在上海第一医学院（现复旦大学医学院）举办卫生经济学学习班，并请来哈佛大学经济学教授萧庆伦为我们普及相关知识，学员主要是重点高等医学院校的经济学教师及卫生系统的相关管理干部。在期间的学术交流中，我也和这位美籍卫生经济学专家结下了友谊。从上海回来后，我向彭瑞骢同志汇报了具体情况。他听后决定邀请萧庆伦来北医座谈，就医疗市场化和公益性等问题展开讨论。由此，萧庆伦教授与彭瑞骢同志建立起良好的合作关系，为北医开设卫生经济学和卫生事业管理课程及后来的学科建设发展起到了积极作用。

1981 年 9 月，在卫生部副部长季宗权的支持下，“全国卫生经济学和医院经济管理学术讨论会”在牡丹江市召开。会上，由黑龙江省卫生厅和哈尔滨医科大学经济学的教授牵头联合发起成立中国卫生经济学研究会筹委会，并决定筹办卫生经济杂志。经过一年的筹备，1982 年中国卫生经济研究会（后改为“中国卫生经济学会”）成立大会和第一届年会在广州召开，由卫生部主管计划与财务的副部长郭子恒兼任会长，哈尔滨医科大学李永康和我被选为副会长，并指定我任执行会长。学会办公室设立在北医。也是在彭瑞骢同志的支持下才能设有独立办公室，使相关人员能够顺利开展工作。

学会成立后，为了在我国高等医学院校开设卫生经济学课程，相关教材的编写也被纳入了日程。1983 年初，由学会主持，来自北医、哈尔滨医科大学、广州医学院、中山医学院、上海第一医学院、上海第二医学院、武汉医学院、湖北中医学院、湖北医学院九所院校的部分经济理论教学人员组成《卫生经济学》编写组。我和哈尔滨医科大学李永康老师一同主持编写教材。当时教材编写组已经有了一些基础，那是在卫生经济学研究会筹委会时期，在卫生部计划财务司和医学教育司的指导下，曾组织编写过一本《卫生经济学若干问题（初稿）》。该书从我国国情出发，对卫生领域的经济发展规律及其实际应用进行初步探讨。当时该书主要用于卫生系统干部卫生经济学培训班材料，编写组成员也是由上述九所医学院校的人员组成，共同商定题目，分工编写，书稿完成后由江苏省医学情报研究所编辑，于 1982 年出版。但是，这次教材编写是用于全日制高等医学院校的，需重新设计理论框架，编写教学大纲，调整细节内容，并进行广泛的讨论。这就要有一个集中的住处和书稿讨论的地方。这时又是依靠彭瑞骢同志的支持，由北医后勤部门提供了物质条件。而且，彭瑞骢同志还亲自来到编写组和我们座谈，提出了一些对大家颇有启发的建议，并给了我们很大鼓励。最终，该书在北医集中讨论的基础上，1984 年 2 月顺利完成统稿，1985 年由人民卫生出版社出版。由此，国内第一本供全国医学高等院校使用的《卫生经济学》教材宣告面世，也标志着中国卫生经济学科初步建立。

1984 年，由于母校中国人民大学新建劳动人事学院的需要以及考虑就近照顾家庭等原因，我回到中国人民大学从事劳动经济学和社会保障的教学研究，并参与相关学科的建立。但离开北医后，我依旧与彭瑞骢同志保持着密切联系。

20 世纪 80 年代医改主要是围绕经济建设和改革开放开展的。一时间，关于医院产业化、医疗卫生事业市场化的讨论甚嚣尘上。彭瑞骢同志当时就敏锐地提出医疗应坚持公益性，指出医疗改革参与企业的承包制和市场化会失灵的。20 世纪 90 年代初，他参与筹建“中国卫生经济培训与研究网络”，剖析我国卫生总费用问题，极大推进了我国卫生经济学的发展和与世界银行的合作，并建立了一支卫生经济研究队伍。此外，为了进一步研究卫生改革和发展的思路，他参与卫生部《关于卫生改革和发展纲要》的起草工作，并指出，医改补偿制度没有解决、没有建立完善的社会医疗保障体系是造成“看病难、看病贵”的主要原因。这段时间我曾数次回北医看望彭瑞骢同志，并与他交谈，很受启发。我在 1985 年于《卫生经济》上发表《科学地认识卫生事业的性质》、1990 年于《中国卫生经济》上发表《福利性质 福利水平 福利费用承担者》等文章。这些文章旨在厘清卫生事业的“二重性”，辨析医疗保健服务的福利性和商品性，指出医疗保健分配上的福利制度和医疗保健生产上的经营管理制度应该加以区别。我的这些思想和观点的形成，可以说，与常常和彭瑞骢同志的交谈与讨论是分不开的。

回顾以上历程，将彭瑞骢同志称作是“中国卫生经济学科创建的引领者和培育者”是当之无愧的。同时，在和他长期的接触过程中，我深切地感受到他具有许多共产党人应有的优良、高尚的品质：他非常勤勉，始终刻苦学习，站在医学教育领域的前沿；他与时俱进，始终保持着对新生事物的敏感洞察；他平易近人，作为领导，始终密切联系群众，爱惜人才，注重人才培养。我们作为后辈，应向他学习，继承这些优秀品格，发扬这些可贵精神，为全面建设社会主义现代化国家而团结奋斗，做出应有的贡献。

时间：2023 年 7 月 4 日 9:30—13:30

地点：北京市海淀区蓝靛厂时雨园家中

受访人：孙光德

访谈人：姜海婷、赵忻怡

文稿整理：姜海婷

审阅修订：孙光德

知人善任　远见卓识
——助推北医开拓中国临床药理事业的彭瑞骢书记

李家泰

李家泰，女，1930 年 12 月生，浙江省宁波市人。教授，主任医师、博士生导师，临床药理学家，中国临床药理事业开拓者和奠基人之一。1955 年毕业于浙江医学院医学系内科专业，1955 年进入北京医学院国家研究生试办班，攻读药理学研究生，培训 3 年，毕业后留校任教。李家泰创办了中国第一个临床药理研究所——北京大学临床药理研究所，率先在中国进行药物临床研究。曾任北京大学临床药理研究所所长，北京大学第一医院中西医结合研究室副主任、抗生素研究室主任；中国药理学会副理事长兼临床药理专业委员会主任委员、WHO 基本药物应用专家委员会委员、中国药学会北京分会理事兼药理学会主任委员、卫生部医疗技术咨询专家、中华医学会临床药物评价专家委员会委员等职。

关心基层党员的好书记

彭瑞骢是北京医科大学的党委书记。我第一次见到彭瑞骢书记是在我读研究生的第二年。1957 年我与先生蔡志基在药理教研室的会议室举行婚礼。那时候结婚非常简单，也没有请客、办酒席什么的，甚至不像个结婚的样子，就是由工会主席主持，教研室老师、同事们参加，在会议桌上放点糖，大家吃颗糖，然后就让我们两个人合唱一首歌就好了。但是不知道彭书记如何晓得我们两个普通党员结婚的事情，亲自跑来会议室祝贺。我当时就感觉，这个书记挺关心基层党员的。毕竟我们家里的亲戚都没有来参加，即便蔡志基的妈妈和兄弟姐妹都在北京，他们也没有参加。我的家人都在浙江，就更不可能参加。待人亲和，这是我第一次见到彭书记时他给我的一个直观感觉。

后来，他曾经带着北医和基础系的几个领导巡视各研究单位。到了我们办公室的时候，我记得特别清楚，他还跟我的助手说："你应该给李大夫在办公室弄个床，她整天整夜地做实验，深更半夜不睡觉。这样得了空也可以睡个觉。"他竟然知道我都是在夜里工作、看书、看文献，有时还加班做实验。为了节省时间，我就在办公室里睡觉，简单地靠在躺椅上，把后背稍微靠起来一点。彭书记总是非常关心人，所以我一直认为他虽然不怎么出面，我们也很少见到他，但是在关键的时候他好像一直都在留心着，一直都在关照着，令我很感动。

远见卓识，敢用新人——助推中国临床药理学研究起步

真正与彭书记接触较多的时候，是在我研究生毕业前后。1955 年，我们第一届大学生毕业，当时国家开始试办招收研究生，以苏联专家为主，连同教研室的主任、教授，一起带研究生。1955 年，浙江医学院得到了两个北京医学院药理学和生物化学专业的研究生名额和两个华南医学院（今中山大学中山医学院）病理学专业的研究生名额，指定应届毕业生参加考试，考上了就能入学，考不上名额就作废了。我学的是内科专业，想当医生，但那时学校要求我考研究生，加上我已经入党了，所以要服从党的需要。对学校来说，这个机会难得，作为学生，我们也要为母校争气，所以我只能努力备考，最终成功被北京医学院药理学专业录取。

入学后，苏联药理学专家维秀洛娃给我们上课。她人很好，请我们这新一届的四个研究生到她住的地方，还请我们去他们的食堂吃饭。她给我们讲课，还指导我们做实验。一方面，她让我们学习选修的科目，基础所有科目的研究生课程，我们都要学习和考试；另一方面，她给我们出研究课题，并让我们开始做文献准备。就在我们一边上基础课、一边做准备的时候，1956 年苏联专家被召回去了，所以就没有导师了。之后教研室主任、教授和老师们帮助我们继续学习，但需要自己做课题，完成毕业论文。毕业后我留在药理学教研室任教。

当时，国外已经开始进行临床药理研究，需要在健康志愿者以及有选择的、比较单一的病人身上进行一系列研究。药物要经过审评通过才能用于病人，但当时在中国的新药临床研究上并没有这样的规定。于是，我在心底酝酿了一个想法：最好我还能去做医生，然后想方设法把药理跟临床相结合。于是，我希望开始做临床药理工作。我原本是在私底下与党支部交流了相关想法，但可能党支部向上级汇报了，所以后来彭书记就找我谈了一次话，问我具体是怎么想的，是不是还想回临床。我说，我真的很想回临床，但觉得药理学也是很有用的，然而，新药只是做动物药理。动物与病人毕竟不一样，不能直接用从动物身上获取的信息指导临床用药。因此，回到临床，我再争取把药理知识和临床结合就更好了。彭书记听了，觉得我这个想法很好。他跟我讲，他自己也非常重视基础和临床的结合，认为医生应该把基础知识和临床结合起来，这样就能更加深入，对病人也更加有利。那时候，毛主席号召"西学中"。彭书记说中医研究院正好有个班，是中医研究院、中国医学科学院和北医三家单位一起办的，学生需要在中医研究院学习一年。他问我是否可以去学一年中医，这样的话，以后可以到医院去建一个既是中西医结合、又是基础与临床结合的试点。我一想，这也不错，因为我学了药理学，临床工作已经耽误了三年，现在如果分到临床去，也不知道哪个科室能收我。于是，我就去学了一年中医。

后来，彭书记选了基础系包括我在内的五位老师参加这个中医班，大家的专业分别是生理学、药理学、病理学、生化学和病理生理学。我们都比较年轻。虽然其他几位老师比我年资高一些，但是我的条件是学了三年基础，临床方面也是学过内科专业的，所以彭书记就让我当了组长，并在北大医院给我们建了一个中西医结合研究室，开展中西医结合、基础结合临床的医疗和研究工作。彭书记还让我当了副主任，那时没有主任。我觉得他胆子挺大的，也挺有创意的，想到了这么一个主意，让我们到医院去试试看。

我觉得，当时我们都是在摸索。彭书记作为领导，能有这样的远见和创造性，是很令我敬佩的。将基础结合临床，相当于也深化了我自己原来的想法。我原来只是想去做医生，结合一下自己学过的药理知识，没想到正式地建立了一个小的研究室，要去专门从事基础结合临床的研究。这确实还是很新的一件事。当时即便是临床医学生，毕业后也没有几个人想起来再去学基础，学基础的人也不会想到怎么去和临床结合。另外，他也敢于用人。像我这样一个刚毕业的年轻人，他居然就敢放手支持我到北大医院。一般来说，学基础的人是根本进不去医院的，他就敢让我们进医院去建立一个研究室。

后来，到1963年的时候，我们已经意识到这种中西医结合的形式，跟国际上在搞的临床药理还是不一样的。于是，我们研究室里病理专业的人就到了医院的病理科，生化专业的人就到了医院的生化检验科，病理生理的那一位就去了中医科，索性就完全去搞中医了，把病理生理跟中医相结合。

我正好到了吴朝仁教授的传染科。当时，卫生部为了发展抗生素，配合国家的抗生素生产，要建两个抗生素研究室，一个建在上海医学院，另一个就建在北医。北医是先把这个研究室建在了传染科。吴朝仁教授愿意让我到传染科，去当他的科研助手。在他的领导下，我就一边跟着传染科一起搞临床，一边就协助他建一个抗生素研究室，做抗生素的实验研究。那时我国刚开始仿制半合成青霉素苯唑西林，就做了一些实验研究，最后这个药也要到临床上去找病人。那时候我们还没有收治感染病病人的病房。我们就在全院病人里去找，各个病房的医生如果遇到合适的病人，就会通知我们，然后他们按照我们的规范和要求去治疗病人。通过这种方式，我们和临床开展合作。于是，我们就有开展临床药理学研究的基础了，研究的疾病就是感染病，研究的药物就是抗生素，之后我就开始实施抗感染药物的临床药理研究了。

我的第一篇关于临床药理的文章被收录在1964年第三届抗生素学会的会议论文集中。这也是全国第一篇以临床药理命名的论文，标志着临床药理研究的开始。

1970年，吴朝仁教授突然因病去世。党委根据我们的工作开展情况，就决定把抗生素研究室从传染科分出来，在北大医院成立一个独立的研究室，并在1971年任命我当主任。事实上，我还只是一个很年轻的大夫，而且才不过是讲师。工作的开展，都是彭书记和院、校二级领导大力支持的结果。上海的抗生素研究所在国内的评价一直挺好。我们跟上海同行相比在人力上差距很大，但我们的工作水平并不低。从20世纪70年代开始，我就有了一个可以开展临床药理学研究的抗生素研究室。当时只有8个人，我是唯一受过高等教育的医生，再加上6个技术员和1名清洗工人。后来逐渐也有了年轻的大夫，然后又增加了一些技术人员和进修生，就把工作逐步开展起来。

从1970年到1979年，北医的领导也了解我们的情况。近十年间，我们的工作得到了卫生部的充分认可，当时我们的工作又正好符合世界卫生组织的要求，所以卫生部决定要在北医建立临床药理研究所，而且就在我们这个抗生素研究室的基础上建。所以从我进入医院，到把我调出来成立单独的抗生素研究室，以后又按照卫生部的要求建北京医科大学临床药理研究所，这些都是学校党委的决定，其中决策人就是彭书记。没有党委书记的同意和决策，我不可能顺利地走上这么一条道路。因此，我觉得他一直就很重视基础和临床结合以及相关学科的发展。在当初还没有临床药理研究的单位建制时，他就已经想到了把基础的人派到临床，建立抗生素研究室，开展新药的研究。正是彭书记的远见和决策，使我作为一个普通的研究人员，能够不断地走向新的研究岗位，深入地开展临床药理研究。

知人善任，严谨细致——善于培养干部，开拓新的领域

1979年，在卫生部的支持下，中国药学会召开了第一届临床药理学学术讨论会。会议由中国药学会主办，北医协办。当时，卫生部药政局江冰局长、北医的胡传揆教授和楼之岑教授、中国医学科学院的沈其震教授、上海药物所的丁光生教授、军事医学科学院的宋书元教授等都参加了这次会议。这次会议是我国首次以临床药理为主题的学术会议，也是我国临床药理发展的起点。会上，卫生部让我作一个报告，介绍国外的临床药理研究进展。之后其他几位药理学教授也从不同的角度作了报告。此后，正好世界卫生组织支持中国卫生部恢复药品的审批、管理制度。为了促进中国医药卫生的发展，世界卫生组织还给了100个奖学金名额。我正好符合报考要求，即50岁以下、讲师以上，所以我决定报考。

当时北大医院皮肤科胡传揆教授[1]任北京医学院名誉院长。由于每个专业只有一个名额，他有点担心，怕我考不上，因为那时候他已收到卫生部的信息，准备在北医建研究所，计划让我负责，所以他就怕我考不上。考不上不但丢人，还可能因此而使北医失去了建所的机会。他就告诉我，卫生部要组织一个访问团去美国和日本考察，而且已经决定了由药政局的领导和干部组团，并让我和药品检验所的一位药学教授参加，跟他们一起去考察。他叫我不要考试出国了，就跟着卫生部一起去考察美国和日本，去看看临床药理怎么搞就可以了。他说你考试风险很大，要是考不上怎么办呀？我说访问的时候到处看看，如同走马观花，只能看到表面上的一盆花，但并不知道它到底是怎么种的，怎么成长。我要是考上了，就不是走马观花了，而是下马观花了，就可以亲自学怎么种、怎么养，这盆花不就能开得更久吗？去进修，是以学生的态度去学习，就能知道他们到底是怎么做的，到底有什么长处，到底有什么经验。我说时间不长，也就一年左右，这样去学一学，以后再工作，我自己觉得是比较有把握的。

我还说："要是考不上，就说明我的能力还不够，我就继续学。研究所要是建在别处，我也可以去学。学习是没有止境的嘛，我现在能力不够，就继续学，反正要我从事这方面的研究工作，我肯定会不断学习，努力开展的。"后来，彭书记就跟胡院长说了："你让她去考吧，她从大学一直到研究生成绩都很好，她能考上。"胡院长被彭书记说服了，就同意我考了。后来我果然考上了[2]，他们都很高兴。这样就为临床药理所今后开展的工作、深入研究的领域打下了一定的基础。可是彭书记为什么对我那么有把握？他一定仔细看过我的档案，并且做过细致调查的。从我刚考入药理研究生开始，我就被党委委任担任基础部团总支书记，在基础部党总支和团委的领导下负责整个基础部的共青团工作。以后每个阶段，如前所

1 胡传揆（1901—1996），男，汉族，湖北省江陵县人，皮肤病性病学家、医学教育家。1946年任北京大学医学院附属医院院长，1948年8月至1952年12月任北京大学医学院院长，1952年12月至1968年8月任北京医学院院长，1979年11月至1986年3月任北京医学院名誉院长。此外，他还兼任中华医学会副会长、中国医学科学院皮肤病研究所名誉所长、中华医学会皮肤科学会主任委员、《中华皮肤科杂志》总编辑、北京生物医学工程学会理事长、第四届全国政协委员、第七届北京市人民代表大会代表及北京市人民代表大会常务委员会委员等职。在他的主持下，北京医学院扩大了规模，举办各种训练班、进修班和研究生班，努力提高教师的思想业务水平。他重视科研工作，注重提高医疗质量，使北京医学院成为全国的重点学校。

2 李家泰考取后于1980年3月至1981年3月获世界卫生组织奖学金，并赴英国伦敦大学伦敦医学院医学微生物系进修1年。

述，我被不断地委以行政工作和研究工作的重任，多次担任研究室、研究所行政负责人和党支部书记。工作上我遇到困难时，找到彭书记，他总是会想办法给予支持和指导，所以我深切地体会到，彭书记在任用干部方面有特别令人敬佩的作风。他能比较深入地了解干部，量才使用，大胆任用年轻干部，使其在锻炼中得到成长，自觉地挑起重担，去完成党的各项任务。

在工作上彭瑞骢书记严谨细致，也很有远见，能够很好地培养干部，让他们去开拓新的事业。要是没有这样一位坚强的党领导一步步地扶持，北医在临床药理领域处于全国领先地位是不可能的。

访谈时间：2023 年 7 月 14 日 18:00—20:00

地点：北京市海淀区北京大学医学部家属区

受访人：李家泰

访谈人：黎润红

录制人：黎润红

文稿整理：戚文秀、姜海婷、刘启满

审阅修订：黎润红、李家泰

人格高尚　风范长存
——纪念彭瑞骢教授100周年诞辰

杜治政

杜治政，男，1932年生，大连医科大学教授，《医学与哲学》杂志编委会名誉主任委员、名誉主编，中国自然辩证法研究会医学哲学专业委员会第一、二届主任委员，中华医学会医学伦理学会第一、二届主任委员；原大连市科学技术协会党组书记、副主席；研究方向为医学哲学、医学伦理学。

我与彭瑞骢教授相识，纯属一种偶然的机会。

十一届三中全会后，举国上下沉浸在欣喜欢快的热情中。中国科协于1978年起先后在科学界、教育界举办了三次全国性的自然辩证法讲习会，学习和宣传十一届三中全会解放思想、改革开放的精神。1979年伊始，医学界的领军人物，如卫生部副部长崔月犁、北京医学院党委书记彭瑞骢、中国医学科学院副院长顾方舟、自然辩证法研究会筹委会秘书长钟林等，开始积极筹备医学界的自然辩证法讲习会，于1979年春召开了第一次筹备会。因为《中国自然辩证法研究会通信》1979年3月出版的第5期发表了我写的《要重视医学自然辩证法的学习和研究》（被收录在《旅大市部分医务工作者座谈纪要》）一文，会议通知我参加了当时的筹备会。那时虽然我见到了彭瑞骢同志，但彼此并不认识，也没有机会交谈。只是在第二筹备会讨论要办一个刊物，这个刊物由哪个单位承办时，提到的几个单位均因承接了一些医学专业刊物复刊的任务而难以受命。不知谁在会上指名我说，你们辽宁大连能否承担？当时我回答，我只是一个普通编辑（当时我在主持《医师进修》杂志），不能表这个态，再说我们力量单薄，也难胜任。钟林秘书长接过话头，说这不要紧，我们会后与辽宁大连卫生部门联系，了解情况后再定。谁知当天他们就进行了接触，第二天告知说你们那边同意接受。这样，在广州医学辩证法讲习会议期间，大会宣布了办杂志的消息，同时推举了彭瑞骢为主编、我和邱仁宗同志为副主编（当时还议定由上海中医学院出一位副主编）。1983 年大连市委任命我做大连市科协党组书记兼副主席。钟林秘书长专程赴大连与市委领导商谈，希望不要变动我的工作，让我专心致力于杂志。市委副书记告知说，市委常委会已讨论决定，就让我两边兼顾吧，随后告诉我每周去杂志社一两天。自此开始了我在彭瑞骢教授领导下长达 17 年编辑《医学与哲学》杂志的经历。1997 年彭瑞骢教授辞去主编后继续任名誉主编 ，并一直延续到他逝世，我们在一起共事前后长达 38 年。我与彭瑞骢教授虽然不是朝夕相处，但由于相互接触的时间长，他那种高瞻、务实、宽容和平易的高尚人格和风范，仍然深深印在我的脑海中。

高　瞻

彭瑞骢教授有一种从高处观察问题、处理事务的思想习惯。在讨论办杂志时，我记得他多次发言，说从以往的经验看，我们医学界需要一本从全局、从较高层次上观察医学的杂志。他说，现在正在复刊的杂志，都是医学专业技术方面的刊物，这不够，还需要一本从哲学角度研究和讨论医学的杂志。因为只有既从微观视角，也从宏观视角看待医学，才能真正了解医学，才能把握医学的走向，才能有利于制定正确的医学发展的宏观战略，才能更好地把握医学教育的发展方向。会上大家都同意他的意见，为拟筹办的这个杂志确定了大方向。1988 年他参加日本的一次会议后，在给我的信中再次谈及从全局关注医学的想法，来信说："我参加 1988 年那次会，是自治医科大学的学长中尾喜久当会头。他过去是东京大学的教授，创办自治医科大学后有很好的业绩，他们学校的首届毕业生，参加国家的医师考试一次通过率就达到了 100%。他还是日本血液病学会的会长。那次会上确定的主题是'科学、技术、人文'（Science，Technology，Humanity）。中心是：科学方面是遗传基因等方面的进展，技术是老年医学有关进展，人文是对老年人的服务。我感到这个想法很好，不完全是科学进展，也不完全是临床医学。我建议我们是否也可以这么来考虑，以老年医学为中心，从科学、临床、服务系统三方面考虑。"彭瑞骢在电话中跟我说："最近看了洪照光在呼吸病圆桌会议上关于'医学定位'的发言，我深感当前存在看病贵、医患关系紧张的问题。要想解决好这个问题，关于医学目的的讨论确实很有必要，但是泛泛的讨论不大能解决问题。主题一定要把握医学、服务和人文，从这三个方面来进行讨论。例如，成立慢性阻塞性肺疾病（COPD）、糖尿病、肿瘤等慢性病病人俱乐部、病人之友，医患关系就不成问题了。这种形式既有新意，又符合科学发展观和中国特色的社会主义。我们应当有所贡献。有所突破，有点雄心壮志。"《医学与哲学》杂志从开始至今，先后就临床思维、医学发展模式、医学目的、医疗与市场、医学整合，以及不久前关于医学边界问题的讨论，都是从秉承瑞骢教授这一思想出发的。

务　实

务实也是彭瑞骢教授人格风范的一大特点，可能是他年轻时就参加革命的经历养成的。我的印象里他从不说过头话，也从不讲没头没脑的空话。他办事或处理问题时总是从实际出发，从主、客观允许的条件出发。在第五次全国医学哲学讨论会闭幕式的讲话中，谈及大卫生观时，他说大卫生观是近几年世界上的总趋势，也是我国卫生改革和发展经验的总结。新中国成立后在卫生工作上之所以能够取得较好的成绩，很重要的就是得益于把卫生工作纳入全社会大系统考虑。他还以血吸虫病防治取得重大成效的实例说明大卫观的重要意义。他认为我们讨论大卫生观时不能仅仅停留在政治性语言阶段，应该有一个科学、务实的表达，要切实地将卫生工作纳入社会大系统，政府、社会子系统以及全体社会成员都要参与卫生工作的发展与改革中来。他还说，大卫生观也是卫生工作的发展观。他的务实作风给我印象最深刻的是对《医学与哲学》杂志的具体处理。大约是在1990年的一次会后，我问他为什么最后选定由我们大连名不见经传的人来办这个杂志，他放心吗？他笑着说："照理这样的杂志似乎由医科大学来办好一些。比如，我是主编，由北医办是顺理成章的。但你不知道在大学办，比如，在北医办，也有难处。我是主编，但我首先是北医的书记，好像可以说了算，如人、财、物，但实际上管多管少，都有诸多不便。当钟林把他和你们的杜力群局长的谈话内容告诉我后，我就认为交给大连办可以放心了。人、财、物，你们的杜局长一口答应，后来听你说大连市编委同意成立一个理论医学研究所，事业单位处级建制，具体负责办杂志，同时做点研究，有 30 个编制，30 万元的市财政拨款。这多好呀！至于杂志的学术水平、稿件来源，这些我们都可提供支持。”杂志的前两期，都是在北京由瑞骢教授开会主持讨论定稿的。开始约写一些医学大家的文章时，如中华医学会会长白希清、中国医学科学院院长黄家驷以及卫生部部长钱信忠的文章，都是他写条子，我具体去找他们落实的。这些都是他务实作风的体现。

宽　容

我与彭瑞骢教授交往这么多年，从未见到他发过脾气，也未见过他训斥人。即使有人对他缺乏礼仪、讲话粗鲁，他也是如此。据我所知，20 世纪 80 年初期对几位作风有点毛病老师的处理，我以为是很宽容的，是帮助人而不是整人。我深感他的宽容，最为重要的是他对不同意见的处理，总是具体分析、求同存异、取长补短。记得在 1979 年 12 月 20 日至 1980 年 1 月 4 日开了半个月的广州讲习会中，对中西结合是否是中国医学发展的道路的争论异常激烈，有时到了晚上 12 点大家仍争论不休，有一次参与者甚至发生肢体接触。但瑞骢教授在会议闭幕的总结讲话中，谈到中国医学发展道路的争论时，首先肯定了前些年中西医结合取得的成绩，同时又说有些同志认为，“创造中国统一的新医学、新药学”的口号，无论在道理上还是实践中都有值得商榷之处，不宜作为一个指导方针和政策加以推行。这就是这次会议关于中医、西医、中西医结合三驾马车共同发展的结论。我认为这正是瑞骢教授海纳百川宽容风范的一个范例。宽容不仅是容许，更重要的是还要容纳，把别人好的看法吸收进来。以后在谈论医疗与市场的关系等问题时，瑞骢教授也体现出了他那种具体分析、包容并蓄的高尚人格特征。

平 易

彭瑞骢教授平易近人的风格是人所共知的。因工作关系，20 世纪 80 年代我每年多次到北医，经常听到“老彭”这样的称呼，感到十分诧异：学校的员工怎能这样称呼自己学校的党委书记呢？后来和常青老师交谈时，她说我们从来都是这样称呼他的，感到十分亲切，他也从不认为是对他的不尊重。还有，我每每看到他总是骑着自行车上下班，不坐按国家规定可以用的车。我与赵明杰教授两次造访他那在六铺炕的家，看到的是 20 世纪 80 年代前后的老式住宅，室内的陈设老旧，沙发、书桌、椅凳至少用了二三十年，书架则是堆得满满的，其中有许多新书。瑞骢教授简朴平易的风范真是令人赞叹。

《医学与哲学》杂志是在以瑞骢教授为首的几位医学界老前辈倡议下诞生的。几十年来，他一直关心和呵护这个刊物。他不在位和逝世以后，韩启德院士作为刊物的顾问，多次与我们谈及如何进一步办好这个刊物，并听取重要课题学术会议筹备情况的汇报，出席编委会议，为杂志撰写了多篇有重要意义的文章。杂志改为半月刊后，胡大一教授与我共同担任主编。如今张大庆教授与赵明杰教授又共同继任主编。还有黄延莛、谢竹藩、谢蜀生等教授等一些临床专家，以及北京大学医学人文学院的老师们，也全力支持这个杂志。北京大学医学部与大连市卫生局、大连医科大学之间的合作情谊，使《医学与哲学》的“香火”代代相传，燃烧不息。杂志创刊至今已经历了 44 个春秋，出版了 715 期，计 1 亿几千万字，一路走来甚为畅顺，未有风波曲折。瑞骢教授如地下有知，相信他也是很高兴的。

瑞骢教授长我 9 岁，1944 年毕业于北京医学院，我 1956 年毕业于大连医学院。他是名副其实的兄长，也是名副其实的学长和老师。和瑞骢教授共办杂志，使我学到了很多书本上学不到的东西，也是我一生中值得永远回忆的。他那高尚的人格，谨言、慎行、平易的风范，将永远留在我的心中。

本文由作者本人撰写。

他是我的领导，更是老师

马熙允

马熙允，女，1932年10月出生，1958年任北京医学院党委委员，1980年任北京医学院常务委员，1986—1993年任北京医科大学纪委书记，1993年起任北京医科大学党委副书记、纪委书记。

我，马熙允，1953年7月3日入党，当时就决定一定要跟党走，听党的话。所以组织找我谈话，要我留校做思想政治工作时，我毫不犹豫就同意了。当时口腔系党总支办公室就在系办公室外的一间小屋里，之前是学校照相室的暗房，白天办公时也要开灯。老彭很快去看我，问我有什么问题，我说没问题。他说好好学习、工作，有问题就提出来。看到这个条件，他还说："没事，你更可以经常深入科室。"我认识到这是老彭的工作要求——要深入下去。开始时，我是真的不太会工作。在老同志的帮助下，慢慢地我对工作就熟悉了。我以后的任职都是因为工作需要，更是组织的培养和信任。党委曾派我到中央党校参加中组部组织的学习班。在学习班上我收获了很多。

老彭是我的领导，也是我的老师。我在组织部的工作主要是由老彭领导。他的人品和工作态度都给我深刻的教育。他老人家一生博学多览，只要有时间就看书写作，不断学习和研究，在医学、教育和哲学方面都有很深的造诣。他创办的《医学与哲学》杂志现在还在办，一直很受大家的欢迎。

他在工作中深入基层，倾听群众的意见，无论在医学教育、学科建设、科研工作和干部培养方面多是如此，对北医的工作有很大的贡献。他经常去系里、教研室或医院，了解学科建设、科研、教学、党支部建设和党员情况。有时在下班的路上，有人拦住他就提问题或建议，他都认真听或解答。我认真学习了他这方面的优点，并获益匪浅。我长期在他的领导下开展组织部工作，也一直以他为榜样，向他学习，监察基层以了解情况，有时能了解有的同志表现好，可以当做干部培养。例如，王德炳同志在北京大学人民医院就得到了好评。我与王德炳进行沟通，并请他写了简历。回来后我向老彭汇报了这个情况。老彭也进行了深入了解与考察。党委会决定调王德炳出来工作，最后王德炳做了北医的校长。

老彭在生病住院期间仍然关注教育和学校的工作情况。很多同志去探望他，他仍然热情接待。至今，我一直还能记得他的音容笑貌。我永远怀念他。

本文根据马熙允 2023 年 6 月 21 日在北医机关党委离休支部、退休一支部联合召开纪念建党 102 周年暨彭瑞骢同志百年诞辰主题党日活动上的发言整理。

文稿整理：姜海婷

审阅修订：马熙允

铭记在心的片段

吴希如

吴希如，女，1933年生，主任医师、教授，1955年北京医学院医疗系毕业，1979年、1981年及1990年分别在美国明尼苏达大学小儿神经及美国国立卫生研究院（National Institutes of Health，NIH）做访问学者。擅长治疗小儿神经疾病和小儿神经遗传疾病。主要研究小儿神经遗传疾病及发育中脑损伤的机制干预。指导硕士、博士、博士后30余人。曾担任国际亚太小儿神经学会执委、中华医学会儿科学分会副主任委员、主任委员以及《中华儿科杂志》主编，主编儿科、小儿神经图书4本，发表论文120多篇。曾获部级（一、二等）科学技术进步奖。承担多项科学基金。

1950—1955年我在北京大学医学院医学系读书时，彭瑞骢是我们的政治课老师。他讲过的党史和联共党史让我们更深刻地了解共产党的性质与任务。因为他平易近人，那时同学们有了问题都愿意找他谈，大家都习惯称他“老彭”。毕业后，我留校并被分配到北大医院儿科当实习医师。1965年因工作需要，我被调到北医三院儿科当副主任。之后，我带着卫生系学生参加过2年山东“四清”运动，之后又去江西“五七干校”待了1年多。在“五七干校”的劳动中，我多次见到老彭赶着水牛耕地，劳动强度比我们大。但在以后见面时，他从不提这些事。

1972年，我从北医三院调回北大医院儿科。1975年北医组织基础与临床老师去密云县共同进行试点班教育：讲课、实习、培训赤脚医师、业余参加劳动。老彭多次参加，我们师生一起割麦子，抢救当地病儿。晚上他常同大家谈心。这个试点班的同学多年后碰到了问题还是愿意找老彭。

1979年，我考取教育部主持的公费留学，去美国明尼苏达大学医学院神经科进修小儿神经专业 2 年，师从美国小儿神经创始人之一 Swaiman 教授。1982 年初回国后，儿科实验室没有神经细胞原代培养的条件。老彭知道后十分重视。他请北医谭增鲁教授匀出细胞楼的细胞培养室给我们一起用。基础与临床结合，我们最终成功地培养出胚鼠大脑皮质神经细胞原代培养，可以在体外存活 3 周以上。他的帮助也促进了以后儿科神经组在细胞分子层面的实验研究发展。1984 年后，北大医院任命我为儿科科主任。当时儿科楼条件很差，没有电梯。直到 1991 年，才有了新的妇儿楼并沿用至今。儿科秦振庭、妇科严仁英教授以及老彭都为这个楼付出过心血。

老彭是领导，也是大家的知心朋友，他永远活在我们心里。

本文由作者本人撰写。

彭瑞骢教授是我们敬仰的楷模、学习的榜样

张慰丰

张慰丰，男，1933年生于上海，祖籍浙江省余姚市，中国著名医学史专家、医学教育家。1956年毕业于江苏医学院（南京医科大学前身）医疗专业儿科重点班，后留校任教，师从我国医学通史研究开拓者陈邦贤先生。曾任南京医学院医学史教研室主任、教授，上海医科大学医史学科顾问，中华医史学会常务委员，《中华医史杂志》副总编，卫生部《中国医学通史》编委，中国科学技术史学会理事，国际东亚科学技术医学史学会会员等。1991年被北京医科大学聘为兼职教授，1994年获国务院政府特殊津贴，2000年被聘为北京医科大学医史研究中心研究员，荣获“吴孟超突出贡献奖”，并被全国首届医学发展高峰论坛授予“医学人文突出贡献奖”。出版著作20余部。

彭瑞骢教授是我永远不能忘却的一位师长。

彭瑞骢教授对我国的医学教育与医疗卫生事业的贡献具有举足轻重的影响。20世纪80年代以前，我国的医学教育推行的是生物医学模式，基础课程设置有解剖学、组织学与胚胎学、生理学、生化学、药理学、病理学，临床课设置有诊断学、内科学、外科学、妇科学、儿科学、皮肤性病学、五官学、神经病学等课程（按：20世纪五六十年代临床各科尚未分化成更精细的学科），只有少数院校设有医学史课程。这是仅有的一门人文学科，当时处于“敬陪末座”的地位。

医学不仅是一门技术科学，医疗卫生事业的发展与社会、经济、人文有着密切的关系。党的十一届三中全会以后，我国医学界先行者开始思考我国医学落后的状况，认识到我国的医学教育与医疗卫生事业必须进行改革。1979年12月在广州以“全国医学辩证法讲习会”的名义召开讨论会，

讨论了当前世界医学发展的特点、趋势和哲学问题，回顾与总结了新中国成立 30 年来我国医学发展中的经验与教训。这次会议明确了我国医学发展的方向，中西医结合不是我国医学的唯一发展道路，而是中医、西医、中西医结合三支力量共存、共同发展。这次会议后，于1980年创办了《医学与哲学》杂志，由彭瑞骢任主编。1981 年年底，在南京召开了第一届医学辩证法学术讨论会，当时卫生部副部长崔月犁、医教司司长朱潮参加了会议。大会由彭瑞骢主持，大会上发表了由彭瑞骢、常青、阮芳赋署名的论文《关于生物医学模式到生物—心理—社会医学模式》，促使人们认识到医学教育与医疗卫生事业的发展不仅仅是技术问题，而是与社会、经济、人文学科有着密切的关系。这次会议促使我国的医学人文学科得到了大踏步的发展。随后，医学哲学、医学伦理学、医学社会学、卫生经济学、医学法学等学科不仅成立了各学科的专业期刊，还编写了各自学科的教科书。医学院校将这些学科列入课程，医学教育的课程设置得到了彻底改观。全国各医学院校成立了这些学科的教研室，有的还成立了医学人文学院，使我国医学教育培养的人才具有了新的思维结构，进而推动了我国医疗卫生事业的发展。

以下就彭瑞骢教授的人品、行为、操守与待人接物，就我个人所见所闻给予介绍。

彭瑞骢教授于 1980 年任北京医学院党委书记，但是他从不以领导者自居。在教职工中，人们均以“老彭”相称，开始我以为职务较高、年龄较长的职工才敢叫他“老彭”。一次我与他在校园中散步，一位正在园内打扫的清扫工也直呼他为“老彭”，而且叫得特别自然与亲切。可见，“老彭”这个称号并不是作秀之称，而是全校上下教职工对彭瑞骢深入人心的爱称，也是发自他们内心的尊称。

老彭是北医的党委书记，20 世纪 80 年代他尚居住在北京市西城区六铺炕的居民区，每天骑着一辆老旧的自行车上下班。每天清晨 7 点半他就提前到办公室，此时不是处理学校的公务，而是接待教职员工谈谈家长里短，或者调解教职员工之间的纠纷或解决个人问题。对于这类琐碎的私事，他总是耐心接待教职工，对其说服教育，从不厌烦。还有一件小事是他每天中午去职工食堂进餐，去时大多已是中午 1 点左右，此时食堂的主要菜肴已售完，食堂职工并未为书记特意留下可口的饭菜，他是有什么就吃什么，一般是剩菜、冷馒头。对老彭来说，所谓干部的特殊化丝毫不存在，可见老彭从不认为自己是北医的“第一把手”，而是始终把自己当成北医的普通一员。以上这些情况并非我的特意调查，只因八九十年代，我本人被聘为北医兼职教授，又因为与卫生部朱潮司长共同撰写《新中国医学教育史》，所以经常去北医，就住在职工招待所。一般要是有事，我就在早晨 7 点半前到老彭的办公室与他见面谈事，中午经常在食堂与他共餐，这些均是我亲历亲见的事。

彭瑞骢先生平易近人、先人后己的作风也给人留下深刻的印象。1982 年 9—10 月，我们共赴四川医学院讨论《医学辩证法》书稿。会议间歇期间，四川医学院安排我们参观游览都江堰。参观时忽然下起了雨，我恰好带了雨伞。当时按年龄，老彭最老，职务最高，我很自然地与他共伞挡雨。但是，他立即嘱咐我为白求恩医科大学的徐柏老师撑伞，说徐老师身体最差，有肝病，更需要照顾。这表明老彭从不因年龄大、职务高于他人而自认为应优先受到照顾，也充分表明他关心他人胜过自己。尤其令我敬佩的是，一次外出去市区书店购书时，老彭不要学校派车接送，我们共同乘坐市内的公交车出行。上车后不久，刚落座，忽然上来一位半老妇女。从外貌来看，其年龄未必大过老彭。但老彭立即起身让座，显得十分自然。这一举止充分反映了老彭的人品和作风，他从不自视为高人一等的领导干部。按照当时的职务，他已经属于高干级别，但他始终把自己当做人民中的普通一员，生活在人民中间，没有丝毫特殊化的想法。这是我平生仅有的一次见到这样一级的干部为平民让座，这也是让我难忘的“大事”。

彭瑞骢先生克己奉公的风格也给人留下深刻的印象。20 世纪 90 年代，在卫生部医教司司长朱潮与我共同撰写《新中国医学教育史》期间，朱潮来北医教职工招待所与我讨论书稿。老彭来见朱潮时已临近中午，三人同去学校的职工食堂，各人按需点购饭菜，完全没有觥筹交错、推杯换盏的官场习气。这种廉洁奉公的相处方式在官场中也是少见的。更令人惊愕的是，由于我食量较小，剩下了一只鸡腿，老彭就从我的盘中夹取代食了，这也是一次令我终生难忘的午餐。

1981 年，在南京举办了第一届医学辩证法学术讨论会，由我担任大会秘书长。彭瑞骢先生与卫生部领导看到我对工作认真负责的态度，以后在一系列工作中考察了我的业务能力，因此，我获得了老彭与卫生部领导的信任，并被委以重任。彭瑞骢先生对我的培养、提携、信任与重用也令我记住一辈子。彭瑞骢先生根据我的业务水平和工作能力，认为我已经达到教授水平，1989 年由他提名、推荐，于 1990 年正式将我提升为教授。1991 年又经彭瑞骢先生的批准，聘请我为北医的兼职教授，2000 年又聘请我为医学史研究中心研究员。按照高教系统的惯例，一般是下一级学校向高一级学校聘请教授，今由我国医学教育首府向地方医学院聘请教授，这是破天荒的事。由于彭瑞骢先生对我的信任，他经常委我以重任。由其主编的《医学辩证法》书稿在 1982 年初稿完成后，彭瑞骢先生将此稿直接寄来南京，委托我进行加工整理。1983 年由《医学与哲学》杂志社以《医学辩证法试用教材》为名发表。随后，经彭瑞骢先生的进一步修订整理，1984 年由人民卫生出版社出版。此事充分表明彭瑞骢先生对我的信任与器重。

彭瑞骢先生还有另一部书稿《医学未来学》。他为此付出了大量的心血与精力。他根据当代医学发展的前沿，经过周密的思考，拟定了大纲，编写论题，并提出对每个论题的思路与要求。此书经过各院校专家的执笔，当初稿完成后，可能是由于他一时脱不开身，就委托我去上海医科大学最后审定统稿。此书当初决定由彭瑞骢先生和我作主编，但为了提携后学，彭瑞骢先生把主编让给了同济大学的高潮副教授。此书最终出版时，高潮、虞孝国、宋之琪为主编，彭瑞骢先生与我为主审。此书的第一章"未来学的建立、发展及意义"由我主笔撰写，序言实际上也是由我代笔。此书 1991 年由湖北科学技术出版社出版。此书的出版反映了彭瑞骢先生对后学的悉心培养与提携，这种宽大的胸怀也是令人敬佩的。

彭瑞骢先生不仅在事业上对我悉心培养、扶植与支持，而且关心我的身体健康。2000 年，本人突发心脏供血不足（T 波倒置），彭瑞骢先生曾两次委派胡大一教授来南京为我诊疗，使我得以今日年届 90 岁高龄，心脏功能尚维持在正常状态。彭瑞骢先生对本人的关心与爱护可谓恩重如山，不是父母，胜于父母，令我终身感恩，铭记于心。

彭瑞骢先生在生活中越显得平凡合群，我越觉得他思想境界的高超、人格的非凡、精神的伟大。彭瑞骢先生崇高的党性、深厚的学养、广阔的视野、真诚的待人风格，在我一生所见的师友中几无一人出其右者。彭瑞骢先生无疑是人们敬仰的楷模，也是我们学习的榜样。

时间：2023 年 4 月 7 日 20:00—22:00
地点：南京市鼓楼区中海凤凰熙岸家中
受访人：张慰丰
访谈人：姜海婷
录制人：姜海婷
文稿整理：姜海婷
审阅修订：张慰丰

大力支持中国口腔医学发展的彭瑞骢教授

张震康

张震康，1934年2月生，江苏无锡人。1956年毕业于北京医学院口腔系，曾任北京医科大学口腔医学院院长、口腔医学研究所所长、口腔医院院长，现为北京大学口腔医学院教授、名誉院长。擅长各种牙颌骨畸形矫治手术及颞下颌关节功能紊乱症及修复术，在牙－颌－面畸形的手术治疗和实验研究方面达较高水平。任中华口腔医学会创会会长，1991年开始享受国务院颁发的政府特殊津贴待遇。1994年获北京医科大学“桃李奖”，1995年被评为北京市先进科技工作者，1998年荣获英国爱丁堡皇家外科学院名誉院士称号。

在我的心目中，大学的校领导，尤其是校长和书记，首先得是一个著名学者和教育家，特别爱学生；敢作敢为，愿为教育事业奋斗献身；是社会精英领袖；是各种群体或事件矛盾的出色调停者。彭瑞骢教授的担当、专业、儒雅、谦和、无私都令我肃然起敬。同时，他对中国口腔医学专业的发展和学科建设也给予了许多关心与支持。

1952年入学北医时我被偶然分配到口腔医学系。9月报到后，我接触的第一位领导是马旭教务长。当时没有学生辅导员制，班级是自治的。他对我说：“新生彼此之间还不了解，暂时指定你是班长，大家熟悉了再选班长。”（几十年后我才知道，学校会挑选在高中时当过班长的新生暂任班长）。我所知道的北医第二位领导就是彭瑞骢同志。早年间大家亲切地称他为“彭秘书”，年长的则称他为“小彭”。后来大家称他为“老彭”，一般不称书记。作为班长，我有机会听他讲话、做报告。

1956年毕业，为了响应国家号召“到最艰苦的地方去”，我原本报名奔赴新疆，却又被留校工作，此后先后担任系主任、院长和中华口腔医学会会长。20 世纪 80 年代初，我作为改革开放后最早公费派出的一批专家赴美留学。为了更好地寻找科研思路，学习更多的专业知识和教育理念，经过自己的精心挑选，并获得了组织的特殊批准，我先后在位于美国东部、中部、西部的加州大学洛杉矶牙科医院、丹佛大学牙科学院、西北大学牙科学院三个地方研修。我在出国前就预订好了一年后的回程票，下定决心，早日学成归来，毕生躬耕于中国口腔医学事业。我毕业后留校，在工作上和北医领导接触最多的也是彭瑞骢同志。以后我称他为“老彭”，直到他生病住院期间我到病房探望，还是称“老彭”。我没有叫过“彭书记”，因为他在我们心中是亲切的长者，而不仅仅是领导。我想通过这篇文章聊一聊老彭给我的印象。

一、老彭对犄角旮旯里的员工，能直呼其名

老彭几十年如一日，经常骑着那辆旧自行车到口腔医院来，没有人陪同，也不事前打招呼，没有迎来送往，更不会有前呼后拥。他见到我院职工，不论是老教授，还是一般大夫、护士、技师，他都主动下车频频打招呼，常常直呼其名。有的老职工的小名、爱好他都记得一清二楚。甚至一个挂号的工人，他也会问我，某某某最近怎么样了？我惊叹于他的记性好，也折服于他能关注那么多平民百姓。

马绪臣是我国培养的医学界也是口腔界第一位博士。有一次他到北医本部去办事，见到老彭骑车迎面而来。老彭居然下车并直呼马绪臣的姓名，问长问短。马教授每次向我提及此事，都显得很激动。北医有成千上万学生，一位书记竟然能知道一个研究生的姓名，谁不惊叹？十几年前，我到口腔颌面外科门诊去办事，正见到老彭从诊室里面出来。询问之下才得知，他刚拔完牙，还咬着止血纱卷呢。我带着埋怨的口气说道：“您来拔牙也不给我打个电话，我给您安排到特诊室，那里条件好一点儿。”他轻松地说：“牙很松了，有点痛，就来了。到你们外科门诊看看还有没有熟人。一看到曾祥辉大夫在，就让他给拔了，不用麻烦你们，很顺利，很顺利。”接着还不忘带了句话：“我走了，有什么事吗？”我马上说：“没有事，您等几分钟。”我当即要安排司机送他回北医，但他说“我是骑车来

的”。他走了，我跟着出去，只见他飞快地上了车，骑着走了。我站在那里，连连喊：“慢一点儿，慢一点儿！”看着他的背影，我久久地站着，感动着……

后来我知道，老彭不仅仅熟悉我们医院的员工，而且整个北医系统、基础部和各附属医院的主要干部，他都了如指掌。我感悟到，这不只是记性好，而是他把大家真真实实地装在心里，是我党密切联系群众的优良传统中珍贵的情愫。他的言行也感染着我。我的记性很差，经常因叫不上熟人的姓名而感到尴尬。有的老病人，对病情我记得牢，但就是不记得姓名。自从我担任了院长，又被选为会长后，只能有意识地像记英文单词那样去记住同事的姓名，甚至还记在随身带的小本上。由此我想到，怎样评价一个领导是不是把他所在领域的群众记在心里，可以用一个简单的定律表达，即密切联系群众的程度与知道他属下群众的姓名数成正比。

二、老彭鼓励支持口腔医学的建设与发展

现在全中国老百姓都知道看病难、看病贵，那么看病难最早出现在哪个科呢？其实不是肿瘤科，也不是内分泌科，最早出现在口腔科。这个现象在 20 世纪 80 年代初期就已经显现了。坊间流传着一句话：“解放前有牙没饭吃，现在有饭没牙吃。”

老彭也曾在其个人回忆录中特别论述：“我国口腔卫生落后得惊人，每 10 万人中竟然没有一个合格的口腔医生。20 世纪 70 年代，北医医疗队在云南边区巡回医疗时，那里的老百姓迫切需要治牙、镶牙。后来经过医疗队医生的治疗，他们终于如愿以偿，激动地说：‘北京的摩雅（傣语，意为‘医生’）来了，我们有饭吃，也有牙吃饭了！’改革开放以来，通过加强国际上的交流合作，北医口腔医学在医、教、研方面均有长足发展。”

北大口腔医院正畸科是当时全国规模最大、病人最多的正畸科。改革开放后，20 世纪 80 年代初，当时北大口腔医院正畸科贴出公告，3 天以后可以挂号登记（以往不开放挂号）。公告贴出去不到 2 小时，就有 3000 多人排队，整个中关村南大街很宽的街道都被堵塞了。当时口腔界

的前辈已经看到，这种现象的背后是群众需求的增加与医生太少之间的矛盾。朱希涛、郑麟蕃等老专家具有远见卓识，纷纷向卫生部和教育部呼吁口腔专业人员太少了，希望能针对这个情况召开研讨会。很快，卫生部科教司司长委托中华医学会医学教育分会主任委员马旭教授（时任北京医学院院长），召开了全国口腔医学教育研讨会。各医学院校主管校长、卫生厅厅长、口腔专家 300 余人从早到晚讨论了 3 天，得出一个结论：口腔医学专业是短线专业，要大力加速开办口腔系、口腔专业教育，培养大批口腔专业毕业生。这种观点很快得到了卫生部和教育部的认可。到 2000 年，全国口腔系已经从当初的五六所发展到 40 所，口腔医生从 5741 人发展到 5 万多人。回过头来看，当时肿瘤、精神、儿科和心血管医生也很奇缺，但是由于口腔界几位老专家的远见，使我们口腔专业解决增量问题超前了 20 年！

但是新的问题又出现了，因为综合医院口腔科不增加编制，大学毕业后找工作难也最早出现在口腔专业。20 世纪 80 年代末，卫生部人事司司长给我打电话，说口腔毕业生分配不出去，是不是口腔科医生太多了？我说这个问题很重要，一周后再回复他。后来我的回复是，口腔科医生还是太少了，问题出在公立医院口腔医生编制上。当时对医生采取的是分配制，全国只有百家公立医院，一批口腔专业毕业生就上千人，有些同学就没有出路了。这是体制结构性矛盾，一方面，老百姓有巨大的就医需求；另一方面，我们培养的学生分配不出去。必须要解决这个问题，办法就是支持发展民营口腔，鼓励公立医院高年资医生带领毕业生去开诊所，用现在的说法是“创业”。

当时我跟卫生部部长和相关领导以及时任北京医科大学党委书记的老彭都交换过意见，他们完全同意并予以支持。于是，我召集了第一届全国口腔系主任及院长会议，还邀请曹荣桂副部长参加，提出学会要支持和发展民营口腔，在会上征求意见。会上没有一个人反对，但是会下就有一种说法，说是挖社会主义墙脚。我的一些学生和骨干也不同意，但是我脑子非常清醒，于是再一次开会征求意见，在这次会上没有收到反对意见。1989 年 10 月，在柏林召开了全世界最著名的口腔学院院长会议，我代表中国参加并在会上提出，在 21 世纪中国私人开业口腔诊所将和西方一样得到发展并扮演重要角色。

经过实践证明，如今中国口腔医疗市场欣欣向荣，发展民营医疗不可逆。但我们也清醒地认识到：必须坚持公立医院是主体主导。鼓励社会资本进入医疗行业，优先发展非营利性民营医疗，要加强盈利率管控。必须坚持两条铁律，即公益性和微盈利性。

关于口腔医师的培养和人才质量，北医也格外重视。老彭强调，北医要传承和发扬“勤奋、严谨、求实、创新”的学风和“坚定正确的政治方向、严谨求学的治学态度、热忱献身的服务精神”的校风，重视医学教育和学科发展。在现代口腔医学教育创始人、北京大学医学院牙医学系首任主任毛燮均教授的推动下，1950 年北医牙医学系改为口腔医学系，把一个倾向于技术和工艺类的学科回归到医学领域，创造性地把中国牙医学扩展为口腔医学，提高了口腔专业的学科地位。老彭也非常注重理论学习。20 世纪五六十年代，老彭组织北医多位知名教授（当时的“党外知识分子”）集体学习“两论”（即实践论和矛盾论），口腔医学系郑麟蕃教授也在其中。在老彭的帮助和支持下，1964 年口腔医学系率先成立口腔病理研究室。

北大口腔医学院一直沿用“一元化教育体制”，即口腔医学生先学习基础医学和临床医学，再学习口腔专业课，在教学体制上在本科阶段一次性完成，并且在培养目标、课程设置和教育体系等方面加强医学通识博雅教育和宽口径的专业教育，包括职业技能训练，以及大力推进人文教育和素质教育，提高口腔医学人才的专业水平。我们就专业培养时长也进行过论证。由于口腔医学是在牙科基础上发展起来的，医学界传统观念认为牙科属于技术工艺类专业，本科专业学习年制应比医科少一年，如医科 5 年，则口腔医学应为 4 年。作为口腔医学创始人的毛燮均教授一直据理力争，认为口腔医学的专业学习年制起码应与医科相同，甚至还应多一年，因为口腔医学是学完了医科以后再增加口腔医学专业化学习的。毛燮均教授甚至表示，如果口腔医学不能与医科同等年制，他就辞职，否则对不起全国同行。老彭听后冷静分析并同意了毛燮均教授的建议，最终口腔医学专业和医科专业采取同等专业学习年制，这进一步推动了口腔医学教育的发展。后来，为表达对毛燮均教授的崇敬之情，我们尊称其为“我国现代口腔医学之父”。2008 年北大口腔医院新医疗大楼启用，医院在该大楼前为毛燮均教授树立了铜像。

在机构管理体系上，老彭也给予了明确指引。原来北医系统采取“三驾马车”的体制，即系主任、所长和医院院长轮流坐庄，各说各的，导致我们科室的干部无所适从，严重影响事业发展。于是，我和几位科室领导到老彭家里反映情况。他听了汇报后立即做出决断：要统一领导。因为医院院长是法人，所以由医院院长领导系主任和研究所所长。这一改制具有重要历史意义，后来全国都改为统一领导制。北医的人才队伍建设可以说是老彭一手组织安排的。他作为党的基层领导，代表党来领导和建设各附属医院和各科室的领导班子，我们也都是在他的培养和支持下成长起来的。

老彭具有良好的国际视野。他曾表示：“在发展中国家向发达国家的过渡时期，医学领域中，口腔医学学科和精神卫生学科都亟须发展。我国也不例外，要缩短这两个学科与国际上的差距，最好的办法是加强国际交流合作。”第一，是派专家到国外留学考察访问。我也是第一批赴美留学的人员之一。当时，就派什么人出去的问题，北医院务委员会内部有两种意见，且争论激烈，一种意见是派年轻人出去，认为他们年轻，回国后容易接受教育思想，为国家服务；另一种意见是派我们这些当时已经是中层干部或业务骨干的同志出国深造，将来可以成为北医的党政领导和业务骨干。但对此，有人就提出质疑，认为这样做会造成当前日常工作停摆。老彭则支持选派中层干部或业务骨干出国深造，认为为了长远发展考虑，宁可暂时停摆也在所不惜。后来事实证明，我们这些人留学一两年后都会回国，并成为学科带头人，有些年轻人则一去不复返。第二，在老彭的支持下，中日两国在口腔医学上合作密切。北医与日本朝日大学（原名“岐阜大学”）、日本明海大学等多所高校保持着长期友好的关系。20 世纪 80 年代，受日本朝日大学的邀请，北医派出口腔医学院研究所所长郑麟蕃教授、口腔医院院长王光和教授和时任口腔医学系主任的我赴朝日大学和明海大学考察。刚到日本，两所大学的董事长宫田侑就在他们自己的大楼的高级餐厅举办晚宴欢迎我们。席间，他们表示在日本牙科已很发达，可向中国提供友好的经济支持和技术援助。对此，郑麟蕃教授与王光和教授表示需回国请示，我则当机立断地说道：“院、所、系三方的领导都在，再请示怕是黄花菜都凉了。先斩后奏，我想，没有大错。”看我如此坚定，大家最终达成了一致意见。回国后，我们向老彭汇报。他表示赞同，并说：“借这个机会，我与你们一起再去考察一次。”开始会谈时，由我介绍老彭的身份，但因为当时的国际形势，不宜介绍其为党委书记，故我问老彭，可否介绍为北医的“Chancellor”，他欣然同意。之后，他便开始用流利的日语与日方直接交谈，一下子拉近了双方的距离。后来说到日本很多精英都在美国攻读博士后，老彭又用流利的英语与之交流。而说到中国有个“德日派”，早期日本精英都留学德国，此时老彭又用德语开讲。这几下，使日方对老彭佩服得五体投地，十分敬重。自此，北医和日本明海大学、朝日大学签订了姊妹学校关系，日方援助中方一亿日元建设 PDI 大楼（Post-Doctoral Institute Building），即博士后全科培养大楼，旨在培养口腔全科医师，1991 年北大口腔医院在国内率先成立口腔综合治疗科。此后，每年暑期日方派 10 名本科生由老师带领到北医参观学习，尤其是参观学习口腔颌面外科手术、病理切片和临床诊断技能。费用由他们自付，中方也同时由一名老师带领 10 名本科高年级学生赴明海大学、朝日大学参观学习，一切费用由日方承担。该合作项目一直延续至今，双方保持着良好的合作关系。

1995 年中国加入世界牙科联盟（法文“Fédération Dentaire Internationale”，英文“International Dental Federation”，简称 FDI）。1996 年，中华口腔医学会在北京宣告成立，并创办了英文杂志，向世界报道中国口腔医学研究成果，1999 年中华口腔医学会加入世界牙科研究会（International Association for Dental Research，IADR）。2002 年，我参与发起中国医师协会，并于 2003 年筹建中国医师协会口腔医师分会。为向世界展示中国口腔医学界的形象，自 2000 年开始，我们开始申办被冠以“牙科奥林匹克”的世界牙科联盟大会。这个过程漫长、艰辛而充满波折。2006 年 9 月 22 日，有 5000 多名外宾参加、参会总人数达 15 000 人的世界牙科联盟大会在深圳召开。有这么多外宾参加学术会议，在国内也是首次。我们得到了时任国务院副总理吴仪的大力支持，并由其担任大会名誉主席，因而大会才能顺利召开。如今，中国已成为国际牙科研究学会

（International Association for Dental Research，IADR）、世界牙科联盟和国际牙医师学院（International College of Dentists，ICD）三个组织的成员国。我也当选为中国首批国际牙医师学院院士。

三、老彭既有火眼金睛，又温情脉脉

在我心中，老彭不只是我的领导，还是一位智者。我遇到什么搞不清的问题总愿意找他求解。1956 年毕业后留校不久，我就担任教研室的党支部工作。那时教研室主任是老教授，而支部书记常常是实际组织者。党支部经常要对人、对事进行分析，对思想进步的积极分子要培养和提拔。由于我年轻无知、阅历浅薄，常常自问，这个干部“好”吗？为什么说那个干部“不好”？怎么来判断？如果在战争年代，冲锋在前的就是好样的，怕死溜边儿的就是孬种；在抗美援朝期间，报名参军的是好学生，而犹豫退缩的就不是好苗子，这些很容易识别。然而在和平时期，尤其在高校，知识分子成堆的地方，大家都文质彬彬、温文尔雅、钻研业务，怎么辨别人品，分清君子和小人，我一直不解。

有一次我去北医开会，顺便闯到老彭办公室碰碰运气看他在不在。碰巧他正在伏案写作，于是我就提出了上述这个既幼稚又棘手的疑问。老彭立即抬起头来，用犀利深邃的目光直视着我说：“看他的行为和做法最终目的是为自己，还是为别人、为大家。看他的行为和做法是不是损人、伤人。如果利己、又损人，则更坏。这是考虑、考察干部的试金石。”停顿片刻后，他又补充一句：“在高校的人都有高智商，不容易看出阴暗的一面，但是只要深入接触，仔细观察，总能得到真相。为什么党要求干部深入群众，走群众路线呢？”真是一语破的、一针见血，让我茅塞顿开。

任院长期间，我接触老彭的机会就多了。渐渐地我对他说话也就随便起来，有时也任性起来。担任院长一段时间后，我感到北医在分配研究生名额、科研经费和教学经费方面不够公平。我估计了一下，口腔对北医的贡献率约 1/10，而分配给我们的资源大大低于 1/10。联想到和我们友好竞争的兄弟院校：华西口腔是华西医科大学的重点，总是有优先地位；湖北医学院的口腔是学校的第一号学科；上海医学院的口腔是上海市的重点；第四军医大学的口腔医学院是部队唯一的口腔院校，特别受到关照。而我们北医口腔在北医总是副班长，怎么叫我们去竞争？巧妇难为无米之炊。我一时火上心头，就直奔老彭的办公室发牢骚："老彭你偏心眼，某某某医院是你的亲儿子，我们好像不是似的，他们是抱不上树的刘阿斗！"话一出口我感到坏了，过头啦！有点儿肆无忌惮了，但已不能收回。低头写作的老彭顿时抬起头来，表情严肃，用利剑般的眼光直射向我，几秒钟，整个室内死静，我情不自禁地低下头等着挨批。不料，他用缓和的口气说："可不要这么说，更不能在其他场合说，这样会把兄弟医院的关系搞坏。"他的表情松弛了下来，接着说："我知道你在为口腔医院争应有的地位，我知道了。"到此，我什么都不需要说了，默然地想着刚才的一幕，老彭说话真是一语中的、入木三分，在一笑一言中那么有锋芒、有智慧、有分量，又适可而止。这就是北医党委书记的素质和领导艺术。

1992 年由领导推荐，我被聘为全国政协委员，安排在医药卫生组，老彭和我在同一小组。当时小组讨论中，反对贪官污吏是一个热点，大家对此深恶痛疾，我的发言十分激烈、狠话连连，引来了不少记者。在小组会小歇期间，老彭主动走到我跟前，用低声而温和亲切的口吻对我说："哎！张震康，你现在的身份不一样了，说话要注意一点儿。"说罢很快就走开了。因为我对突如其来的这一席话没有思想准备，站着愣了半天，直到另一位委员过来跟我说话我才缓过神来。20 世纪 90 年代第一次医改，国务院有关领导在中南海召开座谈会，听取院长、专家们的意见，到会的不到 10 人，只记得有北大人民医院的杜如昱院长、曾任天坛医院院长的戴建平教授和彭瑞骢同志等。我作为最小的医院——北大口腔医院院长也受邀参会。会上我质疑当时评医院三甲过程中的一些歪风，比如，为了把病历写得整齐或补缺项而集体重抄病历；有的职能部门办公记录不全，就临时补写凑齐；有的医院硬件不够就临时借设备，软件不够就借教授，等等。我认为这是有组织、有领导的集体造假。这给实习学生带来的是"犯法教育"。又如，政府把医院推向市场，绝大多数医院的开支要由医院自己去赚。一时间，医院实施承包制成风。医院承包、科室承包，甚至还按牙椅承包，医生根据每天的业务收入提取奖金。一时间，财务处算钱，办公室算钱，院长也要算钱，科主任、党支部书记、科秘书、护士长甚至每一个医生都天天算钱，同事见了面都问钱，把大家的注意力集中在钱上了。我对这种现象极为反感，在大学医院里有这种现象很反常。在座谈会上我发牢骚，说现在大学正经的事——教学、科研被挤掉了，眼睛都盯在钱上，其实院长、主任、医生、秘书都没有学过经济学，也不懂财会，这么弄下去大学要变，学院要变，没准会弄出几个贪污犯，真的要把我们"逼良为娼"吗？！发言时我拿定主意这个院长不能当了，接着又补了一句："反正我快'刑满释放'了！"还没等我发言结束，老彭急着插话，解释道，张震康说的是"服役到期、服役到期、退伍归队"。仔细想来，怕涉世不深的学生把不住嘴而踩红线，这位饱经政治风霜的长辈巧妙地截住了我的话锋，帮我打哈哈！

老彭与上层领导有广泛的关系。在资历、能力、才干和智慧上，他都超出常人。用坊间的话说，只要他稍微走动走动、串串门，当个部长一点问题都不会有。他培养的许多学生、提拔的许多干部有的已经是副部级，有的还当上更大的官，他却一辈子在基层第一线当一个老书记，从不活动，从不伸手。反观当前大学，有的干部一到换班子、干部调动的时候就忙碌起来，到处打听行情、听口风，然后就找准目标登门拜访、托人游说，一步步登上主任、院长、校长、主席等宝座。在此我想到了北大钱理群教授在一次座谈会上的讲话："我们的一些大学，包括北京大学，正在培养一些精致的利己主义者。他们高智商、世俗、老到，善于表演，懂得配合，更善于利用体制达到自己的目的。这种人一旦掌握权力，比一般的贪官污吏危害更大……"钱教授描述得如此具体而形象，表述得如此生动而细腻，恐怕现实中已有了模特。当下被揭露出的大学领导但愿不要太多。联想到老彭对我们的教诲，我想也可以用一个简单的定律表达：一个人丑恶和黑暗程度的暴露与接近名、利、权的距离成反比，与名、利、权的大小成正比。

四、老彭是学者型书记，也是北医的守护神

半个多世纪来，老彭无论是在书记岗位上还是从岗位上退下来，他总是 8 点或 8 点前就到办公室了。学校的教职工也不必预约，随时闯进办公

室遇到他的概率非常高。一进门，他基本上总是保持一个姿势——颈胸挺拔、岩石般地伏案写作。进门后向他汇报工作，他的第一句话总是“说吧，什么事?”他的回答也总是直截了当，扼要明了。他决不会说空话，也绝不会简单地说按政策办，更不会说研究研究，准是有正面解答，决不推诿。如果我讲得不妥，他也会立即指出来。他说的话我完全相信，因为他不说假话、套话。当前我们大学多么需要这样直言不讳而又率真的领导呀!

记得20世纪80年代中期，教育部高教司紧急通知召开一个口腔医学教育改革的会议，拟讨论把口腔医学本科生一入学就分4个专业来培养，即口腔颌面外科、口腔内科、口腔修复科、正畸科，毕业后就成为相应的亚专科医生。系里决定由我代表北医口腔出席会议。由于我刚任系领导不久，对教育尚无深入研究，时间又紧迫，就急找文献，学习和了解口腔教育的情况，还有不少疑问心中无底。于是我就直奔老彭办公室。他走到我面前，思考了片刻说：“医疗系本科培养的是医师，不是培养外科医师、内科医师等专科医师，你们口腔系本科培养的当然是口腔医师，不应是亚专科医师。”接着他摇摇头连连说：“太窄了，太窄了。马旭同志经常讲北医对大学生要施足底肥，把基础打好。”他停顿了片刻，略有所思，接着说：“其实预防医学应属于医疗系学生毕业后再教育的范畴。现在把预防医学和临床医学分开，就有了一条鸿沟，搞预防的医生不会看病，而临床医生不管预防，应该整合……你们口腔专业特殊，虽然独立成系，但千万不要脱离大医学。”这是40年前老彭对医学教育的看法。现在看来思路多么清晰，理念完全明确，多么富有远见。这就是北医的党委书记。对比看来，当前有些已被称为医学教育家的领袖人物也未必完全弄清楚本科教育的实质。另外，20世纪80年代中期，老彭就曾提到医学模式应该从生物医学模式转向生物—心理—社会医学模式。这是我第一次听说这个医学新概念，后来知道老彭也是在国内最早提出这个新概念的，可见老彭对国际前沿医学动态了解得十分清楚。

自2015年6月起，在国际口腔设备材料展览会暨技术交流会上，我每年都会举办“张震康论谈”，思考更深、更高层次的问题，如“探寻牙/口腔医学的演进历程和未来的道路——你从哪里来，要到哪里去”“回归大学校园书飘香和寂静美——从大学演进论谈大学的目的和未来”“医疗归根结底是医生和病人二人世界的事——从医患关系的演变论谈当前医改和未来”“科学和艺术、创新和灵感——研读钱学森论思维科学和定性到定量综合集成法的心得”“论谈中国民营口腔发展模式——当口腔医学遭遇商业资本”……其中，我关于医学的目的、临床诊疗思维、医疗事业的本质属性、医学教育等许多理念也与老彭不谋而合。

老彭作为北医的书记，一辈子扎根在北医，耕耘奉献。我不知道在中外大学史上，还有哪一位医学院的领导像老彭那样始终如一战斗在基层党委第一线长达一个甲子，直到“战死”。无论在新中国成立前还是成立后，地下还是地上，改革前还是开放后，他一直在引领着北医，影响着一代又一代师生的心灵，培育着一代又一代新中国的医生，使他们成为共和国的脊梁。老彭言传身教，带出一批又一批北医系统的党政团干部，支撑着北医这座宏伟的大厦。如果用军队里的话语打比喻，那么北医是我国医药战线上的第一集团军，马旭是北医之军，而老彭就是北医之魂。很难想象，如果没有他们，北医是否能成为今日的北医。

老彭用他一生的行动向我们做出了示范，让我切身细腻地感悟到什么是真正的共产党员，什么是共产党真正的领导。老彭是真真正正的共产党员，是我们共产党忠诚的儿子，是一位百科全书式的大学共产党的书记，是满腹经纶又充满智慧的学者型领导。在半个多世纪里，他不是用权力来领导，而是一直用他党员的人格魅力、学者的深邃睿智、教授的温文儒雅吸引着我们这一代。我们在他的滋养下成人、成长、成才。我从心底尊敬他、尊重他、服从他。每每想起这些往事，我都会双眼湿润，彻夜不寐。

以老彭为代表的北医领导，以及那个年代从各学科里最优秀的又红又专的青年业务干部中抽调出来的党、政、团专职中层干部，共同支撑着宏伟的北医大厦。如果这些干部还在业务岗位上，早已成为著作等身的教授、学者甚至院士，然而，如今老彭那个年代的领导们早已退休，过着清贫的晚年生活。随着老彭的老去和离去，北医的彭瑞骢时代已经结束。他的追随者，如顾方六、才文彦、丁东杰、汪丽慧、杜嘉琪、徐文怀、王光和、陈慰峰、王海燕等，早已随他而去。论资排辈，我们这些人也将随他而去，相聚在天国，纵论北医百事百人！

我也希望看到北大口腔成为培养国内外口腔医学领军人才的摇篮，希望未来的北大口腔人能接过先辈手中的接力棒，踔厉奋进，为把我国建设成为口腔强国而奋斗。

本文部分内容参考由被访者提供的《儒雅云集——张震康论谈（2015—2019）》，结合2015年6月15日《北医报》4版所刊被访者文章《北医之魂：彭瑞骢书记——含泪忆老彭》整理而成。

文稿整理：姜海婷

审阅修订：张震康、曹采方

他留下了不可磨灭的痕迹

陈育德

陈育德，男，1936年4月出生于上海，北京大学医学部公共卫生学院教授，主攻社会医学与卫生事业管理学、卫生统计学，获北京大学医学部“桃李奖”等荣誉。1959年毕业于北京医学院卫生系。是北京医科大学卫生管理干部培训中心（现北京大学公共卫生学院卫生政策与管理系）的创建者之一，也是中国社会医学与卫生事业管理专业的开创者之一。曾任北京医科大学公共卫生学院社会医学与卫生事业管理学教研室主任，公共卫生学院副院长、院长，卫生管理干部培训中心主任；是国家卫生部统计信息中心的筹建者和首任主任。

今年是彭瑞骢先生一百周年诞辰，我十分怀念这位可敬可亲的长辈、老师和领导。可以说从20世纪50年代以来，我一直是在他的教育、引导下成长和走过来的。因此每当想起他、提到他的时候我总有一种难以割舍之情。没有他的教育与引导，就不可能有今天的我。

一、注重开展医学哲学研究

恩格斯曾经讲过：“一个民族要想站在科学的最高峰，就一刻也不能没有理论思维。”这也是彭先生的座右铭。彭先生在学术上坚持理论思维，注重自然辩证法的研究与应用。20世纪70年代末，他在政治理论教研室建立了自然辩证法教学组，并给研究生开课。后来又成立了自然辩证法研究组，提倡学习医学哲学，研究医学发展规律。他亲自带头进行“医学和哲学”的研究，并出版了《医学与哲学文集》。他还组织专门的研究小组，把“预防为主”提高到哲学的层面来论述。研究小组有三位教授，分别是非常有造诣的外科教授冯传汉，我的老师、也是跟彭先生一直关系密切的李天霖教授，还有杜水伯教授。研究小组经过较长时间的准备、分析和研究，写成了《预防为主的哲学思想》一文，以“冯天水”为笔名在《北京医学院学报》上发表，引起了业内的关注。后来学校组织我们继续研究这一问题。我也曾经写过相关文章，并在《医学与哲学》上发表。这些探讨不断使对这一问题的讨论更为深入，从而提高了业内外人士对“预防为主”思想的认识，对预防医学的发展和预防工作起了一定的推动作用。

在彭先生的领导下，我们把“预防为主”的哲学思想提高到了理论的高度来学习。我原先在保健学教研组，学习苏联，开设保健组织学，就是研究相关组织机构、工作内容和工作方法。同时，为了反映工作情况和健康情况，还研究卫生统计学。我们要年年给学生讲四大卫生方针之一的“预防为主”，所以一定要把它提到哲学的高度去认识、去分析，然后我们再从理论的高度传授给学生。提到医学哲学，主要是彭先生在主持牵头推动。北医的医学哲学和自然辩证法在全国是数一数二的，起到了引领作用。再次召开全国性的学术会议，他都要去做主题发言。因此他有很多相关产出，在此我就不一一列出来了。为什么在这里我要先讲“预防为主”这个例子呢？一方面，“预防为主”一直是我们的研究内容与课程内容；另一方面，这是国家的卫生工作方针，在今天同样有非常重要的实际意义与理论意义。

二、推动卫生政策与管理学等学科的发展

彭瑞骢先生极力推动卫生管理干部培训中心的建立，继而促进卫生政策与管理学专业的建立与发展。他重视业务培训，提升专业水平，为人才队伍建设打下了坚实基础。

（一）成立卫生管理干部培训中心

受苏联影响，早年卫生系设有保健组织学教研组，后来，因为不学苏联了，就把保健学教研组改为卫生统计学教研组。20 世纪 70 年代末到 80 年代初，卫生系统管理只是经验管理，不适合时代发展。卫生部的领导层

非常重视这个问题，认为一定要加强管理，因此组织了两个考察团，一个是卫生统计考察团，另一个是社会医学与管理考察团，对欧洲、美国和日本进行访问考察，回来后撰写调研报告。卫生部领导看了以后，认为发展卫生事业管理非常紧迫，一定要做起来，因此提出要加强对管理干部的教育和培训。为加强对行政管理干部的教育，当时率先在全国的六大医学院校［上海第一医学院（简称“上医”）、武汉同济医学院、北京医科大学、西安医学院、哈尔滨医科大学、四川华西医学院］以及北京中医学院成立卫生管理干部培训中心，对现任的卫生事业管理干部进行培训。卫生事业管理以后发展成了一个专业，从本科到研究生都开设了此专业。对这七个院校，卫生部批拨给每个院校 5000 平方米建筑面积的办公场所和一定的开班费。北医是其中之一，彭先生就接手了这项工作。我们北医做事情不是先把牌子挂起来，而是先把工作基础打好。有了队伍和工作以后，再把牌子挂起来，而不是一上来就挂牌子、盖房子。因此，我们是比较晚挂的牌子。但我们招生是比较早的，1983 年就开始招一年制（在职干部）的班和大专班学生，还办了短训班和师资班，后来还设了研究生班。

1985 年我们正式成立“北京医科大学卫生管理干部培训中心”。当时公共卫生学院的院长兼任该中心主任，我任常务副主任，因此具体工作就落到我的头上。前期的准备工作主要就是在彭先生总的设计和指导下进行的。他在这方面下了工夫，跟我们一起讨论怎么组建、怎么准备。由我们承担卫生部的任务，办师资班。我们北医办了中国卫生事业管理师资班，上医办了外国卫生事业管理师资班。

在卫生部委托办全国卫生事业管理师资讲习班的基础上，彭瑞骢先生与哈尔滨医科大学的高良文教授为主编，组织全国在卫生政策与管理领域有较高造诣的学者与资深管理工作者编写了第一本《中国卫生事业管理学》。这本书一直到 21 世纪前 10 年都是卫生事业管理工作者的主要参考书。彭先生在这件事上给予指导，具体的事情由我来处理。彭先生对这本书的编写起了很重要的作用。这本书有一个特点，就是我们当时请了国家中医药管理局的一些专家和领导编写了中医药管理部分。另外，这本书里还有一章“特殊人群健康和特殊卫生问题管理”。这实际上是给健康管理打下了一个基础。上医出版了一本《外国卫生事业管理学》。

当时我们的优势在于，我们能够把所有老的和年轻的卫生部市局领导请来讲课，大概有 20 多人，还组织了一些骨干教师来参加这个班。刚开始没有房子，我们就用开班费盖了一个 150 平方米左右的简易房（就是那种预制板做的平房，包括四个办公室、一个会议室、一个资料室，还有一个小小的计算机房，现在被拆掉了）。从 1985 年一直到 1990 年，我们好多事情都是在那里办成的。在 150 平方米的地方，我们最开始有一二十个人，最多时有三四十个人。大家都挤在那几间屋子里面，但非常齐心，就把这些事情办成了。

我们当时的眼光没有仅仅停留在机构、服务系统上，而是已经开始关注人的健康。彭瑞骢先生关注经济社会发展与中国医疗保健事业，推动医疗卫生事业改革与卫生事业管理相关学科建设，促进世界卫生组织“2000 年人人享有卫生保健”全球策略的实现。这件事情为卫生事业管理这个学科后来成为一个系奠定了非常好的基础，离现在差不多有 40 年了。在该中心成立 10 周年时，彭先生为《北京医科大学卫生管理干部培训中心成立十周年纪念册》撰写了题为“面向现代化、面向未来、面向世界也是建设卫生事业管理学科的方针”的前言，充分体现了他对建设这一学科的想法和期盼。他用三个面向给我们定位，这也是建设卫生事业管理学科的方针。这个方针直到现在还是适用的。

彭瑞骢先生说：“我们学校已经被批准进入‘211 工程’，这样就要求我们卫生事业管理学科也要跻身于国际先进之例。这个要求应该是合理的。管理现代化是四个现代化的关键。但是对于我们培训中心来讲无疑是十分艰巨的任务。我想我们遵循小平同志所指出的三个面向的方针，我们有信心实现这个要求。”他随后提了三个方面：“什么是先进？①我国卫生工作所取得的成绩是受到国际尊重的，牛津大学公共卫生教科书设有专门一章加以介绍就是例证。实践出真知，我们有条件研究这些经验并与国际经验比较，并提高到理论高度加以阐述，这就是国际先进水平。②研究国际经验，并预测我国卫生发展将遇到的问题以及应避免的误区。如果能转化为政策性建设，对我国现代化做出贡献，这也将代表了先进水平。③将以上成果汇编成册，供发展中国家及国际卫生交流之用，或开展国际卫生培训项目，也是具有特色的国际水平的工作。过去 10 年，正如陈育德同志提到的，是创业的10年，奠基的10年。在下一个10年更应上一个台阶，就要我们能利用我们的有利条件：地处北京，直接得到卫生部的领导与关心；有一些较好的国际合作单位；初步有了一支中青年队伍。因此，我们一定能完成这一艰巨任务。”总体来说，我觉得这个例子可以很好地说明彭瑞骢先生所下的决心，接受了卫生部的任务后，并且我们花了那么大的心血做了那么多的事之后，他才有这样的期望，并且对我们要做到什么程度提出了期望。同时，我觉得他的想法到现在也没有过时。我觉得他的思路非常清晰。他发表的东西只要是自己署名的，都是他自己亲手写的。因此我想，从业务上讲，他是我们的总设计师，是领路人。

（二）举办“实现人人享有卫生保健”领导干部研讨会

卫生部经常派他作为世界卫生组织举办的一些会议的中国代表。世界卫生组织总共邀请他做了8次顾问，请他以专家的身份参与一些专业会议。1978年，阿拉木图会议提出“人人享有健康”的全球策略。1985年，世界卫生组织在南斯拉夫举办了一个高层次的领导开发研讨会。在卫生部副部长陈敏章[1]的率领下，彭先生也参加了这次研讨会。之前中国在初级卫生保健及其推进上做出了一定的贡献，因为中国有赤脚医生来搞基层卫生。当时世界卫生组织的总干事哈夫丹·马勒（Halfdan T. Mahler）博士曾汲取了我们中国的一些做法，但因为某种原因，没能够通过文字反映出来。因此，世界卫生组织就希望中国也能够组织召开领导开发研讨会。卫生部就把这个任务委托给了北医。承接了卫生部的委托，彭先生带领我们于1986年11月10日至21日在北京举办了由全国6省、直辖市代表[2]参加的“实现人人享有卫生保健领导干部研讨会”。从接受任务，到会议的准备、举办，以及最后的总结，他都亲力亲为。

世界卫生组织派了两个专家，其中一位后来也是世界卫生组织驻北京的办事处主任。他们在我们这儿待了两个礼拜，帮我们设计。他们提出了

1　陈敏章（1931—1999），祖籍浙江杭州，生于上海，医学家。毕业于上海第二医学院医疗系毕业，研究员、教授。1954年加入中国共产党，是中共第十三届中央候补委员、第十四届中央委员，曾长期担任中华人民共和国卫生部部长（1987—1998年）。

2　6个省、直辖市是北京、山东、湖北、江苏、安徽、黑龙江，由管卫生的副省长带队，卫生厅的领导、医学院的领导和教授一起参加。每个参会的省还要选一个县，并带上每个县推卫生保健推得好的规划。

三个问题：一是农村的医疗保障，二是卫生人力发展，三是预防。我们围绕这三个问题做了会议准备，并由培训中心翻译了相关文件。此后，我们定了三个题目，分别组织三个组撰写了三篇主题文章，还要提几个问题拿到会上讨论。从这个会开始推行，制定卫生发展规划工作。会后形成了一套文件——《实现人人享有卫生保健（Health For All）领导干部研讨会资料汇编》。从此，"人人享有卫生保健"这个全球卫生战略开始层层推行起来。在卫生部的领导下，制定了中国农村的促进初级（基本）卫生保健的十年规划。20 世纪 90 年代、21 世纪前十年所制定的两个十年规划都是跟这个会议一脉相承的。因此我们说，彭先生在推动中国"人人享有卫生保健"策略中起到了非常重要的作用。他起的作用任何人都无法替代。中国这 40 年初级卫生保健事业的发展中应该有彭先生的一份功劳。

（三）关注专业教师培养

对专业教师的培养和提高是彭先生经常考虑的问题。只要时机合适，他就尽量为教师争取培养的机会。例如，1986 年凯洛格基金会（Kellogg Foundation）组织了卫生领域领导干部开发项目，北医获得了 3 个名额。他把这个机会分给公卫学院的 2 名教师，其中一名是我，使我得到了一次印象深刻的训练与学习。

三、研究医学模式转化问题与医学伦理

彭先生是国内最早关注到医学模式转化问题的。假如一个人没有哲学思想和哲学思维，就不会对这类问题很敏感。关于医学模式，最早可以追溯到罗切斯特大学医学院精神病学和内科学教授恩格尔（G. L. Engel）在《科学》（*Science*）杂志上发表的文章《需要新的医学模式，对生物医学的挑战》（*The Need for a New Medical Model: a Challenge for Biomedicine*）。该文章在理论上对医学模式做了明确、扼要的论述。彭瑞骢先生运用渊博的学识，为我们阐明了有关概念和理论，并积极支持开展对"生物—心理—社会医学模式"的研究和应用。1985 年，彭先生在《中华预防医学杂志》第 6 期发表了一篇题为"谈生物—心理—社会医学模式"的文章。

在国内这应该是最早提出来新医学模式的文章。这是因为彭先生原来就有很好的哲学思想基础，觉得原来的生物医学模式不再适用了。正好恩格尔的这篇文章跟他的想法相契合。对于医学发展来说，他的这一思想的确是非常前沿的。医学模式的转换涉及很多问题，同时也对我们卫生事业管理专业提出了非常重要的问题：我们怎么适应新的医学模式？我们的卫生服务怎么跟得上？怎么适应老百姓的需要？可见，彭先生能首先提出来医学模式的转换，是非常了不起的，对理论和实践都是很重要的推动。

此外，彭先生关注医学伦理研究，是北医医学伦理委员会的首任主任，主持了很多年北医的医学伦理审查。在他的主持下，委员们能畅所欲言，使委员会一直保持着十分民主的气氛。因为有这个委员会，我们的科研项目可以拿得出去。从这个事上可以看出彭先生站得高、看得远。

四、是中国医改的积极参与者和推动者

在医改相关问题上，彭先生积极地建言献策。我们共同写过一篇文章——《关于新世纪头二十年我国卫生改革与发展的浅见》。[1] 在这篇文章中彭先生写道："为适应小康社会的发展，卫生领域要实现两个转变：①为适应疾病模式的转变，对传染病与慢性非传染性疾病要两手抓。应由单纯适应控制传染病、寄生虫病为主的垂直式卫生服务模式，向与适应慢性非传染性控制为主的广泛动员社会参与的横向服务相结合的服务模式发展；②有计划、积极、稳妥地向全民医疗保险转变，以替代公费医疗、劳保医疗以及合作医疗。过去几十年中国实施的初级（基本）卫生保健是有成效的，一定程度上实现了公平享有初级（基本）卫生保健。不求覆盖所有的医疗，但求覆盖全民。"这个观点也得到了世界卫生组织的认可。这篇文章认为，在21世纪的前20年全面建成小康社会，要进一步解决医疗服务的公平性问题。不是所有项目都要覆盖，但要覆盖全民。当时我们的文章说："这仍是奋斗目标。尽管城乡二元结构一时还不能完全解决，也难得建立统一的全民医疗保险，但是应充分预见到将来统一的医疗保险制

1　陈育德，姚树印，彭瑞骢．关于新世纪头二十年我国卫生改革与发展的浅见［J］．中国社会医学杂志，2006，23（2）：65-69.

度，会较好地实施城乡居民的健康公平。”我觉得他这个话讲得非常有预见性和实事求是，很客观。这是通过科学分析出来的。彭书记在卫生改革方面一直在思考，在做。

彭书记生病住院后，我们去医院看他。对我们遇到的问题，他还会给点儿建议，出点儿主意。我去探望他的时候，电视一直开着，他始终关心着外边的大事。他说话深思熟虑，并在行动上总是坚持推进。他有这样一种韧劲和毅力。

彭书记的那些指导思想一直印在我脑子里。我在考虑问题的时候，就会想，他曾经怎么去思考和处理的？我们还能做什么？怎么通过三个面向（面向现代化、面向未来、面向世界）达到先进水平？我很强调我们要跟其他国家做比较，我们要去分析我们哪些方面是强的，我们要往前走到什么地步，在做比较和研究后我们要把人家的什么经验拿过来，我们也要提高不足的方面，这些是很重要的。我们还要考虑怎么把我们的成果实在、客观地介绍出去。讲中国故事时要经得起推敲。

我们常常跟不上彭书记的思维，他说完后我们都还要再琢磨琢磨。他读书的效率特别高，他读文献比我们厉害。他的基础很好，英文没有问题，日文也好。他非常聪明，在学生时代是好学生，毕业以后是非常受教授欢迎的年轻教师，他在新中国成立前也做过讲员。

五、在工作方式上对我给予指导

卫生管理干部培训中心成立的时候面临两个问题。一个问题，是当时中心学科较多，对上、对外涉及多个卫生行政主管部门和多个学术团体，有管理、政策、卫生经济、健康教育、卫生法学等，分了很多教学组和卫生学科，上面的行政部门归口也不一致。卫生部有很多司、局，医院对医政司，防疫对防疫司，妇幼对妇幼司，政策研究对政策法规司，卫生经济对计划财务司。彭先生教给我的第一招就是“分兵把口、各显其能”。这样既能调动和发挥中心内部人员的积极性，又规避了忙于应付的局面。

我就发动各个学科各自分好工，做好行政对口，如搞政策的对政策法规司，搞卫生经济的对计划财务司，搞防疫管理的对防疫司，搞医院管理的对医政司，搞妇幼的就对妇幼司。因为我们是在卫生部的领导下，所以要接受卫生部委托的任务，如办个班、写本书、开个会等。另外，也有很多学会，我们一定要抓住这些学会，在学术活动中我们得有声音，在专业杂志上我们要有文章。把我们专业的教研组和教学组跟不同的专业学会对接上，就能调动起大家的积极性。大家不定时地碰面，有问题就商量解决，需要我们集中找上级的就另说。有时候我们也请彭瑞骢先生出面帮我们疏通关系。

此外，中心内部在工作上也存在一些矛盾，如当时医院管理研究室人员不少，力量很强，但是合作不到一起。曲绵域校长[1]专门和我谈了两个小时，说医院管理这方面力量是很强的。我说，力量很强，但捏不到一块儿。彭先生说："让他们发挥自己的专长吧！"于是，就让他们发挥各自的优势，在原有工作的基础上，一部分集中精力，从事校内附属医院的工作，另一部分参与卫生行政部门专家委员会的工作，主要协助推进部管医院的专业管理实践与研究。让他们各自发挥自己的优势，在不同的领域、从不同的角度去发展。这样既发挥了两支力量的作用，也促使其在工作中逐渐融合。这一招让我很受用。现在我退休了，在跟别人介绍经验时，也是这样介绍的："你不要什么都抓，什么都抓抓不住，要腾出手来干自己的业务。我也有自己的业务，我不是纯做管理的。"

这就是彭先生教给我的。在工作中，他从不以家长式的领导口吻给你指示与命令，而是循循善诱，引导你去思考，最后找到解决问题的办法。我的感受是他是我的领导，更多的是我的老师和前辈，而没有觉得他是书记。他很平易近人，在食堂吃饭时我们碰到了就聊几句，要是在路上碰着了也可以说说事情。要是有事，直接去找他也可以，他就给你解决了。他办公室的门是开着的。我觉得他的领导技巧非常高超。

六、他作为一个领导非常有原则

彭先生是书记，按道理他的孩子上学，要是在其他单位，可能就得考

1　曲绵域（1925—2018年），男，山东牟平人，中国运动医学专家、教授。1949年毕业于北京大学医学院，1983—1985年任北京医学院院长，1985—1991年任北京医科大学校长。

虑照顾一下了，但他就不一样。当时负责招生工作的是我爱人郭佩芳[1]。她是北医的教务处处长，从20世纪60年代起就开始管招生，几十年中没有出过大问题。我爱人和我说，老彭这个人真是坚持原则，他的小女儿彭嵋报考了北医基础医学系，可是根据那一年的录取分数线，只能录入临床医学系，因此我爱人就按规矩办事了。她跟彭先生打了招呼，说："老彭啊，对不起，她的分数只能到临床医学系。"老彭就说："没问题，按规矩办！"但是有的领导就跟他不一样，如果孩子没有被录到理想的专业，脸色就变了。

我觉得一个人有他内在的因素，他的人格魅力是无法用语言来表述的。彭书记非常有修养。他谦虚、低调，一辈子就在北医，毕业后就一直待在这个地方，直到去世，真的是以校为家。他的生命跟学校捆在一块儿。

我谨以这些回忆来追思我们这位老师长、老领导。他有一句名言："人到世界上走一遭，一定要留下点痕迹！"的确，他这一生给后人留下了浓重的、不可磨灭的痕迹。

敬爱的彭瑞骢先生，我们怀念您！

时间：2023年3月8日 14:00—16:30

地点：北京市海淀区北京大学医学部护理楼333室

受访人：陈育德

访谈人：王聪、姜海婷

录制人：姜海婷

文稿整理：王聪、蓝贻茜、姜海婷

审阅修订：陈育德

1 郭佩芳，早期在环境卫生教研室工作，1960年调至教务科，从事教学管理，后任教育处处长。

北医学科的建设者，北医发展的领导人
——纪念彭瑞骢同志

王德炳

王德炳，男，1937 年 11 月生，中共党员，河南省南阳市方城县关镇人。教授、主任医师，博士研究生导师。1960 年毕业于北京医学院医疗系，1983—1984 年美国爱因斯坦医学院访问学者。擅长白血病的基因诊断、治疗及巨核细胞造血调节研究等领域，对北京医科大学的发展和中国医学教育改革做出了突出的贡献。曾任北京大学人民医院副院长、北京大学血液病研究所副所长、北京医科大学校长兼党委书记、北京大学党委书记、校务委员会主席，第九、十届全国政协委员，兼任全国高等学校设置评议委员会副主任、全国高等教育自学考试指导委员会医药学类专业委员会主任、中国医师协会副会长等职。

我于 1955 年考入北京医学院，彭瑞骢同志在同年 4 月任北京医学院党委副书记。作为老彭同志的学生，我是在他的教导和培养下成长起来的。

一、重视学科发展，开展高水平院校建设

老彭多次强调北医要有重点学科，同时还应该有一般学科。内科、外科对于医院和医学教育是不可缺少的，一般学科也应该重视。同时，他认为还应该发展具有潜力的新兴学科。我与老彭的正式接触源于北医要办新专业——生物物理学。1960 年，北京医学院增设了物理学、生物学、生物物理学、化学等 10 个新专业，并抽调了 200 多名应届优秀毕业生作为新专业的预备师资。还没正式毕业，我就成为了新专业预备师资队伍中的一员，被调去生物物理学专业。生物物理学专业是生物医学和物理学的结

合，是交叉学科、尖端专业，在当时也是机密专业。在当时的条件下，创建生物物理学是一件非常具有挑战性的事情。而在我五年的大学里，数学基本上没有学习，物理学得也非常少。因此，在工作过程中，我只能边干边学，看书、查文献、做实验、搞翻译，还要补习数学和物理学。老彭给予了我许多关心与支持。三年困难时期以后，为贯彻“调整、巩固、充实、提高”的八字方针，学校经过再三研究，决定取消生物物理学专业，仅保留生物物理学教研室。

此后，基础部党委副书记刘波将我调至组织部，自此我跟老彭的接触就更多了。1972 年 5 月，经学校批准，我回到人民医院当医生，从零开始，先后完成住院医师、住院总医师的训练。1975 年年底，我被提升为内科副主任。1976 年唐山大地震，我担任队长兼支部书记，带领 30 余名大夫和护士组成的抗震医疗队迅速到位。此后，在老彭的建议下，由我担任分管教学和科研的副院长。

老彭表示中国的医疗卫生事业要靠自身发展。比如，北医就是中国人自己最早自主办学的医学院，人民医院也是中国人自己办的。医院有了德艺双馨的学科带头人和专家、教授，很多患者就会来。老彭对临床、基础医学等医疗卫生事业和学科建设很熟悉，对医学教育和医学体制的改革有独特的见解。他坚决反对市场化，认为医疗卫生事业是治病救人的，应以人为本。

老彭为人低调，且深入群众，循循善诱，对北医各附属医院重点专业和人物了如指掌，对临床、基础医学这些学科的发展非常重视。老彭有句名言：“一定要接地气，一定要跟基层群众联系起来，而不是上面说什么，就贯彻什么。”老彭认为，对一个大学来说，在党委领导下，加强重大教研室、系，以及医院重大科室的管理和建设，对促进学校发展是非常重要的。我们经常去学院、各附属医院和二级单位摸底，与各医院院长一起梳理出各院的学术梯队，做好人才储备和培养，比如血液科的陆道培、肾内科的王海燕、生理学的王志均、化学系的王夔等。老彭一直讲，领导班子建设应该是老、中、青三代相结合，滚动式地换届，不能上来一个主要领导，原班子就全部“换血”。这样的指导思想和方针对于北医长期、稳定的发展具有重要意义。北医党的领导班子始终坚持和谐的民主集中制的气氛，这对于北医的发展至关重要。

总之，老彭对于北医的贡献应该是全局性的，他明确了北医的定位和奋斗目标。在 1986 年北医第七次党代会上，学校把建设国外知名、国内一流的高层次、多学科的医科大学确定为奋斗目标。老彭跟我们讲，北医不是在国内竞争，而是跟国际上重要的医学院进行竞争。我们始终记住他的教导，一直朝着这个目标努力。

二、坚持立德树人，培养高层次医学人才

1987 年，我被任命为北京医科大学副校长，分管教学工作。之后，1989 年开始担任北京医科大学常务副校长，1991 年担任北京医科大学校长。老彭与我始终坚持教书育人是学校的中心工作、教学质量是评估一个学校的重要指标的原则，并积极推动教学改革。1991 年，学校成立住院医师培训委员会，确立了以提高临床师资队伍素质并为临床医、教、研服务为目的的基本思路。

世纪交替之际，随着我国高等教育管理体制改革，许多医学院校并入综合大学。我当时作为中国高等教育学会医学教育专业委员会会长，主持实施了“中国医学教育管理体制和学制学位改革研究”课题，就综合大学医学教育管理体制、医学教育学制学位、临床医学专业认证和住院医师培训制度等问题进行了深入的研究。北医最早开展八年制临床医学教育，我们都认为北医应主张长学制培养，医学生一定要将通识教育做好，把基础打牢，这样以后才能成为一个好医生。

我认为，一个好医生，除了掌握扎实、专业的基础知识和临床技术外，更重要的是德才兼备，热爱病人。因为大学是培养人才的地方，一定要给学生打牢基础知识，让他们能够自我发展。其次，人品非常重要，现在的长学制培养最基本的内容，我觉得还是要关注“人”，坚持立德树人。医生应该关心、热爱病人，从病人身上还能学习到很多东西。北医要培养高精尖的人才，要使学生成长为德才兼备的医学家，而不只是“医匠”。

三、整合多方资源，促进北医高质量发展

老彭和我都是北医进入首批高校“211 工程”以及北医、北大两校合并的推动者和见证者。20 世纪 90 年代，我任北医校长期间，推动北医进入国家首批“211 工程”建设，其中充满了艰辛与波折。老彭很希望北医能进入“211 工程”，但是他并没有直接出面参与，也没有下命令安排人去做，而是鼓励我们自己努力。当时，卫生部许多试点工作都是在北医做的，并派专人指导。北医还设立了“211 工程”办公室。但后来传出因北医已获得的资助较多，故要把“211 工程”指标给上海医学院（简称“上医”）。我们对此坚决不同意，据理力争。我还写了一封态度强硬的辞职信，表示如果北医进不了“211 工程”，我就辞去校长的职务。后来，经过多方协商，北医、上医这两个学校都进入了“211 工程”。

老彭和我还推动了北医和北大联合办学以及合并事项。《北京大学章程》的开篇写道：“（北京大学）2000 年与原北京医科大学合并，组建为新的北京大学。”两校合并是“载入历史的大事件”。事实上，北京大学和北京医科大学两校在历史上渊源颇深。早在 1946 年，北京大学在北平复校时，当时被编为“北平临时大学补习班第 6 分班”的北医成为“北京大学医学院”。1952 年院系调整时，两校又走向分离。然而，两校合并之后，北医叫什么呢？北京大学医学院？但新中国成立前就是北京大学医学院。后来，我们与卫生部科教司副司长前往国外访问，发现国外大学基本上都有一个医学中心，因此，1995 年 2 月 28 日，两校正式签署北京大学、北医联合办学协议，以“共商、共享、共建”的形式进行全面合作。同年 10 月 25 日，我提出建立北京大学医学中心的思路。在双方的逐步推进下，1996 年 6 月 12 日医学中心正式成立，由我担任中心主任。这是两校联合办学中的重要一步。1998 年 2 月 9 日，两校联合工作小组在北大召开第一次会议，详细讨论了《关于北京大学和北京医科大学联合组建新的北京大学的请示》，当时北大校长陈佳洱[1]说北大都叫什么部，比如工程部、文学部等，所以北医也应该叫“医学部”。合校后，学科融合与调整相对顺

1 陈佳洱（1934—），男，核物理学家、加速器物理学家、教育家，中国科学院院士、发展中国家科学院院士，北京大学物理学院教授、博士生导师。

利，如药学院与化学院的合作。然而，对于社会科学与人文科学学科，老彭竭力主张保留北医的自身特色，坚持保留社会科学与人文科学教学部（简称“社文部”）。社文部后来重组为北京大学医学部公共教学部，开展人文素质教育和通识教育。此举也得到了当时北医书记杨纯的支持，这对北医的发展是很有利的。

尽管当时合校还是存在不同的声音，但我们总体认为，与北大合并能为学生带来裨益。我们希望自己学校培养出来的学生能成为真正有修养、懂关怀的医师，能成为具有人文素质、社科素养和自然科学基础扎实的未来学术带头人，而不仅仅是技术过硬的医匠。北大学生的开阔眼界和北医学生的勤奋务实，正好可以在两校的合并中达到最好的结合。合并之后多学科结合碰撞产生的能量也为北医创造出更大的发展潜力。事实证明，我们当年的选择是正确的。

四、开展国际合作，推动多元文化交流互鉴

20 世纪 80 年代，受国际凯洛格基金会资助，学校选派陈育德、王绍贤和我前往美国参与“基础卫生保健与领导能力培养”项目，以发展公共卫生和培养医药卫生人才。项目早期，我们在基金会的带领下参访了农村卫生及基层卫生教育，如南美等国家的精神卫生事业管理就设在农村基层。此外，我们还参观了英国等其他国家的学校。1986—1989 年我被评为凯洛格基金会会员。人民医院院长杜如昱较重视医院信息化管理，在他的关心与指导下，医院管理信息系统建设有一定的研究和技术基础。因此，我牵头申请了凯洛格项目研究基金，主要研究医院信息系统，当时还赴约翰·霍普金斯大学等高校参观学习，重点关注医院信息系统，比如病案信息化以及资料分析和整理。此后，我主编了我国第一部《医院信息系统》专著。

此外，在老彭的支持下，北医在改革开放后率先与美国疾病预防控制中心建立合作关系，开展中美预防神经管畸形合作项目。1990 年，美国国会批准了“中美预防神经管畸形科研合作项目”作为政府立项并列入1991 年国家财政预算中，预算拨款 2000 万美元，约合 1.7 亿元人民币。

项目由公共卫生学院李竹主要负责，妇产科严仁英教授也非常支持这个项目并参加了很多讨论。1993—1996年，中美科学家和卫生部在河北、山西、江苏和浙江四省的30个市、县建立了覆盖2000多万人口的现场研究基地，开始了一次空前规模的医学科学研究。

但该项目的进展并非顺风顺水，比如，学校的基础条件有限，接待外国专家是不够的，美国专家来了后住哪儿、在哪儿洗澡等生活细节的问题如何解决。因此，北医进行了综合协调，对基础设施进行了改造。此外，早期项目团队人员很少，由老彭出面，将原来下放到西北的一些专家调回来，希望他们做一些工作。最后，该项目一方面提升了我们的科研能力，另一方面为人民服务，通过1.2万名基层卫生人员的共同努力，经过长达3年的追踪，监测了25万例新婚夫妇及其妊娠结局，在项目市、县投放1700多万片斯利安片进行样本研究。研究证实了0.4毫克标准叶酸剂量可有效预防神经管畸形等出生缺陷的发生，并进而开展出生缺陷的三级预防，有效守护母婴健康。

诚实、正直、善良、有责任心，是做人的底线。做老师，要有师德，教书育人；做医生，要有医德，救死扶伤。总的来说，老彭是一个全面型人才，是一个将理论和实践结合的通才。他平易近人、深入群众，被称为“北医的活字典”，北医的发展离不开彭瑞骢。

时间：2023年6月8日 9:00—11:00

地点：北京大学人民医院

受访人：王德炳

访谈人：蓝贻茜、姜海婷

录制人：姜海婷

文稿整理：蓝贻茜、姜海婷

审阅修订：王德炳

教育为本，培养高质量医学人才

程伯基

程伯基，男，1937年11月生，医学教育家。1955年考入北京医学院医疗系，1960年毕业留校，从事生物物理专业教研工作。曾任北京医科大学常务副校长、北京大学医学出版社总编辑、《中华医学教育杂志》总编辑、西太平洋地区医学教育协会副主席和主席、世界医学教育联合会常务理事、教育部临床医学专业认证工作委员会秘书长等。作为负责人牵头完成教育部重点课题“中国医学教育质量保证体系研究”，推动了我国临床医学专业认证制度的建立。参与制定和修订《临床医学教育标准——临床医学专业（试行）》，主译《医学教师必读——实用教学指导（第3版）》。

我在1955年考入北京医学院医疗系，1958年完成基础课程学习后进入医院见习、实习。1960年留校，从事生物物理专业的教研工作。当时彭瑞骢任校党委副书记、院长助理，分管科研及中医工作。早期我作为学生，够不着高级干部，和彭书记没有过接触，工作后才有了交集。

一、齐心协力共建北医

1989年3月，我担任北京医科大学副校长，主管教学工作。当时彭先生为党委书记，曲绵域为校长，与我一同升任副校长的还有杜嘉祺。同年4月，我们与卫生部的领导谈话，具体是陈敏章部长还是曹泽毅副部长，我记不太清楚了。从卫生部回来以后，我们就向彭书记汇报。我记得问过彭书记一个问题，因为我不知道校长、副校长这个工作该怎么做。另外，工作中会有些东西是我不认同的，或者我不认为应该做的，或者我认为要做但实际上没做，我就思考遇上这类问题后我该怎么办。我问老彭同志的这个问题就是，我能不能辞职？因为我是一个普通老百姓，不是一步步当干部过来的。尽管我曾经在基础部党总支做过秘书，但那毕竟是一个小干部，跟副校长之间还是有很大区别。当时，老彭给我做思想工作。他跟我说，我可以申请辞职，但能不能辞职，不是我一个人说了算的，因为我们党的干部任免有一个具体办法。我考虑了一下，最终接下了这个任务。

工作以后，特别是进入学校领导班子以后，我仅是一个副校长，还没有进入党委常委，所以其实跟老彭之间也没有特别的交流。我只记得遇到问题和困难的时候，老彭同志会过问。他接触群众比较多，所以赢得了“北医活字典”这个称号，就是有什么和北医相关的问题，或者不懂的都可以找他。我觉得他比较重视北医、热爱北医、关心北医的发展。

而在北医首批进入“211 工程”这件事情上，我们做了许多努力。北医进入“211 工程”这件事比较曲折。北医原来是最早申请“211 工程”被认证的学校。在认证之前，正好我们开了党代会。老彭同志讲过一句话，给我的印象比较深。他讲，在国内争一流对北医来讲没有什么价值，要放眼国际，要在世界上、国际上争取成为一个一流院校。国内的话，大家都说北医就是最强的，对不对？所以，我觉得，老彭同志的这个思想给我们，至少给我，留下比较深刻的印象。北医不是要争第一的问题，是要在国际上、在世界上要出名，要数得着。

当然，“211 工程”这个认证过程开始后，卫生部原本是希望把北医做成“211 工程”院校，但后来卫生部又有了点变化，说北医在北京，已经占了好多便宜了。那时候上海医学院（简称“上医”）比较困难，它的校址和经费跟北医比起来差一些。所以，那时候卫生部决定把上医拽进“211 工程”。那么，在这种情况下就出现了一个问题：北医这个“211 工程”到底要还是不要？所以那个时候，我记得王德炳同志带着我们一块去找过郝建秀同志，到教育部找过朱开轩同志，到卫生部找过陈敏章同志，就是说一定要想办法让北医进入“211 工程”。在这个过程里，因为老彭同志跟高层的接触比较多，跟卫生部、教育部这些负责人都比较熟悉，所以，王德炳跟我说，希望老彭通过这些老关系去谈谈，让北医进入

“211 工程”，但老彭并没有“走后门”。我觉得，老彭对于北医来讲还是很热爱的，所以他强调北医不是要争国内第一的问题。争来争去，北医就是第一，就是“排头兵”，没什么好说的。所以在那段时间里，他对于发展国际合作项目比较有热情，比较积极。

北医作为“排头兵”，主要体现在人才培养上。北医比较重视基础。跟上医比，北医基础比较强。临床部分，上医的医院床位比我们多。北京市比较重视北医。首都医科大学的神经外科研究所、儿童医院等北京市许多医院的院长、副院长和学科带头人都是从北医走出来的，好多研究机构也是从北医分出去的，所以北医还是很有名望的。

二、关注医学教育质量

21 世纪初，我们开始引入医学教育的国际标准，拟定中国的医学教育标准，以探索推进中国临床医学专业认证工作。后来标准由教育部、卫生部以文件形式颁发，并成立了有关认证的相应机构来推动认证工作。

西太平洋地区有个医学教育协会，过去是跟 WHO 西太平洋地区（简称“西太区”）合作，所以它的一些活动经费是由 WHO 拨款。我做副主席的时候，澳大利亚的一个教授兼任了西太区医学教育协会的主席，当时正好 WHO 经费发生了一些困难，拨给西太区医学教育协会的钱变少了，于是他任期结束后就离任了。西太区当时有一个规定，主席离任，副主席补上去，于是我就成了主席。借世界医学教育联合会（World Federation for Medical Education，WFME）[1]在哥本哈根开会期间，改选了主席。与此同时，澳大利亚这位教授就给我写了一封信，介绍这个临床专业认证的事情。我跟他说，我们中国医学教育有评估，但没有认证。后来在 2000 年，他就让我去澳大利亚参加他们医学院校的院校长会议。在这个会上，我第一次接触到国际标准，并认识了世界医学教育联合会的主席汉斯·卡尔（Hans Karle）。他把这个国际标准给我了，我回来后向教育部林蕙青司长

1 世界医学教育联盟（也称世界医学教育联合会）是由 WHO 和世界医学协会（World Medical Association，WMA）于 1972 年联合创办、以保障全球医学教育质量为宗旨的非政府国际组织，在全球医学教育标准的制定和推动医学教育改革方面发挥重大作用。各国医学教育认证机构只有通过 WFME 机构认定，其认证结论才被认可，认证过的医学院校的毕业生才能被全球健康卫生行业所接受。

做了汇报。我说这个事情应该在国内推动。当时我跟一部分专家，其中包括哈尔滨医科大学的赵士斌老师，一起研究了国际标准本土化的问题，并在此基础上成立了一个专门的课题研究小组。我和WFME也有了些交流。2002年，中国高等教育学会医学教育专业委员会和北京大学医学部联合举办了“医学教育标准国际研讨会”，我请汉斯·卡尔来作了报告。2006年，中国医学教育标准初稿完成。2008年，去华中科技大学同济医学院进行试点认证。同年，在此基础上，教育部成立了教育部医学教育认证专家委员会和教育部临床医学专业认证工作委员会，并发布了《本科医学教育标准——临床医学专业（试行）》。老彭对医学教育也很重视，对相关工作也比较支持，但没有直接参与。此外，1993年7月8日至12日卫生部张文康副部长应世界医学教育联合会主席沃尔顿（Wellton）教授邀请，率团15人赴英国爱丁堡参加世界医学教育大会，彭瑞骢随行。会议通过公报，呼吁各国重视全科医师培训和社区卫生工作。

在彭先生等校领导的组织下，北医建立了“三基、三严”制度（“三基”即基本理论、基本知识、基本技能，“三严”即严肃的态度、严格的要求、严密的方法）。我认为这个还是应该坚持的，这是北医的传统，应该传承。

在教学和科研方面，我作为负责人牵头完成了教育部重点课题“中国医学教育质量保证体系研究”，推动了我国临床医学专业认证制度的建立。我坚持做这个课题，是因为全国有100多所医学院校。这些医学院校要论证的时候，需要组织一个专家论证组。那个时候在中国并不清楚什么是论证。当时对于什么是总结性考试，什么是形成性考试，这些基本概念都不太清楚。所以在这种情况下，我参加了论证小组。中国国内论证的第一所院校是哈尔滨医科大学。当时对哈尔滨医科大学论证前，我跟世界医学教育联合会打了招呼，还请了澳大利亚几个专家参加。相对来说，我比较熟悉流程，所以后来我就参与了一些评估组的工作。评估之后发现医学院校有个问题比较突出，就是医学院校课程比较多，灌输式的教育比较严重，学生自我学习能力比较差。所以，我们在认证的过程里，就突出强调要让学生自我学习。后来因为岁数大了，我就不参加了。

但是，老彭长期关注人才培养，我们在医学教育相关问题上有过讨论。我从老彭那儿借过一本关于医学教育的书，其中包括《弗莱克斯纳报告》(*The Flexner Report*)。本来我搞医学教育，但早先并不知道卡内基教学促进基金会（Carnegie Foundation for the Advancement Teaching，CFAT）的亚伯拉罕·弗莱克斯纳（Abraham Flexner）原来提出过什么问题。看了以后我才发现，我国的医学教育跟他的报告之间还有一定的差距。这是 20 世纪初提出的报告，当时美国的医学院校也是五花八门、各式各样。这个报告提出来以后，为医学专业奠定了坚实的科学基础，设定了卓越的教育标准。《弗莱克斯纳报告》不仅揭露了美国医学教育中存在的差距和教学实践中的不科学性，同时还为改进美国医学教育存在的问题提供了建设性的建议和模式。该报告开启了美国医学教育规范化、标准化的新时代，宣告了整个美国现代医学教育的开始，所有的医学院校都按照一个模式来办。因为我们国家对人才的需求比较紧迫，所以我们不能够像美国那样。老彭谈过这个问题，他说我们医学教育的成本不能像美国那么高，在我们国家是要适应我们的人才需求，要培养得快一点。因此，我们现在就是最多搞到八年制。其实他比较建议六年制，两年学基础，然后到医学院、再到临床，四年学完。其实六年制我们学校办过，最后拿本科学位。这个长学制和学位之间的矛盾，不好解决。学制长的人希望给的学位高一些，但那些主张搞学位的人不是医学出身，他们并不了解医学里边的复杂性。

三、医学人才培养是百年大计

就医学培养模式和学制的长短以及学位的授予，我认为自然科学对医学还是有用处的，但至于用一年、两年还是三年的时间，这个是具体问题。另外，必须要把“医者仁心”灌输给学生。但光靠人文学院不能全部解决这个问题。所有对医学教育负有责任的人都要谈，光有医学人文学院的课程还不行，还要有身教，有言教，要落到临床上。

目前，中国的医学教育水平参差不齐。有的教育方法还很落后。医学教育是实践性很强的教育，比如教外科的外科老师需要是外科大夫，有丰富的临床经验，使他对于临床学科有深切的体会，讲出来的东西才能够让学生跟得上。缺乏实践的教学培养不出合格的学生！有的学校没有附属医院，顶多有一个门诊部，这样教临床怎么能教得好？所以，那些水平低的院校，现在都存在很大的问题。有一些学校，特别是临床医学专业招生规模过大的院校，当学生需要进入临床见习的时候，学校安排不了，只能在临床技能实验室完成系统课教学。临床教学有一个很大的特点，就是一定要结合临床。所以，我们在认证的过程中，特别强调，一定要有足够的床位数，并能够让学生有机会去接触临床。

现在还有一个问题，就是实习医生参与临床治疗的身份问题没有解决，怎么办？我念书的时候，老师跟我们强调的是“在服务中学习为人民服务的本领”。学临床的话，你必须得到病人身上去学习。如果临床不接触病人的话，是学不好的。缺少临床实习，学生就无法对医学理论知识有所体验，也不能将知识转化为自身的能力，不能建立起临床医学的整体思维。

我很热爱北医。既然我在北医工作，我就喜欢了解北医的历史。北医的许多发展过程我虽然没有参与，但多多少少还是有一些了解，这也使我对北医的感情更深了。比我高一两届的同学还在北大红楼待过。我们那一届是第一批搬到学院路这边来的。这个校区是20世纪50年代建的，质量还是很不错的。生理楼、生化楼、公卫楼、解剖楼就是当时建的。而我们今天的医学教育跟北医100多年前成立的时候已经有了很大不同。那么，在这样一个新的时代下，怎么让我们的医学教育跟时代结合得更好？这是我们需要不断思考的问题。我希望中国的医学教育事业能够高质量发展，越来越好！

时间：2023年4月26日 14:30—15:30

地点：北京市海淀区北京大学医学部家属院

受访人：程伯基

访谈人：王　聪

录制人：姜海婷

录音稿整理：王聪、姜海婷

审阅修订：程伯基

我和彭瑞骢同志相识的54年（1961—2015）

张　质

张质，男，1937年7月生，研究员。1961年毕业于华东师范大学政治学系，分配至北京医学院马列主义教研室哲学教研组，担任教学工作和学生思政工作。1984年调至党委宣传部，历任副部长、部长和北京医学院党委常委。2000年退休。2014年任北大医学部关心下一代工作委员会秘书长，2016—2019年任北大医学部关心下一代工作委员会常务副主任。现北京大学医学部机关退休第一党支部书记。

2015年冬天，在彭瑞骢书记生命的最后时刻，我去医院探望时他正在昏睡。我没有打扰他，只是静静地看着他。不久他苏醒后认出了我，很努力地讲了许多话，可惜由于上了呼吸机，他的声音我一点儿也听不清楚。他断断续续讲了20多分钟，不停地讲。很遗憾的是，我一句都没有听懂，但是我理解他的心情，也会想象他想要表达什么、交代什么。这是彭书记留给我非常深刻的难忘记忆。

当时，我曾要求护士帮忙给我和彭书记合影，但护士不敢表态，我也便没有勉强。后来，看彭书记又昏睡过去了，我就怀着非常沉重的心情和他告别，这一别也是永别。8年过去了，今年是彭瑞骢书记100周年诞辰。回顾过往，我们彼此相伴54年的点点滴滴也一下子涌上我的心头。通过这篇文章，我想从三个方面谈谈我所了解的彭瑞骢书记：第一个是他在研究生教育方面的贡献，第二个是他在医学哲学方面的贡献，第三个是他在学校对外医学合作方面的贡献。

一、全面关心研究生成长，完善研究生思想政治工作体制，将研究生思想政治工作体制纳入德育工作体制

1961 年 9 月，我从上海华东师范大学政治教育系毕业，被分配到北医哲学教育系。教学时间不到 2 年，当时要组建学生辅导员队伍，就把我调出来了。我在公共卫生学院担任卫 61 级、卫 63 级的学生辅导员。1965 年就到山东乳山县“四清”。当时由党委副书记刘波带队，工作至 1967 年 7 月。“文化大革命”期间，学校党委领导都靠边站，辅导员队伍也不复存在。形势好转后，我又回到教研室搞教学工作，也参与了彭书记领导的自然辩证法的教学工作。20 世纪 80 年代，我又回到哲学教研室，一直到 1984 年。

过去对本科生配有辅导员队伍，研究生没有。1976 年以后，我国社会稳定、经济发展，医学教育恢复了正常秩序，学生数量有了快速增长，本科生教育比较完善。20 世纪 70 年代，北医的研究生教育已经形成规模，北医跟上海医学院（简称“上医”）同时成立研究生院，招收硕士和博士，都很完善。但研究生的德育工作从体制到队伍都非常薄弱，于是在党委领导下建立队伍，专管研究生的思想工作。因为党委要加强研究生的思想工作，于是就把我调到党委宣传部，担任党委宣传部副部长，并主管研究生思想工作，还设有一位专职干部协助工作。我主管研 84、研 85、研 86、研 87、研 88 这五届研究生的德育教育和教育体制。自此，就像本科生一样，研究生的德育工作也有了一个机构和一支队伍，各个院系由党办来管，将研究生思想政治工作纳入德育工作体制。

我首先组建研究生独立的党支部，通过联合党支部成立研究生会，组织校园文化活动，开展社会实践活动。那么谁主管我呢？党委宣传部是一个处级单位，设有主管书记，当时是让老彭直接管。研究生要组织活动。我们的活动都是丰富多彩、很有特色的。我们曾到过三峡地区开展社会实践活动。三峡有个宜昌医学专科学校，我们有一个学生在那儿当老师。我们给这个大专学校的老师们讲课，临床老师讲临床，基础老师讲基础，非常受欢迎！对于这些，老彭都是给予支持的。在这个体制下，我们组织了多次社会实践活动。李立明和王宇都参加过湖北地区的社会实践，后来他

们先后成为中国疾病预防控制中心主任。

后来我们另外一支队伍又去了一次三峡，由我带领着研 84、研 85 的学生结合北医六院的酒瘾调查课题去的。还有一次我们组织学生到云南大理的普洱市搞社会实践。学临床的学生在普洱医院给病人上课，听课的人多极了。云南过去很落后，都是刀耕火种，交通很不方便，在热带雨林地区疟疾的发病率非常高。周总理做出指示，由北京医学院派医疗队过去支援，一共 10 批。我是第 8 批医疗队队长，我们去的时候疟疾已经被控制住了。内外妇儿、基础和免疫的研究生和专家都去了，而且有的是泰斗式的人物。我不能让他们到生产队去送医送药啊，就发挥他们的优势来“办班”。当地的医务人员不愿意长期在思茅工作。后来我们有了一个思路，就是要留下一支“不走的医疗队”，为当地培养医生。培养的医生是2年制的，办了 2 期，共 4 年，培养赤脚医生。这些学生毕业以后就成了当地各级卫生机构的骨干。研究生社会实践起到了沟通的作用，后来还促成了一个北医—思茅大专班，为思茅培养了很多人才。思茅的人不会忘记北医的。这个桥是由研究生搭建起来的。学校领导彭书记、王德炳、马旭等都很支持。

彭书记作为学校的管理者和教育者，始终是保护学生、爱护学生的，对学生做到了体谅、理解、包容和引导，主持稳定工作。1989 年以后，老彭和学校党委任命我为宣传部部长、党委常委，研究生的思想工作体制也发生了变化，相关工作就由宣传部过渡到研究生院成立的研究生思想工作部了，由另外一个同志负责。后来我在学校宣传部主要负责教师的思想教育工作，一直到 2000 年退休。

二、推动医学哲学的研究，对医学哲学学科的发展做出突出贡献

老彭是医学教育家，也是医学哲学家。他在中国人民大学学习过马列主义理论和哲学。他联系医学发展中的问题进行了思考，从哲学的角度考虑医疗中的种种问题，思考得很深刻。有人认为医学生看问题时在思维方式上跟理科生和文科生都不一样：北大的学生会提问题，清华的学生会解决问题，北医的学生对看得到的问题就承认，看不到的问题就不承认，缺乏辩证思维，给人的感觉比较死板。其实人的生命中是充满了辩证法的。

哲学的基本概念就是存在与意识的关系，物质是第一意识，哲学基本问题是第二意识。马克思主义哲学是在 18 世纪末、19 世纪初三大发现[1]的基础上产生的。在三大发现之后，自然科学有了飞速的发展。这是很大的突破，是质的飞跃。我们不能简单地看问题。恩格斯说过，哲学应该随着自然科学的发展改变形式。脑细胞每天都在变化，在不断地更新。对于它里面的奥秘，还需要长期的研究。怎么把自然科学的成果进行正确的概括，并上升到哲学的高度，这好像是很遥远的事情。彭书记从哲学角度看问题，认为看问题时不能太激进，要看不同因素之间的相互作用。与此同时，他成立了相关教学组，亲自讲课，并多次召开全国医学哲学研讨会。他在国内提出了生物—心理—社会医学模式，还创办了很多杂志，比如北医六院的《中国心理卫生杂志》。他还编写了教材，有的是由人民卫生出版社出版的。这就是彭书记！可以说，在国内的医学院校里再也没有这样的党委书记。医学模式的提出具有跨时代的意义，所以在这方面他的贡献是很大的，但是直到现在还没有被真正地重视。

三、重视对外交流，积极推动北医的外事工作和国际合作

在对外交流方面，彭书记做了大量工作，包括派教师到国外进修，给到美国留学的学生开绿灯，引进国外学者办学等。其中最突出的一件事就是中美预防神经管畸形合作项目，他很早就参加了这个项目。这个项目经过卫生部的批准。对于神经管畸形的预防，美国方面一直认为这是个梦，由于跟中国合作了，梦想成真了。为什么呢？因为中国有完善的三级卫生保健网。特别是在旧中国的时候卫生条件不好，出生了大量神经管畸形胎儿。怎么预防呢？当时就搞流行病学调查，给孕妇服用一种叫叶酸的药物。北医有个研究生叫李竹，他是北医 65 级的学生，毕业后被分配到甘肃省平凉市，然后他考上了北医流行病学研究生，后来又到位于美国亚特兰大的美国疾病预防控制中心进修。经美国国会批准，“中美预防神经管畸形合作项目”得以成立，还获得了 2000 万美元的资助。这是中美在

1　三大发现指物种进化论、能量守恒定律和细胞学说。

科技领域合作的最大项目。彭书记任中方主席，和北大医院妇产科主任严仁英一直参加这个项目。他们在北京顺义等地区通过三级卫生保健网开展流行病学调查。针对这个项目的数据科学报告，后来 WHO 出版了一本专著。美国方面很满意，希望这个项目继续进行，还要有一支成熟的队伍，包括庞大的科研人员和基层卫生保健人员。美国疾控中心要在北京讨论该项目的研究成果。严仁英和李竹被邀请参会。当时为了确保工作顺利开展，李竹的研究室里一个美国科学家——罗伯特 · J. 贝利（Robert J. Berry）常驻北医，还在留学生楼里找了个房子住。老彭给他取了个中文名字，叫贝利惠，简称“老贝”。另一位常驻北医的科学家是女性，叫高杰琳（Jaquelin J. Ginder，杰奎琳 · 金德勒）。她还收养了中国孤儿。此外，老彭的语言能力很好。他在德国参加世界文化精神大会，用中文、英文和德文三种语言做演讲，引起了广泛关注。

对于彭瑞骢同志的一生，《北医人》有过这样的概括：彭瑞骢同志的革命经历、奋斗历史，既和祖国时刻相随，也和北医的改革与发展同呼吸、同命运。回首峥嵘岁月，依稀可见战争的硝烟、运动的狂热与发展的生机。百年的时光沉淀是一个跌宕起伏的时代轮回，也是彭瑞骢同志不平凡的人生！

本文结合 2023 年 3 月 28 日访谈内容，根据 2023 年 6 月 21 日张质在北医机关党委离休支部、退休一支部联合召开的纪念建党 102 周年暨彭瑞骢同志百年诞辰主题党日活动上的发言整理。

时间：2023 年 3 月 28 日 16:30—18:30

地点：北京市海淀区学院路 38 号北京大学医学部逸夫楼 633 室

受访人：张　质

访谈人：张晓辉、姜海婷

录制人：姜海婷

文稿整理：姜海婷、张晓辉

审阅修订：张　质

怀念老书记彭瑞骢

张瑞珊

张瑞珊，女，1937 年生于内蒙古自治区海拉尔，中共党员，研究员。1957 年考入北京医学院药学系，1958 年 7 月 3 日入党。1960 年 2 月至 9 月调为药学系预备师资，1960 年 9 月至 1964 年 10 月任药学系专职辅导员，并历任药学系分团委副书记、书记。1964 年 10 月至 1973 年 2 月在北京市团市委组织部任干事、副部长（1969 年 5 月至 1973 年 2 月下放密云劳动），1973 年 2 月至 1981 年 8 月在北京市房管局工作，1981 年 8 月调回北京医学院，在人事处任职，2000 年 9 月退休。

今年是老书记彭瑞骢 100 周年诞辰，此时此刻我更加怀念老书记。

我在 1957 年考入北医药学系时，老彭是学校党委副书记。1960 年 2 月我被调出做预备师资，当年 9 月做药学系专职辅导员。1964 年 10 月我被调到北京市团市委，“文革”期间被下放到密云劳动。1973 年 2 月我回城，到北京市房管局工作。1981 年 8 月我回到北医，在人事处工作。1983 年我任副处长，1984 年任处长直至 1999 年 5 月，2000 年 9 月退休。

人事处作为学校的职能部门，职责就是落实老书记战略思想的实施。现在我就谈谈彭书记留给我的几个印象。

一、高度重视学科建设和师资队伍建设

我回学校后到人事处工作，分管师资工作。老彭对我说，要熟悉学科专业和教授。我虽然学的是药学，但抽调出来的早，没搞业务，对校本部的几个专业还算了解，但对临床专业就不够熟悉了。所以，每次

碰到和临床有关的问题，就按照老书记的嘱托，请教附属医院的专家教授。老书记提出要把北医建成一流的医学院校，抓好重点学科建设和人才培养的战略思路和规划，要求及早培养新的学科带头人，搞好传帮带，实现学科带头人的新老交替。师资队伍的建设是学校建设中最基本的建设，是高等教育事业发展的一项战略任务。特别是1984年后，著名专家王序、王叔咸等教授先后病逝，新的学科带头人接班的问题就提上了议事日程。老彭要求我们深入调查研究，了解各学科师资梯队的情况。我们在主管校长的领导下，认真扎实地落实工作，开展了对师资队伍现状的摸底调研，对于当时师资队伍出现的青黄不接、年龄老化、后继乏人以及学历结构不合理、青年教师流失等问题进行了大量调查和研究工作，并提出一系列的措施和办法。1991年9月成立了由彭书记和王德炳校长任组长的师资梯队建设领导小组，对全校11个国家重点学科、41个博士点学科的梯队逐一调查摸底，1992年又对28个博士点的52个学科进行了第二次摸底调查，确定各学科带头人和二、三梯队的人选及对梯队人选的培养计划，并认真落实。同时，制定下发了《北京医科大学关于加强学科梯队建设的意见》，召开了全校教研室主任和党支部书记以上及博士生导师参加的关于加强学科梯队建设的工作会议，把师资队伍建设作为各级领导的重要工作认真抓紧落实，并取得了应有成效。如生理学科从王志均、韩济生到范少光、万有，肾内学科从王叔咸、王海燕到赵明辉等，各学科都有了年轻的接班人。

在北大医院内科调研中，我们发现为了保证临床研究生教学计划的完成，住院医师培训计划受到影响，致使本来应该在5年内完成的培养计划要延至6～7年，不利于青年医师的成长。因此，我们完善了《住院医师规范化培训方案》，按培养临床医学博士的要求纳入同一轨道同步培养，认真执行，在全国起到了示范作用，并持续完善至今。北医对青年教师加强毕业后教育，开辟在职攻读研究生学位，开展双学位、交叉学科培养，进行基础—临床联合培养双博士学术骨干，还设立了回国启动基金、青年基金、出版基金和国际交流基金。

北医从 1987 年开始设立“桃李奖”，以表彰从事教学工作数十年、成绩卓著的教师；建立“四师奖”制度，以表彰在医院建设中表现突出的优秀医师、药师、护师、技师。这些措施都为师资队伍建设和人才培养创造了有利条件。

人才培养的另一个重大措施就是北医最早选派了大批优秀教师和管理人员出国。从 1978 年到老书记离任前的 1992 年，北医公派出国 3 个月以上的有 1524 人次，回国 916 人次。回国后他们在各个岗位上发挥了重要作用，培养了一批学科领域带头人。

老书记对学科建设和师资队伍建设的战略思想和实施，为北医学科建设、师资队伍建设和跨世纪人才培养做出了重大贡献，北医整体和一些重点学科在国内成为“排头兵”，为北医首批进入“211 工程”和学校发展打下了坚实基础，创造了有利条件。

二、坚持以人事制度改革为突破口进行综合改革

北医在以彭瑞骢老书记为首的校领导在学校发展建设的过程中，始终坚持卫生事业和医疗体制改革，重视人事制度改革。早在 1983 年，北医就组织调研探索，在主管校长的带领下，在临床第一医院和基础医学系生理、微生物教研室进行调研，尝试管理改革试点，并率先在生理学和微生物学教研室实行主任选聘制和人员聘任制，早于 1985 年全国的职称改革。1984 年，又扩大系、医院、独立研究所的自主权，把干部任免、机构设置、职务评审及人员考核等部分权力下放。1985 年，在国家统一安排下，进行职称改革，实行专业技术职务聘任制。1991 年，根据国家教委的精神和北京市部分高校的经验，学校党委提出试行以人事分配制度改革为突破口的校内管理体制改革，在定编、加强考核的基础上，校本部实行了校内结构工资，提高岗位津贴，各医院也改革了奖金和津贴的分配办法，为后期的人事制度改革打下较好的基础。1992 年，按照学校综合改革意见，理顺管理体制，根据承担不同的任务建立不同的管理体制和运行机制，逐步减少“吃皇粮”的事业编制。我们认真落

实这一改革方案。截至1996年，校本部有25个部门或单位共765人实行了多种形式的承包，列为事业单位企业化管理（如药厂、印厂、电教中心、分析计算中心、动物部、药物依赖研究所、出版社、保健流行病教研室）或企业管理（如校办企业）。这些单位自行支付工资或校内津贴，占校本部在岗人数的33.5%。

这些改革都在全国医学院校起到了示范作用。老彭高屋建瓴、走在前沿的建校理念和人才培养思想，促使着我们职能部门也要把工作做到最好，与学校的地位相匹配。

三、平易近人，爱护师生，密切联系群众

老彭身为学校最高领导，却没有架子，任何时候都是和蔼可亲，随时随处都和师生近距离接触。公共卫生学院李天霖教授就和我说过："老彭时代，有什么事都可以直接去他的办公室。"不少老师是在食堂吃饭的时候向他反映意见。他多年来都是骑着自行车上下班，碰到师生则嘘寒问暖，特别亲切。

老彭尊重人才、保护人才、爱护师生，在一些政治运动中维护师生的利益。对一些有错误的人，他也是爱护有加，宽容对待。所以，北医的政治气氛是很宽松的。

老彭密切联系群众，和老教授以朋友相待。1986年首次对70岁以上的老教授办理退休，他和曲绵域校长亲自召开70岁以上老教授座谈会，向他们说明缘由，并亲切地询问他们的意见和要求。此后每年有老教授退休，学校都会安排校级领导分别与他们交谈。这充分体现了北医对老教授的关怀和爱护。凡遇改革发展事项，老彭都亲自听取专家教授的意见。他经常和冯传汉、刘世杰、王志均、韩济生等教授交谈，也要求我们职能部门开展调查研究，听取多方意见，和老教授交朋友。在老书记的带领和影响下，学校上下，包括基础和临床、业务管理、干部群众、师生员工，关系融洽。

是以老彭书记为核心的北医领导，是他对北医发展建设和职能部

门的高要求，是他为医疗事业奉献的一生，塑造了北医。在老书记彭瑞骢百年诞辰之际，我们要继承和发扬老书记的精神和战略思想，把北医建设得更好。

老彭，我们的老书记，我们永远怀念您！

时间：2023 年 6 月 8 日 15:30—17:30

地点：北京市海淀区学院路 38 号北医家属院

受访人：张瑞珊

访谈人：白羽贝、姜海婷

录制人：姜海婷

文稿整理：白羽贝

审阅修订：姜海婷、张瑞珊

深深怀念我们的好书记

金　纯

金纯，女，1946年9月生，中共党员，副研究员。1968年12月毕业于第四军医大学。1985年4月转业到北京医科大学校长办公室工作，后任校长办公室副主任，1993年4月任党委（校长）办公室副主任。1996年4月先后到北医改革及联合办学办公室、统战部工作，并曾分别任主任、部长。2006年10月退休。

我是1985年到北医校办工作。1993年4月，党办与校办合并，成为“两办”。1996年4月我离开了两办。既往工作中，我与彭书记的直接接触较少。今年8月4日是我们的好书记——彭瑞骢同志百年诞辰，在原校办张苇老师、楼惠玲老师、刘国英老师和原人事处张瑞珊老师的帮助下，我主要从校办角度，如会议、发文以及从接触的领导和周围同志所了解的彭书记中，点点滴滴整理大家的回忆。

彭书记是党的忠诚战士，他把一生奉献给北医，奉献给中国的医疗卫生事业。

一、彭书记热爱北医，为了北医的长远发展，始终把北医的学科建设和师资队伍建设放在首位

彭书记多次主持召开党委常委会和校长办公联席会议，先务虚，后务实，解放思想，与时俱进，实事求是，专题研究把北医建设成为一流的医学院校的规划和措施，明确了抓好重点学科建设和人才培养是北医发展建设的根本。学校成立了以彭书记和王校长为首的北医师资梯队建设领导小组，制定下发了《关于加强学科梯队建设的意见》，制定并完善了《住院医师规范化培训方案》等一系列新制度和规范，开辟、拓宽、落实了人才

培养的新途径和有效措施。

彭书记有高度的政治敏锐性，守正创新、敢为人先。他积极引领和支持北医扩大改革开放、走向世界的步伐；倡导推动国际合作与学术交流，支持医学科研和前沿学科的发展。从 1978 年开始，北医在国内最早选派大批优秀教师和管理人员出国学习、访问。后来 1000 余名归国人员在基础和临床各个岗位上发挥了重要作用。北医相继建立了泌尿外科、血液病、骨关节病、成形外科等中心以及核酸生化、分子生物学等前沿学科。学校还设立了回国启动基金、青年基金、国际交流基金、出版基金，设立了“桃李奖”及“优秀医师、药师、护师、技师奖”，支持和鼓励全校师生上下一心，为建设一流的医科大学奋斗。

1981 年北医成为首批博士和硕士学位授权单位；1984 年成为国务院批准全国重点建设的十所大学中唯一的医学院校；1996 年北医正式通过国家首批“211 工程”建设项目论证；2000 年 4 月北医与北大合并，同年启动“985 工程”。在“双一流”建设的支持下，北医进入新的发展阶段。

截至 2023 年 4 月，北医拥有一大批国内外知名的医学教育、科研、临床方面的专家，现有 3 个国家一级重点学科、12 个国家二级重点学科、3 个全国重点实验室、1 个国家工程研究中心、5 个国家临床医学研究中心、3 个国家级国际联合研究中心、3 个国家医学中心、1 个前沿科学中心、1 个国家医学攻关产教融合创新平台，以及 68 个省部级设置的实验室、国际科技合作基地、研究室（中心）。此外，北医还与 100 多所海内外高校和机构建立了合作关系。

彭书记以重点学科建设和人才培养为根本的战略思想为今日之北医及今后的发展奠定了坚实的基础，做出了历史性的重大贡献！

二、彭书记有很强的党性和很高的政治水平

彭书记始终坚持一心为公、顾全大局的党性原则，宽容大度、不求名利，自觉维护领导班子的团结。他为人正直善良，待人真诚谦和，既开拓创新，又严谨求实。他说：“集体智慧是北医发展的源泉和动力。”他在各种场合从不张扬，从不说假话、大话、空话，从不居功自傲。

彭书记模范地执行党的统一战线政策。楼惠玲老师于 1955 年到校办工作，40 年来一直在彭书记的领导下，负责民主人士、北医名誉院长胡传揆和德裔顾问米勒的有关工作。楼老师说，彭书记自己的生活非常低调，但对胡传揆院长和米勒顾问的一切，40 年来事无巨细，处处关心和照顾。彭书记对胡传揆院长非常尊重。“文革”中胡院长受到冲击时，彭书记主动站出来承担责任。彭书记对有关工作人员说，米勒顾问于 1939 年来中国参加抗日战争，我们要做好工作，这是国际影响问题。在政协礼堂隆重举办米勒教授来华工作纪念会时，彭书记安排周到，并亲临会场指挥布置。数十年来，彭书记经常关心和过问胡院长和米勒顾问的情况，经常去他们家或医院探望、慰问，在工作和生活上给予他们无微不至的关怀。在米勒顾问病重时，学校安排 6 个人轮班护理。彭书记还特别提出，米勒顾问身材高大，要选派身材高大、壮实的护理人员。米勒顾问辞世时天刚刚亮，彭书记就和曲绵域校长一起赶到北京医院。胡传揆院长更是高度信任彭书记，将遗嘱和身后事尽数托付于他。彭书记亲自安排和落实了将胡院长的遗骨制作成骨骼标本，在北医解剖楼永久保存。正像楼惠玲老师所说的那样：“很少有像彭书记这么细致周到关心别人的人，令人由衷尊重、深深怀念！”

三、彭书记一向尊重人才、支持人才，爱护干部，团结同志，密切联系群众

彭书记一生向学、勤奋谦逊，始终保持着学习、思考、研究的学者习惯，同时非常关心和敬重老专家、老教授，对他们以师友相待。学校、院系举办的叶恭绍、王志均、严仁英等老教授从教 50 周年大会，每次他都亲自过问并参加。

每当遇到学校重大改革，彭书记特别注意亲自听取专家、教授的意见。1986 年退休制度改革时，彭书记和曲校长一起，在学术报告厅专门召开了 70 岁以上教授座谈会。那时，校办同志经常迎送即将退休的老教授到校领导办公室谈心。

公卫学院李天霖教授曾在多个场合说：“老彭时代，有什么事都可以

直接去他的办公室。”的确如此，我们校办的同志经常看到教授、处长和老师们来彭书记的办公室与其长谈。他总是耐心倾听，要是有困难，就记下来帮助解决。

刘国英老师于1974年来北医院办工作，1984年开始相继负责文书档案管理和信访工作，直至2011年退休。她在校办工作了37年，目睹北医的发展和壮大，深切感受到彭书记一心为公的高尚品德和实事求是、平易近人的工作作风。她说：“彭书记熟悉北医的历史，熟悉北医的人和事。他纵观全局，思维敏捷，记忆力超强。每当有群众上访事项请示彭书记，他不但能马上说出上访人员的单位、问题，还清清楚楚地提出建议和处理办法，考虑全面，关心、体贴干部群众，妥善解决问题，令人敬佩。彭书记博览群书、与时俱进，始终坚持学习外语。他那活到老、学到老的精神深刻地激励了我。他以真正的共产党人领导干部的一言一行教育我们要多思考、多学习、做好事、做好人！彭书记是我非常敬佩的好领导！”

彭书记虽然在相当长的时间内都是北医的最高领导，但他丝毫没有架子，关心教职员工，和蔼可亲。他爱护干部、团结同志，帮助下级干部解决困难。在食堂就餐时间，常有老师和他坐在一起，向他反映意见。最令人佩服的是，他坚持实事求是，如果发现自己做的事有欠考虑，会当面向对方道歉。彭书记德高望重，深受广大北医人的尊崇和爱戴！

四、彭书记高度的共产党员修养还表现在他要求自己非常严格，生活低调朴素，廉洁自律，以身作则

彭书记住在六铺炕的一栋普通楼房里。学校新建了宿舍，给他分宿舍时他婉言谢绝。他几十年如一日，风雨无阻，总是骑自行车上下班。甚至一个下雨天，校办主动为他安排好车辆，他都坚辞不用。楼惠玲老师回忆：“1971年，彭书记从江西‘五七干校’来到北京茶淀农场。在非常时期，他心态平和、毫无怨言。我和彭书记同班，一起劳动，插秧、种玉米、浇地、种菜。他干农活特别认真，生活中却很随意俭朴，有很强的亲和力、凝聚力。彭书记在得知恢复工作时，买来糖果、花生、瓜子，大家高兴地聚在一起。”张苇老师至今记得，有一次参加宴请后，彭书记托马

熙允副书记交给她 20 元钱。彭书记说这是应该个人自付的，于是就交到了学校计财处。

长期以来，在彭书记的带领和影响下，北医不仅形成了以彭瑞骢同志为核心的清正廉洁的领导集体，还形成了宽松的政治氛围和与人为善、团结和谐的优良传统。

我们敬爱的彭书记于 1940 年 17 岁时考入北医，真正是将终生奉献给了北医！他全身心投入北医的发展建设，从不为自己着想。他说："从 1944 年入党，我就为自己的理想而奋斗，坚定不移，从未改变。"他文化素养高，专业基础好，参加革命时间长，政治水平高，领导能力强。他热爱祖国，热爱北医。他把毕生 70 余年的宝贵年华交给了北医，一直勤勤恳恳、兢兢业业地工作，无怨无悔。一些年轻后辈后来居上，当有同志谈到此事时，他非常坦然地说："革命工作都是组织分配的，让干什么就干什么，个人不要想这些。我在北医很好。"

他说："北医这片土地哺育了无数中国优秀的医药卫生工作者。我热爱北医，我衷心地祝愿北医的明天灿烂辉煌！"

在纪念建党 102 周年和彭瑞骢同志百年诞辰的日子里，我们深深怀念我们的好书记！我们要学习和发扬彭书记的革命精神和高尚品德，继承遗志、坚定初心、坚守初心、共同努力，把北医建设得更优秀、更美好！

本文根据金纯 2023 年 6 月 21 日在北医机关党委离休支部、退休一支部联合召开的纪念建党 102 周年暨彭瑞骢同志百年诞辰主题党日活动上的发言整理。

文稿整理：姜海婷

审阅修订：金　纯

操场上常见的身影

朱若兰

> 朱若兰，女，1939 年 5 月生，1958 年考入北京医学院卫生系，1963 年毕业后赴新疆工作，此后在石油部管道局医院、中国电影科学技术研究所工作。现居北京。

回想起自己上大学的时候，我常常能在食堂、操场、图书馆与彭瑞骢书记不经意地照面。一个笑脸、一声问候、一次毫无准备的畅聊，那是大学时代多么温暖的回忆。

我经常看到彭瑞骢书记在操场上运动。他很重视个人身体素质，经常快步走或者跑步。彭书记还鼓励我们要多参加体育运动，强健体魄，为国效力。“要有较好的身体素质，才能更好地为祖国服务，在德、智、体上全面发展。”这是彭书记当年对我们的叮嘱。

与此同时，彭瑞骢书记常常走进学生中间，走进学生的心里，做好学生的思想工作。有时，在操场上，他还会主动和学生打招呼，进行面对面、心对心的真诚交流，与学生打成一片。这样的校领导是很难见到的。

时间：2023 年 6 月 12 日 15:30—17:30

地点：北京市海淀区学院路 38 号北医家属院

受访人：朱若兰

访谈人：姜海婷

录制人：姜海婷

文稿整理：姜海婷

审阅修订：朱若兰

心系边疆、重视医学教育的彭书记

赵福祥

赵福祥，男，1939年7月生，1963年毕业于北京医学院，新疆医科大学流行病学教授、中华医学会临床流行病学学会委员，曾任新疆医科大学教务处副处长、医学教育研究室主任。

新中国成立初期，新疆只有16名医生，而且无一人毕业于医科院校。1951年，卫生部在北京召开少数民族卫生工作会议，决定派遣医务人员援疆。在第一批支援新疆的医务人员中，有北京大学医学院医疗系毕业生4人。他们是王宝光、杜文慧、吴佳树和邹大明。20世纪50年代末到60年代初，周恩来总理经常在人民大会堂给首都高校毕业生做国内外形势报告，动员高校毕业生响应党的号召，到边疆去，到祖国需要的地方去。

我于1939年7月生于河北省安次县（今廊坊市），1958年考入北京医学院卫生系，1963年毕业。我志愿来到新疆，加入疾病预防和控制工作的行列。

临行前，周恩来总理在人民大会堂亲自为我们送行。记得是1963年7月21日，北医各系毕业生由彭瑞骢书记带队前往人民大会堂。我们去新疆的同学被安排在一楼的第五排。从晚上8时到12时，周总理手持折扇，站在主席台的正中央脱稿演讲了4小时，从国内外形势讲到青年人的志向和修养。他的谆谆教诲令我毕生难忘。报告结束后，周总理说："请大家先不要退场，我代表党中央和毛主席再看看大家。"随后，他又用一个小时从一楼走到三楼，再到北大厅，然后才离开。那晚回到学校，我和同学们都兴奋得彻夜未眠。

我先后在兵团四师医院、四师卫生防疫站、后勤部、伊犁地区（州）卫生局工作，专门为当时的四师、伊宁卫校学生授课，讲授疾病预防和控制知识和医学基础知识，为伊犁的公共卫生事业奠定了坚实的基础。

1980 年我被调入新疆医学院（今新疆医科大学），从事流行病学教学与研究、医学教育管理与研究，1994 年晋升为教授、硕士研究生导师，完成多项流行病学、医学教育及中美合作科研项目。

在我的记忆中，彭瑞骢书记曾经给我们班做专题报告，还表扬我们去新疆的同学，鼓励我们要践行北医良好的校风和学风，要有“坚定正确的政治方向、严谨求实的治学态度、热忱奉献的服务精神”，做到“勤奋、严谨、求实、创新”。

新中国成立前，新疆无一所医科院校，而发展医学教育、培养当地各民族医学人才是发展边疆卫生事业的治本之路。据不完全统计，1951—1968 年，先后有 200 多名北医学子满怀激情，志愿参加新疆的开发建设。他们克服了种种困难，取得了骄人的成绩，成为新疆卫生与医学教育界诸多学科的奠基人，以开拓者的精神为发展边疆卫生事业做出了应有的贡献。如今这些人都已退休，有的已经作古。回望这些校友的背影，可以映射出北医优良的校风和学风。他们分布在北起阿勒泰、塔城，西到伊犁、克拉玛依，南到喀什、和田，东到哈密地区的巴里坤草原。半个多世纪来，他们中已有 10 多人实现了“献了青春献子孙，献了子孙献终身”的夙愿，为发展新疆的卫生事业做出了实实在在的奉献，也没有辜负母校北医的期望。

我最后一次见彭书记是在 1992 年 10 月的北医八十周年校庆上。他一如既往，是那样地严谨认真、温文儒雅，关心着每一个北医人。

彭书记非常重视学科建设，尤其是公共卫生。例如，新中国成立初期，他从广西调朱聃教授到北医筹建流行病学教研室。改革开放后，送陈育德教授赴美学习保健组织与卫生统计、成立医学教育研究所、支持创办《医学与哲学》杂志等。我始终珍藏着两张与彭书记重视学科建设和医学教育研究相关的照片。一张是 1984 年在广西南宁召开的中国卫生统计学会成立大会的合影；另一张是 1993 年在北医举行的中国高等教育学会医学教育专业委员会、教学管理、教育科学研究会年会的合影。中华医学会医学教育分会也是由北医发起的，马旭院长任首任主任委员。《医学教育》（后更名为《中华医学教育杂志》）亦由北医主办。1993 年会议的意义在于组织全国医药院校开展医学教育研究，参加会议的有多所医药院校的领导和教学管理人员。在会上我见到好多熟悉的面孔，如林惠青校友（当时是国家教委医药教育处处长，后任教育部副部长）、郭佩芳（北医教务处处长）、金锋（北医医学教育研究所所长）等。那次会后我们新疆医学院中标了两个课题项目，我获准承担全国高等预防医学专业本科课程评价的教育管理研究项目。

彭瑞骢书记有先进的教育思想，熟悉医学教育规律，注重学科建设，严抓教师、教材和教学设施；他注重医学人才的德、智、体全面成长；他以身作则，不脱离教学，发展医学与哲学、医学自然辩证法。彭瑞骢书记是国内少有的医学院校领导，其逝世后，业界有言“世间再无彭瑞骢”。

时间：2023 年 4 月 11 日 8:30—10:30

地点：上海市宝山区共富新村赵福祥家中

受访人：赵福祥

访谈人：姜海婷

录制人：姜海婷

文稿整理：姜海婷

审阅修订：赵福祥

彭书记与中国精神卫生事业的发展

吕秋云

吕秋云，女，1943年生，北京大学第六医院主任医师，曾任北京大学精神卫生研究所副所长、北京大学第六医院副院长。

北京大学精神卫生研究所（即北京大学第六医院）是北医附属医院中最小的一个医院。我自1981年到所里工作，见证了精神卫生研究所的发展，这一切都离不开彭书记的支持。

彭书记十分关心我国精神卫生事业的发展。追溯历史，1942年北医脑科系建立，那时候彭书记还是学生，聆听了学科创办者许英魁教授的课。1943年，他曾作为见习生在许教授的指导下在临床工作了2个月。此后的半个多世纪，他一直参与中国精神卫生事业的起步与发展。1979年，彭书记与世界卫生组织精神卫生处处长H. Satoruis进行会谈，深切体会到精神卫生对国家经济社会发展的意义。他们抓住机遇，利用国际资源，举办了一系列精神卫生研讨会，并开展了合作项目。在卫生部的支持下，北医大力推动，于1980年成立精神卫生研究所。沈渔邨教授任首任所长。改革开放初期，看到我国精神卫生工作的落后状况，沈渔邨教授认识到，要想尽快赶上国际学科研究的发展和速度，只有放眼世界，走出去，请进来，才能尽快地和国际接轨。在彭书记的全力支持下，1980年精神卫生研究所在建所之初就和世界卫生组织建立了协作联系，邀请国际著名社会精神病学专家来我校举办了全国精神疾病流行病学讲习班，并启动了全国第一次精神病学流行病的调查。

在世界卫生组织总部的支持下，我国卫生部从1985年至1994年每2年定期召开国家级精神卫生工作协调组会议，这对于推动全国有关部委共同重视与开展精神卫生工作起到了积极的促进作用。此后，从解决我国精神卫生迫切需要解决的问题出发，我所先后组织了多次国内外学术交流和科研合作，促进相关工作与国际接轨。

根据我国精神卫生发展的实际需要，世界卫生组织总部即西太区办事处组织国际精神卫生学界专家多次来我所举办各种讲习班，从1981年至2001年累计61次，内容涉及精神病教学与人才培养、精神病流行病学、精神卫生保健、精神药理学、儿童精神卫生、基层卫生保健中的社会心理问题、老年精神病的流行病学研究、心理治疗与行为矫正、精神卫生立法、社会心理因素、行为与健康、精神疾病社区康复、精神分裂症的随访研究、灾害应激及心理社会干预等。每次举办大的学术活动时，彭书记都亲自参加。我记得，在一次国际老年精神卫生大会开幕式上，彭书记致开幕词，他用中文、英文、日文讲了三遍。我的老师曾文星教授听后，惊叹地说："我发现彭校长用三国语言讲的内容竟然一字不差!"

从1982年起，我所开始聘请名誉教授、客座教授及名誉顾问等，有加拿大的林宗义教授、日本的浅井利勇教授、美国的曾文星教授，还有来自瑞典、德国等的专家、学者，共20多名。其中曾文星教授是我的老师。他出生在台湾，青年时期在台湾当精神科医生，后在美国夏威夷大学医学院精神科任终身教授，创建了世界文化精神医学协会（World Association of Culture Psychiatry，WACP），担任世界精神医学会文化精神医学分会荣誉顾问。1981年以世界卫生组织顾问的身份第一次访问大陆，1987年6月被北医聘为客座教授，是改革开放以来最早被北医聘任的客座教授之一，由彭瑞骢书记亲自为他颁发证书。他往来于美国和中国，开办心理治疗讲习班，通过具体案例教授心理治疗技术，为我国心理治疗启蒙及发展发挥了重要作用，并推动了两岸的文化交流。曾文星教授著述颇丰，出版中英文著作50余本，其中在北京大学医学出版社出版了20余本专业书籍，包括《儿童的心理与辅导》《老人的心理与辅导》《家庭的关系与家庭治疗》《心理治疗：督导与运用》等。从1987年起他长期担任《中国心理卫生杂志》顾问，并且作为特邀嘉宾发表了心理治疗与心理咨询的系列述评。值得一提的是，曾文星教授每次来北京讲学，彭书记都亲自接见。我记得1989年后，作为第一位访问大陆的学者，曾文星教授向彭书记提了一些问题，彭书记高水平地巧妙解答了他的困惑。

此外，《中国心理卫生杂志》于1987年创办，是国家级核心期刊，也是我国第一本跨学科的双核心期刊，涉及精神病学和心理学等领域。彭书记是该杂志的第一任主编，定期参加终审会议，为杂志和学科发展做出了不可磨灭的贡献。

彭书记对我的教诲，我终生难忘！

本文根据吕秋云在2023年6月21日在北医机关党委离休支部、退休一支部联合召开的纪念建党102周年暨彭瑞骢同志百年诞辰主题党日活动上的发言，结合2023年6月26日访谈整理。

时间：2023年6月26日 18:30—21:30
地点：北京市海淀区学院路38号北医家属院
受访人：吕秋云
访谈人：姜海婷
录制人：姜海婷
文稿整理：姜海婷
审阅修订：吕秋云

政声人去后

韩启德

> 韩启德，男，1945 年 7 月生，浙江慈溪人，九三学社成员、中共党员，中国科学院院士、中国科学技术协会名誉主席、北京大学科学技术与医学史系创系主任、中国科协—北京大学(联合)科学文化研究院创始院长。1968 年 12 月参加工作，研究生学历，医学硕士学位，曾任全国政协第十二届副主席、九三学社中央主席、中国科学技术协会主席、中国红十字会名誉副会长、北京大学医学部主任。1993 年获国家教委科学技术进步奖一等奖，1995 年获国家自然科学奖三等奖。

彭瑞骢书记离开我们已经 8 年了，今年是他 100 周年诞辰。大家都非常怀念他，纷纷写文章缅怀他的种种，还将举办关于彭瑞骢思想研讨会，在校园内竖立他的塑像。“政声人去后。”一个人在领导岗位的时候多被一些溢美之词包围，而那些“好听”的话，恐怕是要打很大折扣的。但是一个人离去了还能被那么多人怀念，还能被大家赞扬，这才能够真切地看出被怀念者在人们心中的地位和影响，才真正表现出根植于人们心中的那份真挚与敬爱。

1982 年研究生毕业后我被分配到北医工作，那个时候彭书记在北医已经 42 年了。尽管我个人没有接受过他的直接领导，跟他的接触也不算太多，但他是我的人生导师。因为他的所为、他的作风、他的风骨，给我以教育，而这种教育是潜移默化的。

有四件事成为我生命中难忘的记忆。

一次关心

那是我第一次见到彭书记。1982 年进北医时，我就是一个普通教师，没有机会与校领导直接接触。我 1985 年去美国学习，2 年后如期回国。回来没几天，我就接到学校通知，说彭书记要见我，当时心里不免有点儿紧张。与彭书记在行政楼他的办公室见面时，他肯定了我在国外研究取得的成绩，说北医需要我这样的人才，还问我有什么问题需要帮助解决。我说没有什么要求，我会好好干。当他知道我当时小便中有潜血时，就写了一张纸条，让我去北大医院找肾内科的张鸣和教授。第二天我得到了北医最好的医生的诊断和治疗。学校最高领导对一个名不见经传的小字辈教师的直接关心，让我倍感亲切与温暖。

一次支持

回国后我在病理生理教研室的工作不太顺利。那时北医三院刚回国的陈明哲教授动员我去他那里创建心血管实验室。我们有共同的理想和开创事业的激情，所以我与王宪想加入，但对学校能否同意，我心里一直没底。一天在病理楼门口，看到骑着那辆旧自行车的彭书记，我叫住他问："彭书记，我想调到三院去，行不行？"他听了我的想法后说："可以啊，我支持。"彭书记的这一支持，开启了我工作发展的新路径。

一次触动

20 世纪 90 年代后期，我已经担任北医副校长。有一天我去参加《健康报》召开的一个专题座谈会。司机师傅对会议地点不熟悉，绕了好多冤枉路。等我赶到会场时，彭书记已经坐在那里了。那时候他已经 75 岁了。一个老革命、老领导，骑着那辆旧自行车早早地到了会场，而我一个上任两三年的副校长，坐着公车还晚到了。那一刻我真的非常惭愧，非常感动，至今历历在目。

一次教导

北医和北大合校以后，王德炳校长到北大任党委书记，我任医学部主任，全面负责北医的工作。我缺乏行政领导经验，什么事情都想亲自过问，都想亲自去抓、去管，非常努力，但常常事与愿违。有一次彭书记见到我，问我："你知道领导是做什么的吗？"他告诫我："领导的主要责任在管干部，要善于用人，善于发挥大家的积极性。”他的几句话让我茅塞顿开。是啊，领导不能包打天下，也不可能什么都比别人高明，要善于把干部放到合适的岗位，为他们创造好的工作条件，把大家的积极性调动起来，担当起各自的责任。以后我的工作就逐渐顺当起来。

彭书记在北医 75 年，把一生都献给了北医。在他强有力的政治领导、思想领导、组织领导下，北医在各个历史节点上都抓住机遇，得到稳步发展，成为全国医学院校的领头雁。彭书记的生命是有限的，但是他给北医留下的精神财富是无限的；他做的很多事情是有形的，但他留下的影响是无形的。彭书记为我们留下了北医的文化、北医的精神。

斯人已逝，风范长存。我将始终以彭书记为榜样，像他那样做人做事，一息尚存，努力不已，为北医的发展和国家的繁荣昌盛贡献自己的力量。

本文由作者本人提供

成长与感恩

何权瀛

何权瀛，男，1944 年 8 月生，主任医师，教授，博士生导师，1970 年毕业于北京医学院医疗系，1982 年于北京医科大学第一医院研究生毕业并获得硕士学位。长期致力于慢性阻塞性肺病、支气管哮喘及睡眠呼吸暂停综合征的预防、长期管理、治疗、病因、流行病学方面的研究。主编医学专著 20 本，发表论文 600 余篇。曾任中华医学会呼吸病分会常委、睡眠学组组长，中华医学会北京分会呼吸专业委员会副主任委员，中华医学会全科医学委员会委员，中华医学会北京分会呼吸专业委员会副主任委员等。

2015 年 1 月 7 日下午 5 时，北京大学医学部德高望重的彭瑞骢书记走了。他永远地离开了我们，这使无数北医人陷入无比的悲痛之中。

彭书记生前有两次因病在北京大学人民医院住院治疗。他住在 19 楼病房时，我曾多次去看望他。当时他头脑还很清醒，但因为怕影响他的休息和康复，我也不敢与其多聊。他在最后一次住院时，情况则不同了。我一开始去看他，他尚能睁开眼睛朝我点点头。后来他因为肺部感染转到呼吸监护病房，再去看望他的那两三次，叫他时他一点反应都没有了。眼看着为北医操劳一生、奋斗一生的彭书记遭受病魔的折磨，而我们在一边却无能为力，真是让人肝肠寸断。我忍着悲痛退出了病房。

我毕业于北医，与彭书记有着一段深厚的感情。1964 年秋天，我从辽宁省海城县一个贫穷的小山村考入北京医学院医疗系，入学后曾担任班里的团支部书记。那时彭瑞骢是北医的党委副书记，平时我们这些学生根本不可能近距离接触他，只能远远地仰视，或听他的报告。有时，会看见他大清早在操场上和学生们一起跑步锻炼。

1970 年秋天，我毕业后被分配到甘肃省武威县医院，在那里工作了 9 年，吃了不少苦头，也经历了不少磨难。1979 年经过一番拼搏，我有幸考回北医，攻读医学硕士学位。回校后见到复出的彭书记，我曾多次因当年学生时期自己所做的幼稚行为而向他表达歉意。令人难忘的是，他老人家不计前嫌，以博大的胸怀原谅了我们这些年轻的学生。他笑着说：“在当时大的环境下，你们根本不了解那场政治运动的背景，其实你们也是受害者。”后来他还多次说过：“北医‘文革’后毕业的学生没学到什么东西，一毕业就到大西北基层工作，他们要吃很多苦啊！”这是多么难得的博大胸怀和情意呀！

1982 年我研究生毕业后留在北大医院工作，但当时医院的领导明确表示无法解决我的夫妻两地分居问题。那时，我与妻子、两个儿子已分居 10 年之久。从 1982 年起直到 1985 年，我一边工作一边到处托人，试图解决两地分居问题，结果到处碰壁，几乎到了山穷水尽的地步，心情十分沮丧。无奈之下，我想到了彭书记，曾两次去他家里陈述我的困境，向他求助。他在百忙之中接待了我，一边安慰我，让我先安心工作，克服暂时的困难，一边多方斡旋，最终在 1985 年 10 月将我调到北京大学人民医院，其后妥善地解决了夫妻两地分居的困境。对此我没齿难忘。

彭书记对北医怀有深厚的感情，一辈子高度爱惜人才。我的导师穆魁津教授去世后，我才了解到他与彭书记的一段交往经历。穆魁津出身于清朝贵族。1940 年考入北京大学医学院，1946 年毕业后他准备赴美留学。当彭书记（当时他是北平中共地下党城工部北京大学医学院地下党负责人）得知这个消息后便主动找到穆魁津，建议他留下来，共同迎接北平的解放和建设新北平。穆魁津欣然接受了彭书记的建议，毕业后留在北平，到北大医院工作，先后担任过结核科和呼吸科主任，后来积极组建中华医学会呼吸病分会，并担任第一届主委。他堪称我国呼吸病学的开拓者，为我国呼吸病学的发展做出了巨大贡献。

1992 年春天我和北医三院血液科窦焕福大夫被公派去日本自治医科大学研修。5 月 18 日，彭书记、王德炳校长和刘世杰教授在访问日本期间特意到自治医科大学看望我们，包括参观我们的住处和实验室。此外，他们还特意拜访了自治医科大学的呼吸科主任北村谕教授。彭书记仔细询问我们学习和生活中是否有什么困难，鼓励我们努力学习，将来学成后报效祖国。

从 1993 年起，我和北京大学人民医院呼吸科的同事开始做起了哮喘患者的健康教育工作。之后经过多年的努力实践和探索，最终形成了哮喘患者协会、哮喘宣教中心和哮喘专病门诊“三位一体”的哮喘教育管理系统。彭书记很早就开始关注这项工作，对我们的努力给予了充分的肯定和大力的支持。他认为这是一项有助于弥合公共卫生、预防医学和临床医学之间“裂隙”的有益探索，并向全国各地推广我们的做法。在《20 世纪中国科学口述史——彭瑞骢访谈录》一书中，他还专门谈及此事。在工作中我们也曾遇到不少困难，出现过困惑、迷茫，为此我曾多次去他家中向其求教。他总是十分热情地鼓励我，不管遇到什么困难都要坚持下去。

我对哲学比较感兴趣，大学毕业后发表过几篇这方面的论文。2008 年起，我开始担任《医学与哲学》杂志副主编，不仅积极撰写和发表论文，还成为中美医师职业精神研究项目的医学顾问。彭书记长期致力于医学与哲学、社会医学、医学人文事业，早在 1980 年就创办了《医学与哲学》杂志并担任主编。由于工作关系，我有机会多次聆听彭书记的报告，并向他请教一些问题，每次都有启示和收获。彭书记的去世，是我国医学与哲学领域的一大损失。

近几年，我陆续收集并仔细拜读了有关彭书记的几本专著，包括《彭瑞骢回忆录》《彭瑞骢文集》和《20 世纪中国科学口述史——彭瑞骢访谈录》等。彭书记在不同的历史时期针对医学的目的和本质、现代医学模式的转变等关涉医学发展的根本性问题，提出了许多独到、明确、深刻并有预见性的建议。他率先提出医学界要学习和研究自然辩证法，开拓并推动临床决策思维、医学伦理学、卫生经济学研究，探讨医学研究生教育，特别是对我国的医疗体制改革进行了系统的思考和研究。即便后来从党委书记的位置上退了下来，他仍在不断思考我国医学发展之大计，积极参加校内外各项学术活动，可谓老骥伏枥，志在千里，其言其行令人钦佩。

此外，彭书记早在 1988 年就主编出版了《临床思维及例证》（广东科技出版社出版）。我曾多次阅读此书，深受启发。在我担当呼吸科主任期间一直强调临床医生在诊治病人的过程中一定要有科学的临床思维。近两年我又积极参加医院组织的病历管理工作，在此期间我反复强调科学的临床思维的重要性，曾多次给住院医师讲解如何写出一份有灵魂的病历。努力完成彭书记未竟的事业，是我们缅怀和纪念他的最好方式。

北医从此无老彭？音容永驻人心中。

重振雄风有后人，再绘蓝图慰英灵。

时间：2023 年 6 月 10 日 14:30—17:30

地点：北京大学人民医院

受访人：何权瀛

访谈人：姜海婷

录制人：姜海婷

文稿整理：姜海婷

审阅修订：何权瀛

坚持实事求是、廉洁奉公的彭书记

吕忠生

吕忠生，男，1945年8月生，1989—1994年任北京医科大学人民医院党委副书记，1994—2010年任北京医科大学副校长，2000年以后任北京大学产业管理委员会副主任，享受副校级待遇。

彭瑞骢同志的一生，是热爱祖国、追求真理、忠贞不渝的一生，是严于律己、勤奋耕耘、无私奉献的一生，是襟怀坦荡、严谨治学、精心育才的一生。

我跟彭书记有几年近距离的接触，那时他已经不再担任主要领导。有几件事令我感触比较深，就是党的实事求是、廉洁奉公的作风在彭书记的身上体现得淋漓尽致。具体有以下几个方面：

首先，是公车配置与使用上比较合理。咱们学校的校车早先很旧、很破，我们提议说买两辆新的。他说不用，只要是车能坐就行。有一次他到人民大会堂开会，结果人家不让上台阶，说你这个人坐这种车不会是来开会的。这次经历对他的教育也很深，回来就跟我说赶紧买两辆新车。但这也充分体现了他务实勤俭、实事求是的做事风格。1982年党的第十三次全国代表大会（简称"十三大"）召开，彭书记是代表，而且内定为卫生部副部长的人选。当时，邓小平同志提出废除干部终身制，故彭书记最终还是留在了北医，为北医实实在在地服务了一辈子。值得一提的是，彭书记非常勤俭节约，常年不论刮风下雨，都坚持骑车上下班。有一个下雪天，他也早早地骑车到校园里来。

其次，他对人事方面的处理我也觉得比较灵活。比如，北京大学人民医院泌尿科有两个主要的年资相当的医生，他们都非常优秀。当时老一任科主任退休的时候，就后续谁当科主任的问题，大家都在争论不休。后来学校征求彭书记的意见。他说，一个当泌尿科科主任，另一个当泌尿研究所的所长，都是正科级干部。当时我们听了以后，一开始以为是和稀泥，后来时间长了，我冷静地思考，觉得这就是一种合理地解决干部之间矛盾的办法和智慧，也是非常实事求是的，给我今后的工作也提供了许多宝贵的经验，令我受益匪浅。

再次，彭书记对人品非常看重。在一次平常聊天中，他谈到有些人坐公共汽车逃票，还占点儿小便宜。有这种行为的人，如果做普通人还勉强可以，但是当老师是绝对不行的，因为老师首先要为人师表。这些细节上的小事儿，给我们的印象也颇深。

最后，彭书记善于提携和领导教职工。了解我的人可能知道我以前走路时外八字很明显，也很难看。彭书记就说这个得改，我问能改吗？他就说了一句坚定的话："能！一定能！"后来我下定决心，真的改变了。我很感谢彭书记在小事上也给予指导。我在医院做过领导，后来又到学校担任党委副书记、副校长，这些都离不开彭书记的提携。我本身是工科出生，后来到医学院校工作，从某种意义上来讲，属于"掺进了沙子"，而我就是那个来自其他学科的"沙子"。幸运的是，我得到了彭书记和同事们的支持与指导，才得以成长。

我永远感恩彭书记！

本文根据吕忠生 2023 年 6 月 21 日在北医机关党委离休支部、退休一支部联合召开的纪念建党 102 周年暨彭瑞骢同志百年诞辰主题党日活动上的发言整理。

文稿整理：姜海婷

审阅修订：吕忠生

追思我的人生指路人
——敬爱的彭瑞骢书记

胡大一

胡大一，男，1946年7月生，心血管内科专家，主任医师、教授、博士生导师，国际欧亚科学院院士、国家突出贡献专家，享受政府专家津贴。曾任同济大学医学院院长，首都医科大学心脏病学系主任，北京大学人民医院心血管疾病研究所所长、心内科主任，首都医科大学心血管疾病研究所所长、北京同仁医院心血管疾病诊疗中心主任，任中华医学会心血管病分会、中国医师协会心血管内科医师分会首任会长，中国控烟协会会长，中华医学会北京心血管病学分会主任委员、中国生物医学工程学会心脏起搏与电生理分会主任委员、中国医师学会循证医学专业委员会主任委员、北京医师协会副会长及美国心脏病学院专科会员。担任《中国医药导刊》《中国心血管病研究》《心肺血管病论坛》主编，《中华医学杂志》《中华心血管病杂志》副主编，以及《中国医刊》编委会主任委员等职。现任中国康复医学会心肺预防与康复专业委员会主任委员和中国老年学与老年医学学会心血管分会主任委员。

“著名的医学教育家、医学哲学与伦理学家、公共卫生学家、原北京医学院党委书记、原北京医科大学党委书记、中国共产党优秀党员彭瑞骢同志，因病医治无效，于2015年1月7日17时在北京逝世，享年91岁。”噩耗传来，所有北医人感到无比悲痛，无限思念我们北医敬爱的老领导。

尽管北大医学部网站公布了彭书记辞世与1月15日遗体告别的消息，仍有不少北医校友未获得准确信息，不断有人发短信问我确切的消息。我的校友——比我晚毕业、曾任中国医学科学院肿瘤医院院长的赵平教授说，彭书记最优秀的一种品质是他心地善良、与人为善，关心和爱护知识分子。与我同年毕业、早我一年入学的姚政教授让我务必告诉他彭书记的追悼活动日期，他一定要带病参加。他在短信上说，彭书记有恩于他。他毕业后被分配到外地，后来出国深造回京，彭书记亲自关心他的工作单位安置和科研工作情况。这两位校友表达了北医人的共同心声。

为人厚道、作风正派、待人诚恳、心地善良、尊重和爱护师生员工，是长期在大学担任党委书记的彭书记最令人崇敬的高尚品质，也是当今一些从政为官的人缺乏的品质。他既服从大局，又维护学校师生的利益，在北医形成了宽松的政治氛围。他十分平易近人，北医的男女老少都亲切地称他“老彭”。从彭书记生前回忆得知，他在各种政治运动和政治风波中都能顾全大局，认真掌握政策，顶住政治压力，尽力保护了许多知识分子，体现了极高的政治智慧和政治把握能力。这是极为难能可贵的，也因此深受北医广大师生发自内心的热爱和敬仰。

北医这么多届领导中，我直接接触最多、直接受到人生指导与无微不至关怀的有彭书记和刘波书记。

我于 1965 年 9 月参加高考，从家乡河南来到北医。到校后，等待入学教育期间，彭书记到学生宿舍看望新生。这是我第一次见到彭书记。我向彭书记请教了人生的一个大问题——人怎样改变社会？彭书记讲道，有些人想用权力改变世界和社会；有些人一生探索自然和社会的发展规律，从规律和机制角度改变世界和社会；也有一些人把两者相结合。我思考后，选择了第二条路——探索规律、寻求机制。之所以未选第一条，是深深受到了父亲人生经历的影响。父亲是一位优秀的眼科医生，早年服从组织安排，1949 年创办武昌铁路医院，成为该院首任院长，此后一生坎坷。青少年时期，我不知一生要干什么，但很早就知道不做什么——不从政。后来我发现，即使给我点小权力，比如当同济大学医学院院长，我也不知如何用。我就任前首先声明不管人事和财务，只负责业务。而当下一些人把学术玩成权术，玩得风生水起。

我入校不到一年，“文革”就开始了。在这场巨大的社会动荡中，彭书记表现出坚定的共产主义信念和坚强的党性。他从不为保护自己而违心揭发上级和同事，坚持实事求是。我曾反思这段经历，总结对自己人生最有意义的经验有两条，一是人难免在年轻时犯无知的错误，但不能犯昧良心的错误，揭发或陷害他人；二是不要轻生，要耐得住委屈和误解，历史总会澄清事实。这种心态也是受到彭书记的直接影响。

1970 年毕业后我去茶淀农场劳动锻炼一年，彭书记也在茶淀。我在“菜班”和“粪班”劳动，彭书记在“马班”养马。我们之间没有机会直接相互关注，但我看到彭书记忍辱负重，仍乐观豁达，风吹雨打日晒，使得已上了年纪的他晒得皮肤黑里透红。劳动锻炼结束后我回北大医院内科工作，彭书记与刘波书记又先后到北大医院任党委书记与副书记。不久，两位领导又先后回到北医任书记和副书记。

1993 年 11 月，我离开北大医院到朝阳医院创办心脏中心，推动冠状动脉血运重建与经导管射频消融的大规模推广。1994 年、1995 年和 1996 年每年春节，彭书记和王德炳校长都约我去北医谈话。他们一方面支持我去朝阳医院做一些探索，同时也希望我不要放弃北医这一发展的平台，还提到“可否脚踏两只船?”之后他们又与北大医院汪丽蕙院长、王海燕副院长商量，精心安排我回北大医院任心脏中心主任。这次在参加彭书记遗体告别时我见到王德炳校长，他还特别提及此事。刘波书记坚持不放我在北医的档案。我最终回到北医，但未回北大医院，而是去了人民医院，这可能是我选择上的一点点失误。彭书记对每一位北医的教职员工都能如此体贴入微，帮得实实在在，实在令人感动。

1993 年彭书记参与的广州会议明确提出医学要从单纯的生物模式转向生理—心理—社会医学模式。我知晓后感到耳目一新，但对此仍缺乏理解。正是在这一全新模式的启发下，2 年后的 1995 年，我开始了双心医学模式的执着探索。

1999 年彭书记离休后，仍关心并积极参与医学教育和医药卫生事业的改革与发展。我在这一时期受到他更多、更直接的指导与帮助。2009 年，86 岁高龄的彭书记在已患过一次卒中并康复后，亲自参加《医学与哲学》杂志社和北医等 18 所医学院校发起的“医学发展高峰论坛”，并给予高屋建瓴的指导与建议。本次论坛弥合了公共卫生、预防医学与临床医学之间的裂痕，推动医学整合，并发表了北京宣言，为新一轮医学教育改革和医药卫生事业改革指明了方向。我有幸与大连医科大学的杜治政老师一起成为论坛的共同主席。在论坛筹备与举办全过程中，我们几次到彭书记在六铺炕的老住处向他请教。这段时间里，彭书记还多次与我讨论如何建设研究型、创新型大学附属医院的问题。彭书记是自然辩证法和医学哲学学术讨论、学会和专业期刊的主要发起人，我也有幸参加了这些方面的工作，并与杜治政老师担任《医学与哲学》杂志的共同主编。

在生命的最后几年，彭书记一直受卒中复发的折磨，先住在北大医院，我去会诊。之后他一直住在北大人民医院的干部病房，我参加了诊疗全过程，并参与临床决策。在他的身体状态好些时，我时常去病房向他请教。其间，《20世纪中国科学口述史——彭瑞骢访谈录》出版，彭书记签名赠我一本。我认真学习，受益良多，并多次在学术会议上将其推荐给年轻医生。2014年8月，我接到邀请，参加了彭书记90岁生日的活动。事后才知道，是彭书记亲自提出邀我参加。

彭书记是我的人生楷模，是我人生的引路人。我和所有北医人对老书记有一份共同的热爱和敬仰，对他我还有一份无限感激之情。

我想，彭书记是为中国的医学教育而生，为中国的医疗卫生事业而生，为北医而生的。他是北医的魂，是北医人的主心骨。时至今日，几代北医人中，如果让我只选一人作为“北医名片”，我认为非彭书记莫属，难有出其右者。我坚信真正的北医人都会同意。当下有些院校领导热衷于用院校的资源为个人谋名利，而彭书记一生廉洁奉公，为医学教育、为医药卫生事业、为北医的发展鞠躬尽瘁、一生奉献。

敬爱的彭书记，我永远怀念您！

本文原发表于《医学与哲学》2015年第36卷第2期第5-6页，2023年由胡大一、姜海婷更新修订。

党外知识分子的导师和诤友

陈 新

> 陈新，男，1946 年 10 月生。1964 年考入北京医学院卫生系，1970 年毕业。曾任北京大学生育健康研究所原“中美预防神经管畸形合作项目”健康教育与成果推广研究部主任、九三学社北医委员会（北京大学第二委员会）副主委。

2014 年 8 月 4 日是彭瑞骢老书记的 91 周岁生日。之前我到北京大学人民医院去看望老彭（这是历届北医教职员工对彭书记的亲切称呼），并带去刚刚出版的《九三学社北京大学第二委员会画册》。在策划和设计画册大纲过程中，我向老彭汇报和请教过多次。这本正式出版物记录了九三学社北医委员会 60 多年的发展历程，并介绍了 400 多名社员中几十位重要党外代表人士和近年来学社的主要活动经验。对于许多史实和文字，需要有他这样的老领导、老北医人提供和把关。带去画册时老彭正在发烧，身体有些虚弱，精神也不如以往。我握着他的双手，告诉他，我们办了一件大事。望着还散发着墨香的画册，老彭会心地点了点头，露出了微笑，眼睛闪出光亮。

一、彭书记是党的知识分子政策的模范执行者

北医人说，老彭对每一位教师或教授都叫得出名字，了解他的经历和特点，知道把他放在哪个岗位最合适，最能发挥作用，最能出成绩。

1950 年，刚成立不久的新中国经济基础不够雄厚，卫生部还是特拨一万斤小米用于北医基建。老彭蹬着自行车，跑遍城里郊外，到处寻地段、找房子，修旧屋、搞扩建。短短一年，新生规模就从 300 余人扩大到 1000 多人。他还积极争取了一批刚刚留学归来的教授及北京协和医

院的专家，如章锜、诚静蓉、张丽珠、李家忠、王叔咸、马万森、严仁英、王光超、毕华德、林宗杨、陶善敏、沈寯淇、马文昭、刘思职、李涛、臧玉洤等，几乎汇集了当时中国最好的一批专家。他们到学校和医院建学科、任教员，为北医在全国医学院校“排头兵”地位奠定了坚实的基石。

老彭勇于承担责任，进行自我批评。他说：“在北医这些政治运动中，不同程度出现的错误和偏差，我都负有一定责任。从客观上说，社会的大气候和来自上级的压力自己很难顶得住；从主观上来说，我也有保全自己的私心，加上多年养成的‘唯上’‘唯书’的‘组织观念’的约束，使自己未能在这些重大是非问题上实事求是地来面对。”这种领导者发自肺腑的自我检查和秉持客观公正的态度的做法，赢得了学校广大高级知识分子的谅解、同情和尊重拥戴。

“脱帽加冕”，重用吴阶平教授[1]，是老彭认真以“拨乱反正”精神对待人才最具说服力的一例。1962 年，在广州召开的全国知识分子工作会议上，周恩来总理代表党中央明确宣布，中国的知识分子已经成为劳动人民的知识分子。陈毅副总理向与会代表“行脱帽礼”“致加冕辞”，以示给广大知识分子脱掉资产阶级的“花冠”，戴上劳动人民的“草帽”。彭瑞骢书记按照中央精神和中共北京市委的指示，到北大医院做调查分析，了解到吴阶平虽然出身于大资本家家庭，但他拒绝了父亲分给他的股票和财产，认为那等于是参加了剥削行为。吴阶平政治表现真挚正直，社会责任感也很强，业务能力尤为突出。他“一心一意把人民的利益、（党）组织的要求当做自己的努力方向，从不提出异议”。在彭瑞骢书记和党组织的帮助下，吴阶平得到提拔重用，先后出任北京第二医学院（现在首都医科大学的前身）院长、中华医学会会长、中国医学科学院院长，并任九三学社中央主席、全国人大常委会副委员长等要职，使其潜能发挥到了最佳状态。吴阶平同志成为新中国成立后北医第一位履行正式手续的教授中共党员。因为在此之前，按照当时高层内部掌握的政策，发展副教授以上的高级知识分子入党，要极为审

1 吴阶平，1942 年毕业于北平协和医学院，获博士学位，1946 年到北京大学医学院工作，1952 年加入九三学社，1956 年加入中国共产党，1981 年当选中国科学院学部委员，1995 年当选中国工程院院士。

慎、从严考察、层层申报、逐级批准。为此，党支部召开了严肃隆重的大会，全体党员和极少数申请入党的积极分子参加，党内外人士对吴阶平各方面的表现都心悦诚服。彭瑞骢高度评价吴阶平的人生道路：“随着他的医学造诣不断提高，他与政治也越靠近，以至于医政之间‘你中有我，我中有你’，达到一个完美的统一。”[1]吴阶平的事例，在北医当时大部分出身于非劳动人民家庭的高级知识分子中颇具代表性和影响力。

20 世纪 70 年代末，北医迎来了科学的春天。1975 年，彭瑞骢到北大医院主持工作，一开始他就落实各项知识分子政策，积极支持被全院职工选举“全票通过”的严仁英教授出任院长并开展工作。短短两三年的时间，北大医院的医疗、教学和科研就逐步走上正轨。

1980 年，彭书记和党委常委及院务委员会研究决定，利用 500 万美元的世界银行贷款，在全校选拔业务骨干出国进修。之后，学校又通过世界卫生组织等多个渠道和国际合作项目，提出每个教研室最少送出 3 人为“指标”，以建立教学及科研上高水平的核心骨干。经过 10 年的不懈努力，到 1991 年，北医先后公费派遣 1000 多人次教师和医生到美国、英国、法国、日本等 10 余个发达国家进修学习，涉及 60 余个基础、临床、药学、口腔及公卫学科。这个堪称“国内外之最”的英明远见和开山举措，为北医在国内医学院校的“排头兵”地位巩固了人才基础，为建设世界一流大学发展铺就了国际“人脉网络”。

在老彭亲笔签名赠送给我的他的著作中，有两段精辟的论述。“要善于同知识分子合作共事，办好医学院。知识分子是依靠力量，是主力军。这一点不能有丝毫动摇。”[2]“回顾新中国成立以来党对知识分子阶级属性认定的艰辛历程，可以得出这样一个结论：能否正确认识知识分子的阶级属性、正确处理与知识分子之间的关系、制定正确的知识分子政策，关乎党运之兴衰、国运之荣昌。在世界经济发展、科学技术突飞猛进和我国现代化建设不断推进的今天，知识的重要性日益突出，知识

1 引自：《彭瑞骢文集》，北京大学医学出版社，2012 年 10 月，244-247 页，原文题为《学习吴阶平重视实践、思考、学习的结合》。

2 引自：《彭瑞骢回忆录》，北京大学医学出版社，2012 年 10 月，242 页。

将成为最主要的经济资源，知识分子起的作用将越来越大。只有从现代化建设发展的战略高度来认识知识分子政策，重视知识分子的地位和作用，才能推动中国特色的社会主义不断前进。”[1]

二、彭书记重视全面培养人才，关怀海内外每一名北医学子

老彭还有一个昵称——“北医活字典”。他在北医奋斗、奉献了一辈子，对每一名学生都视如己出。因而，每逢校庆、会议、聚会，都会有老校友、老部下通过电话、邮件、短信问候老彭，了解和关心他的近况和健康。

1990年冬，河北省卫生防疫站訾维廉[2]、卫生厅张福瑞[3]副厅长和河北医学院院长吴沈春[4]教授代表河北省和石家庄市北医校友会，邀请老彭和大家见面并做报告，分析形势发展，解释普遍疑虑，介绍北医近况。这几位发起人都是北医的老学长。消息传出，从新中国成立前的北医前辈到叫不出名字的“工农兵大学生”小师妹，200余名历届北医学子和教师不顾严寒，云集于当时河北医学院最大的阶梯教室。有的老师兄拄着拐棍颤颤巍巍地赶来，还有的老师姐激动地晕倒在地。大家只有一个心愿，那就是欢迎母校的老领导，目睹尊敬的老彭书记的风采。当时在石家庄市举办了一个可以说是“空前绝后”的京外北医毕业生的盛大集会。老彭开门见山地说：“我可以欣慰地告诉各位，在政治风波中，北医几万名师生员工坚守学习和工作岗位。校门关闭，医院正常接诊看病。”大家都松了一口

---

1 引自：《彭瑞骢回忆录》，北京大学医学出版社，2012年10月，113-114页。

2 訾维廉（1923—2004），男，1947年参加革命工作，1948年加入中国共产党，1950年毕业于北京大学医学院医疗系。新中国成立前积极参加地下党领导的进步青年组织和团体，曾任北京大学学生自治会常务理事，并为北京大学医学院地下党领导的进步社团——“萤火社”社员、北京大学地下党领导的秘密青年组织“民主进步青年会”成员、华北学生联合会北京大学代表。新中国成立后，历任内蒙古自治区鼠疫防治所副所长、河北省鼠疫防治所所长、河北省卫生厅防疫处副处长兼省卫生防疫站站长、卫生部计划免疫专家咨询委员会副主任委员、《中国计划免疫》杂志主编、中华预防医学会河北分会名誉会长及中华预防医学会理事。

3 张福瑞（1927—），男，1946年后曾在威海市城市区公所、市立医院、东海军分区卫生处四所、胶东行署卫生局、青岛市军管会卫生部、二十三军、中央卫生部等单位从事卫生行政工作。1951年考入北京医学院，1955年毕业后留学苏联，在列宁格勒基洛夫医师进修学院攻读研究生学位，1957年获副博士学位。回国后被分配到中国医学科学院，先后任劳动卫生、劳动保护及职业病研究所助理研究员、研究室主任、劳动卫生系副主任，河北省卫生厅副厅长，兼任中华医学会河北分会副会长，河北医学院教授。

4 吴沈春（1927—1996），男，1945年至1952年在北京大学医学院学习，毕业后到河北医学院工作，1983—1991年任河北医学院院长。在担任河北医学院院长期间，力主建立卫生系。1986年，经过他的多方争取与筹措，河北医学院建成了公卫大楼，为公卫教学科研奠定了坚实基础。

气，为老彭领导的各级党政班子耐心细致的教育和疏导的成果惊叹不已。他说："凭我的经历判断，北京和全国的局势很快就会平静，教育、科研、医疗不会受到大的影响。"每一个人都深受鼓舞，热烈鼓掌，无疑吃下了一颗暖暖的"定心丸"。

当时，北医正酝酿着与美国疾病控制与预防中心在公共卫生方面开展科研合作，身在美国的联络人李竹十分着急，他每天晚上定时给学校打电话，汇报谈判进展和美方的疑虑。老彭明确表示，中国政府和北医坚决和积极支持国际合作项目，期望提高农村和基层的医疗保健水平。希望局势稍事稳定后，邀请美方官员和科学家前来考察。1990 年 6 月，老彭与卫生部领导和北医专家赴美国，签署了《中美预防神经管畸形合作项目协议》（U.S.-China Collaboration Project for NTD Prevention）。1991 年，时任校务委员会主任的彭瑞骢教授出任"中美预防神经管畸形合作项目"联合小组中方主席。老彭对重大决策、项目引进、合作签约、政府部门协商研讨（中央有关部委和地方省市行政单位）、组建机构（为适应对外交流，申请成立北京医科大学中国妇婴保健中心，严仁英教授为主任）、干部任命（中美预防神经管畸形合作项目中李竹教授为首席专家，任合作项目北京医科大学办公室主任）、人才调配（北医内部借调兼职人员和从京外引进人才）、现场管理（配备国内一流的医学流行病学研究基地，涉及多个省份和几十个县、市区）、数据分析（尤其是计算机录入纠错）、国际医学伦理原则本土化实施和创新、实验室建设（卫生部在项目工作的基础上，批准北医成立"生育健康重点实验室"）及年度工作会议等各层面、各环节统筹安排，呕心沥血，事必躬亲，及时处理，指导工作，做出了历史性、科学性的积极贡献。这个规模大、水平高的引智与引资科研合作项目极大地推动了我国高等教育和卫生事业管理水平，也培养了一大批具有国际视野和实践能力的中青年科学家和基层科技工作者。

老彭特别关心我们这一批 60 年代的北医学生。卫生系 1964 年入学的 60 余人中，有一位名叫陈宇（原名陈荣盛）的同学。他是很优秀的胸外科专家、河北医科大学教授，还特别执着地热爱国学和传统文化，只可惜英年早逝。我请老彭为他的遗作《陈宇书法篆刻集》写点东西。老彭欣然命笔，在"怀念陈宇"的序言中写道："'文革'后，我见到在'文革’中‘毕业’的同学时，总是怀着‘关切’的心情。我知道他们由于没有得到充分锻炼，常常被分配到基层，顶着重点学校毕业生的名，去处理一些非常复杂的临床问题，处境非常艰难。但多数人勤奋自学，既钻研业务，又堂堂正正地做人。考上研究生的同学更是不知付出了多少艰辛，自学外语与专业，其中确实有佼佼者。了解了陈宇的情况，更证实了我的看法。”“我非常惊讶，他不但才华过人，在书法、治印、诗词、骈体文[1]等领域都造诣颇深，情操极为高尚。这一点正是当前（医学、科技）专业教育所欠缺的一面。我曾经建议，在我校新落成的会议中心悬挂我校校友的大作，以资提倡医学生学习。陈宇也表示支持，但遗憾的是未能实现。”老彭还感慨道，陈宇有儒医的风格，“儒医一定要有内涵”“既道德高尚，有社会责任感和仁爱之心，又诚实勤恳，不行非礼之事，修身养性而知天命。陈宇在得知自己第二次患癌时，平静地面对死神，可以说是‘人’的榜样。医生应该身体力行，尊重自己、尊重病人。人的尊严也就在于此”。[2]

学生时代，在我们眼中“行政楼”威严莫测，只能远望和敬仰彭书记。近20年，我才得以通过参与中美预防神经管畸形合作项目与老彭近距离接触。有一件小事，让我记忆尤甚。每次走到逸夫楼与药学院交界的地方，我都会想起这里以前的样子。老北医人都知道那是“小卖部”旧址。90年代的一天，我在那里遇到老彭。他刚买了信封和纸张，以备给老校友回信。当时，我惊讶，我汗颜！哪一位领导或教师会如此公私分明呢？人们常说，一粒沙子可以折射出太阳的光辉。从这件小事，我体会到什么是高风亮节。老彭几十年在母校，就是这样严于律己、言传身教、呕心沥血、身心投入，培养和教育着一代又一代的北医人。

三、彭书记是王恩哥校长号召北大人学习的好榜样

2014年7月1日，北京大学校长王恩哥院士在本科生毕业典礼上的

1　骈体文是一种旧时文体，用骈体写文章，文中用对偶的句子，与散文不同。当代，除少数古典文学学者了解和使用外，几乎失传。

2　引自：《陈宇书法篆刻集》，北京燕山出版社，2002年6月，3-4页。

讲话中，特别号召今天的北大学子应该学习老彭的光辉榜样。他说：“无论什么时代，砥砺德行对于修身、齐家、治国、平天下都具有基础性的重要作用。只有个人的德行修养立得住，才能推己及人，影响和教化别人。‘君子之志于道也，不成章不达。’在我们身边就有许许多多坚守本心、德行高尚的前辈。他们的坚守让我们在时代波澜中看到了北大人默默担当的身影，感受到了北大人浓郁沉淀的家国情怀。其中，第三届‘蔡元培奖’获得者、医学部教授彭瑞骢先生便是典型代表。彭瑞骢先生生于20世纪20年代，1940年考入北京大学医学院。成长于内忧外患、社会动荡的时代，彭先生较早便开始关注社会现实，关注民生疾苦。1947年，他与方亮教授、王光超教授[1]等人在北京公主坟附近的什坊院村办起了保健院[2]，组织北医师生轮流为附近农民义诊。在这段实践中，彭先生目睹了农民饱受病痛之苦和贫困的折磨，坚定了为大多数人服务的理念。从医70多年，无论身处顺境还是逆境，彭先生都坚定不移、勇往直前。彭老曾这样寄语医学生：‘无德不医。’学校只能教育你认识是非，但是社会太复杂了。你要是想拿学医当敲门砖去赚钱的话，那就别来学医，此路不通。彭老甘受清贫、默默奉献，正是老一辈北大人毕生坚守的群体特质的生动写照。希望这种高尚的道德追求能够在你们身上生生不息、薪火相传。”

这是对老彭——北京大学医学部教授、北京医学院创始人之一、原党委书记彭瑞骢同志光辉人生和杰出贡献的最新、最高度概括的“官方评价”。作为北医人、北大人，我们敬仰老彭，将他视为楷模和榜样，永远学习他的政治素质和为人品质，为建设世界一流大学、为培养一大批中国大师级人物而努力奋斗！

本文初稿于2014年12月23日北京大学医学部党委统战部网页发布；二稿载于《北医》报2015年2月28日第760期，之后被国内多家报刊和网络转载；2023年9月陈新本人更新修订。

1 这两位教授不仅是新中国成立后北医建校初期的领导和学科带头人，也是北京市早期的九三学社社员。

2 什坊院保健院是解放战争时期中共地下党组织建立的一个据点，是北京大学医学院地下党员和外围进步学生的校外活动阵地，1947年先后有500人次参加了什坊院的实践活动。

引领性学发展的彭书记

胡佩诚

> 胡佩诚，男，1947 年 10 月出生于上海。北京大学医学部医学心理学教研室主任、教授、博士生导师，享受国务院政府特殊津贴。曾任北京大学医学人文学院（前身社文部、公共教学部）党总支书、学术委员会主任、医学人文系主任等职。于 20 世纪 80 年代初开设了我国第一批综合医院以及大学生的心身疾病、心理咨询门诊，推动了现代医学与教育模式的转变。2002 年开办了我国第一家少男少女门诊，对我国的性教育工作起到了巨大推动作用。

彭书记比我大 24 岁，我俩都属猪。我在北医求学时，当医疗系一班的班长，我的学业成绩颇为优秀，因此毕业后得以留校工作。3 年后，学校派遣我前往清华继续深造，2 年后重返北医，在学生事务部门担当要职。当时的校领导将我视为第三梯队，培养我成为北医的政治接班人，因此我也被推到前台，参与一些关乎政治的汇报。彭书记对我十分看重，因此我们在工作上有过一些接触。我对彭书记的报告印象颇为深刻。他的报告主要讲述政治形势，但决不墨守成规，而是通过深入分析国内外形势，激发人们的深思。而且，他很少在报告中下达命令，也从不说硬话。

此外，我认为彭书记最显著的特质便是对人才特别重视。他极其注重年轻人是否具备发展潜力，以及在哪个领域可以有更好的发展前景。他对人坦诚相待，极其重视人才的培养，尤其是那些思想深邃的人才。彭书记的外语水平极佳，能够与外国人直接交流。他极力鼓励学者们走出国门，与外界交流学习。当初，我下定决心出国，也是受到了彭书记的鼓舞，而且我也是北医派出去学习的。彭书记具有开阔的国际视野，在出国这一事情上，他的思想和眼界深深地感染了我。后来，我从美国留学归来，担任了社会科学与人文科学教学部（简称“社文部”，现北京大学医学人文学院）的副主任，随后又身兼党总支书记之职，彭书记任主任。后来，北医成立中国性学会，我担任了秘书长，彭书记则是性学会的顾问，于是我与彭书记之间有了更多的交往。

在中国性学会成立的历程中，我们面临着一系列具有敏感性和风险性的挑战。中国性学会是一个全国性的组织，其在北医得以成立，实为一项具有历史意义的事件。在此过程中，我们面对重重阻力，经历了长期的筹备过程，其中蕴含着无数人的汗水和坚持。

任何一个学会的成立都需要付出大量努力，尤其是成立这样一个敏感性的组织。国家对性学会的管理一直十分严格，之所以能够坚定地将性学会设在北医，是因为国家对北医的信任与放心。毫无疑问，没有任何一个其他专业组织能够比我们更值得国家的信赖。

中国性学会的第一任会长是王光超，他是北大医院皮肤科的主任，同时也是刘少奇夫人王光美的哥哥。紧随其后，徐天民接任会长职务，而我有幸成为了秘书长。在这个过程中，彭书记担任着性学会的顾问，他是中国性学会发展过程中的核心人物之一，对学会的蓬勃发展起到了重要的推动作用。

中国性学会在过去几年里展现出了令人满意的发展势头。如今，我们的会长是姜辉，他同时担任北大医院的党委书记。作为《中国性科学杂志》的主编，我从 2010 年开始接手，经过一年的不懈努力，该杂志在 2011 年成功地跻身于核心期刊行列。这一成就来之不易，但我们全心全意地投入，办刊时秉持务实认真的原则。

在性学会的蓬勃发展过程中，我们历经了不少挑战。然而，在彭书记的大力支持下，通过团结协作和坚定的信念，我们成功地将性学会打造成了一个全新的性学知识研究平台。性学会的成立和发展标志着我国性学在文化和学术上取得进步。我们将继续不断努力，推动性学的进一步发展。

作为一位教育家，彭书记在推动北医的教育事业发展上功不可没。他还提出了一系列深具意义的倡议，激励中国医学教育事业的发展。他是中国医学教育事业重要的推动者和引领者。作为一位领导者，彭书记高瞻远瞩，具有远见卓识。他怀揣着崇高的理想和远大的目标，率领北医全体教师一同踏上通往世界一流大学的征程。作为中国性学会的引领者，他对学会的发展予以大力支持，带领着学会走向前沿，为中国性学的发展注入了强劲动力。

时间：2023 年 3 月 6 日 14:00—16:00

地点：北京市海淀区学院路 38 号北京大学医学部逸夫楼 615

受访人：胡佩诚

访谈人：张晓辉、靳亚男

录制人：靳亚男

文稿整理：张晓辉

审阅修订：胡佩诚

怀念彭瑞骢书记

石敬慈

> 石敬慈，女，1950年7月生，中共党员，副研究员。1983年大学毕业后被分配到北京医学院德育教研做助教、讲师，兼医疗系辅导员，后到组织部任主任科员，1990年到公卫学院任党委副书记。1994年到纪委监察室，曾任监察室副主任、主任、纪委副书记。2010年8月退休。

1983年大学毕业后我来到北医德育教研室，并担任了医疗系学生辅导员。当时负责学生口的领导是党委副书记吴景春。

来北医不久，我就发现对党委书记彭瑞骢，有人称“小彭”，有人称“老彭”，有人称“老师”，有人称“教授”，有人称“先生”，更多的人称“书记”。由此可见，他在北医时间之长，以及大家对他的尊敬与爱戴，让人不由得更加从心底对他产生敬佩之情。

大家都说他是北医的“活字典”。我曾经遇到有人打电话向他询问北医临床医院一位老同志的具体工作科室及业务专长，他马上回答得一清二楚。

彭书记是个热心人，对教师是这样，对学生也是这样。我经常在校园见到他与师生交谈，和他们交朋友。彭书记对学校师生给予政治上的引路、生活上的关心、业务上的指导。有一位刚刚留校的老师，其爱人在办理进京到另一高校任职时遇到困难。他并未接触过彭书记，但听老师们说过许多彭书记帮助人的事，于是就直接找到彭书记的办公室，请求帮忙并得到回应。彭书记曾经找我谈话并深入了解学生们的情况。他像聊天一样，问得很细，对学生们是哪里人、家庭情况、学习怎样以及有什么困难等内容都进行详细了解，有时还会直接找学生交谈。

人们总是议论他那么大年纪了还骑自行车上下班，甚至当面给他指出来，他却总是说骑车是很好的锻炼。他给人的感觉总是朝气勃勃。记得 20 世纪末的一天，在骑车上班的路上，我走到北师大门口附近时被人“呼”地一下就超了过去。这人从背影看年纪不小了，穿着花格夹克，戴着耳机，浑身充满劲头，在匆匆上班的人流中很是引人注目。我很想看看这是一个怎样的人，就使劲地蹬车，想抢到他前面去看个仔细。一直到北太平庄路口，红灯亮了，他不得不下车，我才追上。这时我看清了这人正是彭书记。交谈中得知，他是边骑车赶路边听外语。他好学到了抓紧分分秒秒的程度，不得不令人肃然起敬。

工作上彭书记既坚持原则性，又能很好地把握灵活性，这两者的结合使他在大家的心目中具有崇高的威望。他的辩证思考、广博学识以及独到见解更令人折服。无论是遇到问题，还是有了什么收获，大家都愿意与他交流，且定会从中大受启发。

彭书记为北医奉献了一生。他虽然离开了我们，但他的音容笑貌、他的厚道为人、他的工作精神深深地留在了我们的心里，成为我们的榜样。

本文为作者本人撰写。

守住北医文化之根

邢淑丽

邢淑丽，女，1955 年 4 月生，助理研究员。1971 年被分配至北京医学院工作，1975—1980 年在理论工作小组（1976 年改称为“医史组”）从事医史相关工作，此后任保卫处政保办公室主任，负责学校的保密工作、国家安全教育、安全稳定等工作，2010 年退休。

1971 年我被分配至北医工作，在学校工作期间，特别是在医史研究等方面我与彭书记打过一些交道，他给我留下了深刻的印象。

一、高瞻远瞩，促医史文脉传承

彭书记特别有风度，有思想，很睿智，对医学教育的发展具有前瞻性。他对医史学科的建设非常重视，在早期发展阶段发挥了重要作用。可以说，正是有了他，才守住了医史学科之根，保住了医史的文脉延续传承。

北医的医史学科历史悠久，是中国最早的医史教研机构。1946 年李涛教授到北京大学医学院创建“医史学科”，1949 年新中国成立后改称“医史教研组”，1957 年北医医史教研组与中国中医研究院医史教研室共同举办首届全国医史师资培训班。然而，20 世纪 60 年代，医史学科因政治运动受到冲击，教研组已不复存在。1974 年彭书记结束在茶淀农场的劳动，回到北医，1975 年任北大医院党委书记。为继续医史研究和教学，程之范先生多次与彭书记沟通。最终于 1975 年，在彭书记的领导、关心和支持下，经过讨论，北医校长办公会确定以成立“理论工作小组”（1976 年改称“医史组”）的名义，逐步恢复医史学科的研究工作。1975 年 3 月初，学校决定把我借调到理论工作小组，开展医史相关工作。最开始只有程之范先生、从生理学教研室调过来的阮芳赋和我，宣传部的高铭暄任理论工作小组负责人。接到任务后，我就去报到了。我们从零开始，摸索实践。最初，办公室设在位于草岚子胡同的北大医院学生宿舍办公楼二层一间 12 平方米左右的小屋子里。之前医史资料室在菜园试验楼二层的一间房子里，因政治运动，已有近十年没人使用，书架上积满了厚厚的灰尘。后来，理论工作小组又从药学院调来宋之琪。我俩对医史都比较生疏，常结伴去首都图书馆、报馆等查阅资料。1978 年，我在《赤脚医生杂志》上发表了《我国医学的祖师——扁鹊》一文。这篇文章也得到了彭书记的肯定。此外，彭书记还为医史教研室改善办公条件。1976 年政治运动结束后，1977 年 10 月驻北医的工宣队撤离后，在彭书记的支持下，医史组办公室搬至原工宣队所住的 6 号楼的三层。共有四间办公室，很是宽敞。彭书记曾参加了两次医史教研室的讨论，并听取汇报。可以说，没有彭书记在人才队伍和硬件设备上的支持，很难有北医医史今日的辉煌。

二、谆谆教诲，共筹百年校庆展

2012 年北医迎来百年校庆。为此，学校筹备了北医校庆“百年历程展”，并成立了北医百年校庆编辑办公室。在前后近 2 年的时间里，我具体负责图片资料整理工作。为了更好地做好这个项目，我们每周二开一次例会。其间我们得到了彭书记的大力支持。彭书记被称为北医的“活字典”。我们对北医的历史发展有不清楚、不确定的地方，都会去请教彭书记。那时，尽管他生病住院，但依旧十分关心相关工作，给予我们大量指导。

一开始，初稿出来后我们都给他送过去，请他看一看，把把关。彭书记做事非常认真，看东西非常仔细，有问题的地方他会修改过来，或者是写个小纸条，又或者是当面和编写人员谈一谈，给一个明确的答复。后来，基本定稿后，我们印出展览的小样，到他的病房里展开给他看，请他逐一过目版面。最终，2012 年“北医百年历程展”在逸夫楼一楼大厅预展。彭书记虽然身体很虚弱，但仍然坐着轮椅亲临现场。展览中，朴素、凝练的文字以及一幅幅珍贵、生动的历史图片，展示了北医百年的沧桑变化和厚重文化，以及北医人排除万难、教书育人的高尚品质和面对灾难时勇往直前的职业精神与责任。这次展览给所有人留下了深刻的印象。

三、春风化雨，常做人生解惑人

彭书记平易近人，生活上也特别简朴。按照他的干部级别，是可以有专车接送的，可是我常常在学校看到他骑自行车或者走路。有意思的是，到了夏天，天气很热，他骑车时后背上总别着一把蒲扇，一点儿架子也没有。

他对北医上上下下的员工也都很关心。我有个朋友，只是学校办公室里普通的打字员。她结婚时候，老彭正好出去开会，但大概过了两三天，彭书记一早就拿了一瓶茅台酒到朋友的办公室，说：“你结婚我也没赶上，我送给你一瓶喜酒，这算是我对你们的祝贺。祝贺你们长长久久、生活美满！”这让朋友很感动。我听后对彭书记又多了一分崇敬之情。他在大家心里是令人尊敬的书记，但对每个人都一视同仁，很是照顾。

此外，彭书记可以说是我的人生解惑人。1978 年国家恢复高考，1979 年因扩大招生政策，北医在五道口成立分校，我被借调过去，负责学生管理工作以及学校的组建。几年后，完成任务撤回来，我跟彭书记见过一次。彭书记关心我的近况，我也提出了自己的困惑，不知道下一步该干什么。彭书记就说：“什么时候都不要忘记看书，你就多看书、多学习！总会有启发的。”我觉得他对我的这个指点非常重要。后来，我选择去北医基层单位工作，彭书记也同意了。到新岗位一个月，有一天单位领导叫我去办公室，告诉我彭书记刚刚来过，说他还特地关心我在这边是否顺利，是否适应。我听后，既惊讶又感动，感觉彭书记对待我们就像对待亲人一样。1987 年至 1991 年，我完成了北医卫生事业管理专业的在职学习，这对我后续工作的开展有很大裨益，使我更好地服务于北医。

我永远感念彭书记的教诲与帮助！

时间：2023 年 6 月 14 日 9:00—11:00

地点：北京市海淀区北京大学医学部逸夫教学楼 633 资料室

受访人：邢淑丽

访谈人：姜海婷

录制人：姜海婷

文稿整理：姜海婷

审阅修订：邢淑丽

一生勤勉、两袖清风的父亲

彭　军

彭军，男，1954 年 3 月生，彭瑞骢长子。1961—1966 年就读于北京第一实验小学。1966—1969 年就读于北京安德路中学。1969—1975 年为黑龙江生产建设兵团三师二十九团二连农工。1975—1977 年参加黑龙江生产建设兵团三师医院医训班学习。1977—1979 年任北京儿童医院同位素室技术员。1979—1981 年在北京计算机学校学习。1981—1985 年于北京友谊医院计算机室工作。1985—1988 年就读于北京医科大学卫生事业管理专业。1988—1994 年任北京友谊医院院部办公室主任科员。1994 年起，历任卫生部医院管理研究所办公室副主任，培训部副主任、主任、党支部书记。2000—2002 年攻读北京医科大学卫生事业管理专业硕士，2002—2003 年赴澳大利亚拉筹伯大学攻读卫生事业管理专业硕士。2016 年主持国家卫生健康委医院管理研究所全所工作（4 个月）。2019 年退休。

时间过得真快，今年是我父亲百周年诞辰，他也逝世 9 年了，但他的音容笑貌一直留在我的记忆里。

在我的生命中，父亲对我有至关重要的影响。

父亲一生都在高强度、快节奏地工作

童年时，父母工作都比较忙，他们基本上都是晚上八点以后才回家。尤其是父亲，他大多数时间都扑在工作上，很少与我们交流，所以家里平常都是保姆阿姨在帮忙照顾。吃完饭，我们就自己写作业，或者到外面玩，第二天很早就去上学。周末有时他也带我们出去游玩，比如去颐和园、八达岭长城、香山等，但和我们共同游玩的次数很少。我 7 岁时考上北京第一实验小学，那时学校在和平门附近，而我家住在北医家属楼，离学校非常远。每到周日，父母就送我到位于南长街的外公外婆家，周六我直接从学校回北医家属楼。一个周日，父亲单独送我回南长街，他就从北医骑车，我坐公交车回南长街，结果虽然我们俩说好了车站，但是我下错车站了，等了很长时间。那时我就发现父亲总是骑自行车。20 世纪 60 年代末 70 年代初，他参加了工农兵学员的教改工作。当时北医工农兵学员在顺义和密云有教改点开门办学，他每次去顺义的郊区教改点都是骑自行车。有一次他居然骑自行车骑到密云，当时他已经 50 岁了。他还想从密云骑车回市区，这次太远，实在骑不动，搭了一辆卡车才回了市区。我现在回想起来，他当时身体真是太好了。

他曾经和我说，年轻上大学时，他在北大人民医院当实习大夫，一个人要管许多病人，工作非常紧张。他给病人做化验，为病人抽血后要把试管亲自送到化验室，在路途中还要不停摇试管，以免血液凝固。为提高工作效率，他经常是同时干两件事，从那时起就养成了紧张工作的作风。工作后，他白天在单位工作，晚上几乎天天有人到家里和他谈工作或个人问题。他的一生，一直处于高强度、快节奏的生活中。

父亲一生热爱读书，勤于学习

父亲有一大特点就是博览群书，什么种类的书他都看。从中学到大学期间，他接触了马克思主义和苏联的进步书籍。经过认真思考，他参加了中国共产党组织，从此走上革命道路。大学时期，他经常做家教补贴生活，有了一些富余的钱就去买书。我记得当时他买的书有翻译过来的人种学和外国百科知识。新中国成立后他买了《资本论》、苏联出版的马列书籍，还有中国古典小说，如《三国演义》《三国志》《西游记》《儒林外史》《水浒传》等。他从来没有督促我们去读书，但他的潜移默化让我们自觉或不自觉地看了许多书，养成了比较爱看书的习惯。父亲不仅会给自己买书，也会给我们买书。我在“文革”前读小学的时候，印象特别深的是他买了一本苏联作家卡达耶夫写的《团的儿子》。这本书写得特别好，非常生动。它讲的是苏德战争中，苏联红军某炮兵连在一个深夜邂逅了四处流浪的孤儿瓦尼亚。瓦尼亚几经曲折加入了红军，并乔装打扮，协助侦察兵深入敌军后方勘察地形，又带领红军找到敌军的司令部避弹所歼灭了德兵，立下赫赫战功。瓦尼亚也被战士们亲切地称为“团的儿子”。瓦尼亚战后被送到苏联军官学校学习。当时我和书里的“小英雄”年龄差不多，所以看这本书时觉得特别有意思，而他的纯真勇敢、聪明倔强也给我留下了非常深刻的印象。

父亲的记忆力非常好，他中学时就学习了英文，能看一般的英文书籍，到大学后又学习了几千个医学专用词汇。因上大学时是在抗日战争时期，大学里有许多日本教授，于是他又学习了日文。他对我说，到大学四年级时，他已经可以为日本教授当翻译了。他的德文水平也很高，可以直接拿一篇德文文章念给当时的北医副院长米勒教授听。米勒教授是德裔犹太人，许多亲人都被纳粹分子杀害了，所以他参加了反法西斯战争。1939 年博士毕业后他即来华，把一辆救护车和 600 多箱医疗物资送往延安，并加入八路军，随后前往太行山区进行战地救护，1943 年返回延安工作。抗战结束后，米勒参加了解放战争，新中国成立后加入中国籍，1957 年入党，长期在医药卫生领域工作。

父亲一生谦和严谨，公私分明

父亲大学毕业后就留校工作，是医学院教师党支部的首任书记，新中国成立后担任医学院的秘书工作，大家都喊他“彭秘书”。北京大学医学院于 1952 年从北京大学中独立出来，成立了北京医学院，他就任北京医学院党委副书记。他学生期间就在北医工作，新中国成立前又是北医地下党，新中国成立后虽然当了官，但在他身上很少看到“官气”的影子。当时许多北医的教授都是他的老师，所以他每次与专家、教授谈工作，都是亲自到教授办公室那边商量事儿，从来不会打个电话叫专家、教授到他的办公室。北医人都知道他酷爱骑自行车，所以他在院子里骑车时，碰到职工，有时就在路上谈工作，让人们感到他平易近人、谦虚平等的工作作风。他在北医学习、工作了一辈子，大家都公认他是“北医通”。

此外，父亲一直公私分明。我记得小时候，在他的办公桌上有两摞不同的信纸和信封，一摞是公家的，一摞是自己在商店里买的。他从不占公家一分一毫的便宜，非常自觉地做到廉洁自律。

父亲把一生奉献给了北医，奉献给了医学教育和卫生事业

从上学到退休，父亲一直待在北医。他在上学时北医还只是北京大学一个小小的医学院，到他退休时已发展成具有多个学科、科研领先、师资雄厚的优秀医学院校。北医附属的六个医院也都成为全国排名靠前的医院。这一切都有他的心血，他这一生做出了自己应有的贡献。我记得改革开放初期，我国与外国基本上处于隔离状态。我们的医学发展比较落后，迫切需要向先进国家学习。于是他有意识地克服各种困难，派出大量北医的老师去国外学习。这些老师学成回国后，使北医的医学科技和医学教育水平有了明显的提高。我觉得他对人才培养特别重视，也特别爱惜人才。他对一些业务能力很强但存在其他方面问题的人也很宽容。

随着我国医疗卫生事业改革的不断发展，父亲在这方面投入了许多精力。例如，他提出从单纯的医学生物模式要向生物—心理—社会医学模式转变。在卫生事业管理方面，他提出卫生事业管理也是一门科学，有理论，有方法，需要多学科合作。卫生事业管理主要是从宏观角度考虑问题，考察其效率和公平。例如，在美国医院是市场化的，医院的工作效率很高。但从宏观上考察，其医疗费用非常高，从而造成老百姓的需求降低。许多人还没有医疗保险，人口预期寿命也不算很高，所以从宏观上看这种医疗的效率并不理想。从卫生事业管理角度看，我们更应该关注宏观方面的效率和公平，而且需要科学方法的指导。针对这种情况，父亲专门主编了《中国卫生事业管理学》一书，以促进我国的医疗卫生事业改革。

还有一个问题就是医疗卫生的公益性。中国现在施行的是社会主义市场经济，一部分人就提出医疗卫生事业也要市场化，这就引出了中国的医疗卫生是走市场化还是坚持公益性的问题。当时江苏宿迁地区就把公立医院全部卖给私人，公立医院也变成了民营医院。在这个问题上，父亲反对医疗卫生市场化，坚持医疗卫生的公益性。这方面的内容太多，就不展开

说了。后来宿迁政府又花高价从私人手里把最大的公立医院买回来了。

父亲年轻时追求真理，参加了革命，一直工作到退休。他说自己老了还要再反思，追求真理。他在业余时间组织了“神仙会”，和这些退休老同志聚在一起畅所欲言，总结这一生的功过是非。他说是“两头尖”。

父亲的一生，始终充满了追求真理、追求进步的革命激情，为推动中国的医学和教育改革做出了积极的贡献。

父亲的一生，是修身、齐家、治国、平天下的一生，他的为人、治学以及对家庭、学校、社会负责的态度深深地影响着我，给我留下了宝贵的精神财富。

时间：2023 年 6 月 6 日 10:00—14:00

地点：北京市彭军家中

受访人：彭　军

访谈人：姜海婷

文稿整理：姜海婷

审阅修订：彭　军

雪泥鸿爪
——父亲留给我的记忆

彭　红

彭红，1955年生，男，彭瑞骢次子。1970年起在北京某工厂做工8年。1983年获北京师范大学学士学位，1988年获澳大利亚国立大学亚洲研究中心硕士学位。先后供职于中国社会科学院《历史研究》杂志社、北京师范大学分校、中国光大集团。笔名思公，撰写博客，著有《晚清尽头是民国》(广西师范大学出版社，2009年出版)。

父亲秉承着书香人家的优良传统，极其爱读书，大部分工资用来买书。他艰苦朴素，对物质需求很低

彭氏家族自明代由江西移徙至苏州，到清代前期发展成为科举世家，出过14位进士、31位举人。这个科甲鼎盛的望族有自己独特风格的家学与重教好学、朴素节俭、乐善好施的家风。家族拥有义庄、义田，专门资助族内子弟教育，兼顾养老、慈善等功能。苏州的十全街至今还保留着彭氏家族的部分故居，门厅挂着“祖孙会状”的匾额，左右立有一副对联，上书“昭代科考第一家，人间文福无双品”。我爷爷就是从苏州出来的，去日本留学以后，回来参加清末洋科举考试，中举后就留京了。父亲没在苏州那边住过。总的来说，从彭家出来的主要就是读书人。爷爷实际上在清末民国时当过一段时间的官，很短，应该是也没起来，之后他就属于有点打杂了，生活条件很不好，相当于到各学校当钟点教授。他是学农的，曾在北大的农学院干过，好像还有个日本早稻田大学的法律毕业证，回国后丢失了。

父亲这一辈子就是爱读书。晚上他常看小说，我那会儿已上学，他晚上在这儿还接着看小说，如《红旗谱》等大批小说，还有苏联小说、各种名著，好多杂七杂八的书，还有段时间他是在中国人民大学夜大学习跟哲学有关的内容。所以家里的书除了马克思主义的书，还有一些黑格尔哲学的书。他喜欢哲学。他常年每周日去逛新华书店，不去别的地儿，不买吃的，也不买穿的，他不讲究这些，就是往家里抱书。他去茶淀农场前，把书从北医往家运。我们家那会儿房子让人给占了，就剩两间了，那些书是他拿麻袋装回来的。我记得很清楚，多少年没见父亲了，那年大夏天他突然骑着三轮车往回运书。因为他得走了，于是用麻袋把书都给弄回家了，就放在这两间屋子的地上。屋子的地面后来起码增加了半米多高，当时也没有书架，人就踩着书走。那一段时间我就开始看书，我也喜欢看，里头好多是苏联小说。在我的记忆里，父亲总是没完没了地买书，包括《史记》等历史书。这也影响了我今后选择读历史专业。后来，家里请人做了大书架，整整两面墙。父亲就这么个习惯，钱也不给家里，都撒开了买书，所以就靠我妈一个人的工资养家了。我跟父亲去过许多次书店，那时候王府井八面槽有个内部书店，我现在也不知道拿的是什么证，那会儿可能都是外文书店办的，内部书都在那儿买，每次都是抱着一大堆回来。有《第三帝国的兴亡》《朱可夫元帅回忆录》等，其中苏联的将军回忆录比较多。父亲就爱看书，看书的面也比较广，还有不少是别人送的书。他从来都不会要求别人怎么着，有时候我说话也特别尖锐，但他很包容。后来有一段时间我经常写博客，当时我在搜狐博客很出名，还弄了一个假名“思公”。我发现他曾经看过网站。他还赞过我，当面也说“你成了大V了”。他还说过“我这辈子都是琢磨人的思想，我怎么琢磨不透你”之类的话。我们父子之间，可能还是沟通太少了。

父亲还特别爱骑自行车，北医在密云办学时，别人都坐公交车，而他是自己骑车。所以说他像学生，他就是这种人，也不爱出声。他有一大段时间都在上班，上午去北大医院，下午到学校，自个儿来回跑，也不让人接送，有自行车就行了。他吃饭也简单，好像物质上的需求并不多，只是喜欢吃点儿面条，常煮点儿面，最多是切两片腊肉，他们南方的那种，还老爱搁点猪油，就觉得味道特好了。吃饭这些他都不太在乎，吃得特简单，平时也是这种习惯，他们都是这样，从来不求人，也从来不麻烦别人，一切都变得简单，生活上也特简单。我听他那意思，他原来有过胃溃疡，就是靠吃面吃好了。

在我的记忆里，父亲一度放弃前途光明的科研工作，专心为革命事业奋斗，为北医工作，重视医学和人文学科发展

父亲这一辈子都在北医，也没跑到外头干什么事。从学生时期一直到生命的最后时刻，为学校的事，他事必躬亲，甚至到了顾不上家庭的地步。实际上，我认为，他如果不做这种党务工作，其实会更好的，也更厉害的。他原先是公共卫生系的，做公共卫生教研工作。在我看来，在学校，一般如果不干自己的专业，就是不务正业。结果没想到父亲干党务干到底了，最后成了“专业书记”，自己的业务工作几乎就没有。比较幸运的是，最后他研究了医学哲学。父亲对北医和中国医学学科的建设与发展发挥了重要作用。值得一提的是，父亲是吴阶平的入党介绍人，为后续北医发展落实党对知识分子的政策都有着重要贡献。他还主持开展了“中美预防神经管畸形合作项目”。

此外，父亲对医学人文也是大力提倡的。他给 1986 届毕业生的题词——“医学是科学技术、艺术和善的三合一，是真、善、美的统一”，彰显着北医注重医学人文建设，重视培养研究生医学人文精神的传统。他外语也很好，和国外的交流合作也多。另外，就是在医疗卫生体制改革和医保这方面，他开展过初级卫生保健方面的研究。

在我的记忆里，父亲从始至终与人为善、平易近人，既保持着老派学者尊师重道的好传统，又维持着一种青春无悔、书生意气的学生本分

我小时候有一个印象深刻的记忆，就是当时过春节时学校会给几张联欢会的票，他们校领导一般都有。北医当时有两辆车，有一天晚上父亲带着我们几个小孩去人民大会堂，结果走到半道，好像是在平安里就中途下来了。他请更年长的教授上车，把我们小孩轰下来了，又带着我们坐公共汽车去。父亲是北医许多事务的重要参与者和领导者，但终其一生，他给人留下“不争”的印象。照相、荣誉之类的，他永远往后躲，平生也一直有这种不争的习惯。他在对待别人时都像学生一样，比较单纯，比较纯粹。

由于学校事务繁忙，他回到家有时还会工作，对着电话也常常说着说着就睡着了。

从新中国成立开始，到最后筹办医学院，他事事参与。而且，他被称为北医的“活字典”，北医大大小小的事情他都知道。另外，他性格也不错，始终与人为善。在他们那个时代，如果是教授，或是学问高的，都是很受人尊敬的。父亲很是尊师重教。北医有一位严镜清教授，是公共卫生学家。他 1949 年 2 月参加革命工作，是北医卫生系首任主任，2005 年去世，享年 100 岁，将遗体无条件地捐献给首都医科大学。父亲尊称他为“严师”。在我的印象中，父亲年龄很大的时候，还每年春节到严师家拜年。此外，我记得在北医住的时候，一到春节，北医的院领导们就到家属院教职工家里拜年，父亲就跟着，我在边上看着起哄。

在我的记忆里，母亲给了父亲极大的支持

我父母都是北京市的，都参加了革命工作。母亲在北师大女附中读书，父亲在北师大男附中读书。他们是在阜平（晋察冀解放区的一个县城）“城工部”共同工作时候认识的。1946 年抗战胜利后，他们确立了恋爱关系。然而，战争年代的地下工作充满了危机和挑战。在地下党工作时期，父亲化名“丁人”，母亲化名“卜一”（后改名为“卜毅”）。到 1946 年，父母接受了不同的任务，母亲去天津南开大学历史系读书，父亲则回到北京大学医学院担任公共卫生科教师。1951 年，在刘仁（中共中央原晋察冀分局城工部部长，新中国成立后任北京市委第二书记）的关心下，我父母被安排与同仁医院的一对夫妻——骨科大夫孙振洲和眼科大夫傅守静凑在一起，举办了结婚仪式。

在我小时候，有一段时间父亲住单身宿舍，那会儿家里有三个孩子，我爸管一个，我妈管一个，外公管一个。他们还轮班照顾孩子，一个月一换。母亲的工作也挺多的，1953 年母亲在清华上了个干部班，是跟大学生们一块念的，所以当时大学毕业后单位就给她再升一级。后来她曾任华北电力设计院副总工程师、副院长，以及电力工业部电力建设总局副局长。母亲的革命资历与父亲相比一点都不低，但父亲工作太忙，家里的事都顾不了，所以都是母亲在操劳。

后来，母亲发生中风，加上父亲退休以后也有了空闲，他就真的在家。让他干什么都行，他积极地补偿家里。母亲一句“没醋了，买醋去”，父亲就去了。父亲什么都在跑腿。母亲说话惯了，老命令他、指使他。结果有一回他们俩去自由市场，回来后母亲说：“旁边人问，你这老头多少钱雇的?”我母亲总说“父亲是个好人”。

父亲对母亲总觉得好像有点亏欠。母亲得病的时候，他超乎寻常地关心。那会儿母亲住在北大医院干部病房。每天一早父亲就骑着自行车去照顾，晚上才回来，当时他都80多岁了，我们就劝他别过去那么频繁。但是，他可能觉得这一辈子不顾家，亏欠母亲太多，因此谁劝他也不听，坚决天天从早到晚地守着。

最后父亲走的时候，他什么遗言都没有，我们就随便说了一点家里的事。我问过他一回：“你这辈子对我有什么不满意的?”他就说我有些事办得不是太好。而他病重时，在病房里唯一与我认真交谈的事，是他认为母亲在病中惦念我，我去看望时停留的时间太短，匆匆来去。我现在想起来，愧疚不已!

父母这一生艰难复杂。他们虽然普通，但给我们留下深深的印迹，对我们这些孩子来说，既难忘，又骄傲。

时间：2023年3月16日 9:00—15:00

地点：北京市海淀区北京大学医学部逸夫教学楼633资料室

受访人：彭 红

访谈人：唐文佩、姜海婷、刘启满

录制人：姜海婷

文稿整理：刘启满、姜海婷

审阅修订：彭 红

大医在思维

柯　杨

柯杨，女，汉族，1955年7月生，天津人，中共党员，北京大学教授、博士生导师，美国医学科学院外籍院士，北京大学原常务副校长、北京大学医学部原常务副主任，第十一届、全国政协十二届委员，现任北京大学肿瘤医院遗传学研究室主任、北京大学兰园书院院长、中国女医师协会副会长，中国癌症基金会副理事长。

从个人的角度来说，我与彭书记有双重的关系。因为他是我父亲的朋友加学长。彭书记是在20世纪40年代初上学，我父亲是1944年入学，虽然他们不是一届的，但因为父亲也是进步青年，积极参加活动，如什坊院的活动等，所以他们之间关系密切。我从小就认识彭书记，当时叫他伯伯，但是后来我们两家的联系并不多。我任北京大学医学部主任后，彭书记除了告诉我一些往事，便是提醒我要多调查研究。他说："你现在接这个班，要好好了解医学是一个复杂系统，应该多调查研究。"

实际上我与彭书记的直接接触仍然较少并短暂，因为他毕竟退居二线。我主要是在这三种情况下能见到他：一是逢年过节时去拜访和慰问老领导，我去慰问过彭书记几次，那时候他夫人已经去世，他一个人在家；二是生病之后他在北大人民医院住院，我去看望过几次，那时候他已经说不了什么话了；三是彭书记参加过一两次我们的研讨会。

然而，我觉得自己还是被他感召和影响的，这其实也反映了我们医学教育本身的需求，反映了我自身成长的需求。虽然我们之间的直接接触并不多，但对他的言行我都很关注。我是学医出身，学的是临床医学。我毕业以后发现医学能解决的问题其实很有限。尤其是刚刚改革开放的时候，国内的医学还是很落后的，跟现在完全不可同日而语，所以当时我没有选择做临床。在国家恢复研究生招生制度后，我就选择了基础研究这条路，在肿瘤防治研究所学习，并获得了硕士学位。毕业后我又出国深造，在美国国立卫生院国家癌症研究所人类癌变研究室做访问学者。回来后我就一直在肿瘤所工作，也就是现在的北大肿瘤医院。

2001 年我到北医任医学部副主任，从分管科研工作到全面分管医学教育，这对我来说是巨大的挑战。我发现虽然自己成长在医学的大环境中，学了医，做了很多年科研，但对教育及医疗体制和管理可以说是一窍不通。但同时我们也面临着医学教育改革、医疗体制改革及合校后管理机制的探索等问题。我是带着很多困惑的，这就需要大量的调研、学习和思考。

其中，我对彭书记思想的理解也有一个过程。一开始，我对他关注的辩证法、医学哲学等内容并不理解，到后来非常认同，我甚至推测他当年也曾有过跟我一样的困惑。经过十几年的管理实践，在我理解了很多问题以后，我对彭书记的认同和解读可以归纳为如下几个方面。

第一，彭书记在多种场合以不同的形式表达了对医学目的和初衷的反思及对回归初衷的倡导。医学在漫长的发展过程中有了极大的进步，但主要集中在诊治上，并形成了重治轻防的大趋势。对于疾病的预防，由于多数情况下其并不依赖于高技术，而是润物无声地产生影响，因而渐渐被人们忽视。彭书记当年重提医学的初衷是再次强调医学是为了保证人的健康，不光是治病，通过预防少患病同样是医学的目的，甚至是更重要的目的，因此，要将预防医学的思想贯穿在医学及医学教育的始终。同时，彭书记非常关注公共卫生预防医学的学科发展和人才培养。我有机会和他共同参加了几个会，其中一个就是公共卫生学院的发展研讨会。据说他在位时也参与了很多公共卫生学院的工作，与教授们接触得很密切。他是医学教育管理者中关注与支持预防医学的典范。

第二，彭书记是将生物—心理—社会医学模式的理念引入中国的先驱。我认为这个模式本质上就是在技术发展的今天让医学重归对人的关爱。对这一点我也有较深的体会。医学，最原始的是人与人之间对苦难的同情与帮助，在漫长的历史进程中汇集了人类的智慧，最终有了今天我们看到的专门机构和社会建制。经过多次变革，医学教育也从师带徒逐渐形成了规律与规范的复杂教育体系。今天医学技术的发展已大大提高了医学诊疗疾病的能力，也为医学教育注入了更多的内涵。然而，始终没有改变的，是临床医学这个职业所提供的关爱，是在多维度上与人打交道，是时时面对复杂问题，是处处需要理解病人并与之交流。对于医生尤其青年医生而言，除了医疗工作外，他们在日常生活中更有大量繁杂的没有“科技含量”的工作。医学技术的飞速进步引发了医学“失温”和医疗体制难题，这是人们多年来对整个医疗系统诟病和感到不满的根源之一。面对这种情况，医学教育应做出相应的改进。这也是多年来北医教育改革的重要内容之一。在与北大合并时北医保住了“公教部”，并在后来大力发展医学人文学科，还成立了在全国有领先地位的医学人文学院。从引进优秀的医学人文师资，到大树临床教师的医德医风，再到学生工作的方方面面，追根溯源，应该都可以落在北医对生物—心理—社会医学模式的改革与追求上。

第三，彭书记注重研究医学的方法学，这一点其实很令我感到惊讶。我是做基础研究出身的，经历了从微观的分子生物学研究到较宏观的人群肿瘤预防研究的转型。在实践和带教过程中我特别体会到，医学几乎不讲思想方法的教育，更缺乏对医学方法学的总结与研究。从医学研究的角度，由于学医的人自觉不自觉地将自己的学科定位在理科，因而从宏观到微观，“还原论”的思想方法和手段成为医学研究的主流。然而，面对临床医学、疾病和生命这个极其复杂的学科问题时，仅仅有将复杂问题简单化的能力是远远不够的。一个临床医生最应该具备的是概率的因果观，具体来说，就是临床流行病和统计学的方法，是对人体各器官相互依存的整体性、广泛存在的个体差异以及生命运转的复杂性的理解和认识，是透过现象看本质的能力。这大概就是彭书记所说的临床思维吧！在那个时期他能提出和倡导对医学方法论的研究和认识，真的非常令人敬佩。直到现在，他的思想在医学教育中也是超前的。我相信医学方法论的课程并不容易讲。北医有很多优秀的临床教师在讲授和探索医学方法论，也有不少生动的临床案例，经过多年的磨炼，相信一定能促使学生们主动地锻炼医学、临床及研究思维，少走弯路。

第四，就是彭书记对医学院校综合性的强调。国外的医学院培养的只是临床医生，最多可能与护理学院在一起管理。医学本身对综合性是有需求的。临床医学是主流，但对于健康目的而言还不够，还需要护理、预防、药学和人文等学科。彭书记把这个问题提出来了，而且和几代北医领导共同构建成了今天北医这样一所专业齐全、相互依存的综合性医学院校。医学院应该是一个培养临床医生和医学各类相关人才的地方，这是医学教育的责任。这一点在北医几代人中得到了传承，例如，王德炳老校长对“弥合临床医学和预防医学的裂痕”的研究与推动等，都体现了对医学院综合性的坚守。

以上这四个方面是彭书记让我特别敬佩的地方，也让我在潜移默化中受到他的影响。在那个年代他是属于先知先觉的人物。另外，彭书记人品也特别好，这一点我是知道的。因为我到北医任职的时候，他已经退休了，但是我偶尔还能看到他在校园里骑自行车，非常平易近人。

我唯一感到遗憾的是，没有机会和他特别深入地聊天。到我能跟他聊的时候，他的身体已经不是很好了。他只是只言片语地说着话，偶尔对我有一些嘱咐，我也能体会到他的一些思想。总之，彭书记是富于思想的，不断地在学习、思考。在这一点上，彭书记在医学学者中真的是好榜样。

另外，北医的传统和风气还是比较好的，没有小利益团体，不搞运动，不整人，这个特点与这些老人的影响很有关系。我们念书的时候，以及进入学校工作后，都感觉北医是一个比较纯粹的地方。所以我认为彭书记是一个人品好、有思想、有先进智慧、懂得思考的人。他也很有家国情怀，远远超出了一个狭义的医学学者的范畴。

时间：2023 年 3 月 14 日 14:00—16:00

地点：北大肿瘤医院科研楼 508 室

受访人：柯　杨

访谈人：唐文佩

文稿整理：郑佶祺

审阅修订：唐文佩、姜海婷、柯杨

夯实基础
——来自“三个包子”的启发

彭小聪

彭小聪，男，1956年生，彭瑞骢三子。1977年考入首都医科大学（1978年3月开学）。1983—1985年就读于中国医学科学院药物研究所药理学研究生。1985年赴美国纽约州立大学上州医科大学（SUNY Upstate Medical Center）攻读药理系研究生，1986年转入麻省理工学院（Massachusetts Institute of Technology，MIT）攻读毒理学博士。现在LabCorp任泌尿病理诊断医师。

在我的印象里，父亲是一个做事极其严谨认真、重视基础的人。

小时候，父亲曾经给我们讲过“三个包子”的故事，就是有一个人早餐时吃包子，第一个包子没吃饱，第二个包子也没吃饱，到第三个包子吃饱了。这人就说，早知道只吃第三个包子就好了。我们听了都知道这是个笑话。他说：“没有前两个包子打底，第三个包子也不会饱。这就像学习，现在所熟悉的知识点就是第三个包子，但是你是吃了三个包子才饱的。”一直以来，他特别注重夯实基础，教育我们做任何事情都要打好基础。在教育这方面，他认为学校教育扮演了非常重要的角色，因此，我从小都是在最好的幼儿园、最好的小学读书。那个时候，好学校的师资非常好，教师很敬业。

在我读小学期间，父亲有段时间住在北医的单身公寓，当时家里的三个孩子轮流到他那边生活。那段时间，我每天很早就得从北医乘坐331路公交车到平安里，然后换乘14路公交车去和平门上学。不上学的时候，我会到他的办公室玩耍。他那儿文件、纸张很多，看起来杂乱无章，他却随手便能拿到所需的文件。而且他工作节奏很紧张，日程排得很满，但是他办公室的门向来都是敞开的。只要别人需要，他都尽可能地放下手头的工作，和别人谈事情。

父亲最大的爱好是读书，坚持学习，从中汲取经验，并运用于工作。他读书范围很广泛，我家的一面墙都是书，金庸等人的武侠小说他也看。他和我提起过郭靖武艺十分高强，但还是败给了蒙古军队，说明仅仅依靠个人武功是不够的，必须统筹搞好一个团队。他把许多工作之余看的东西最后都跟工作连上去，这也是他很突出的一个特点。

父亲待人真诚和善，工作废寝忘食，尊重并平等地对待他人，关注人才培养。1966 年以前，他主管学生工作。为了熟悉学生，他能做到在学生入学以前把每个学生的照片、学生档案、名字都对好，几乎背下来。看到学生他能够非常准确地叫出名字。我曾经问过他这个本事是从哪儿学的，他说这是做地下党工作当交通员时候，很多东西只能口头传达，就得进行训练，将视觉记忆和词汇记忆用一种方式联系到一起，建立关联。这样见到一个面孔，名字就能脱口而出。北医许多教职员工都知道他这个特长。

父亲不论做什么事情从不含糊，即便在农场干农活的时候，他也观察、思考。他观察到有时候知识分子太注重书本知识了。但实际上，要解决现实问题，实际经验也是十分重要的。读书和实践经验要有机地结合起来。父亲积极倡导从哲学的高度来反思医学教育，认为基础医学是医学教育的根本，医疗需坚持公益性方向，优先保障人人享有初级卫生保健。我个人从事药理学研究，某种程度上也是受到他的影响。1977 年高考，我的分数能够达到北医录取线，但父亲知道我比较叛逆，在北医如果惹麻烦就很难处理，便建议我到首都医科大学（简称“首医”）读书。刚入学的时候，首医并没有基础医学专业，所以我先到医疗系，后来才分到基础医学系。当时，首医和北医的思路都一样，就是让这批最好的学生留校，做学校的教员。1982 年我从首医毕业以后，在中国医学科学院读了一个药理学的硕士，药理学方向就是我父亲建议的。他认为，这是可以把临床医学知识和基础医学知识结合到一起的一个学科，可能更适合我，因为他知道中国的医学生是高中以后就进入医学院的，基础学科知识不足。北医尚有较强的基础学科师资，而首医这方面就薄弱些。

父亲时刻关心北医重点学科建设和前沿学科的发展，具有国际视野，强化国际合作交流。他主政时期送了很多人出国交流学习，且为大家考虑，创造良好的政策环境，使得大家深造完还愿意回到北医。早期他出访任何一个国家，都会去看望当地的北医留学生，所以当时北医留学人员回国率还是比较高的。因为大家觉得他是一个尊重人才、重视发展骨干的学校领导。而在国际交流上，他觉得需要将国外的先进经验和中国国情结合起来，与国外学者深度交流，比如，他和哈佛大学公共卫生学萧庆伦教授交流了医疗卫生事业体制改革相关事宜。20 世纪 80 年代以来，世界卫生组织大力推行 1978 年阿拉木图会议通过的“2000 年人人享有卫生保健”的宣言。1982 年起，父亲多次参加世界卫生组织与国内合作举办的“人人享有卫生保健”的规划研讨班和有关活动，推动了中国实施初级卫生保健。

此外，在我们家庭和睦、工作顺利的背后，务必要提到母亲对父亲的理解、包容和支持。1966 年以后，都是母亲一手撑着这个家，为父亲的工作和生活打下了坚实基础。在最艰难时期，多亏有了母亲这样一个主心骨，我们这个家才得以在风雨飘摇中站稳。

时间：2023 年 6 月 5 日 8:00—10:00
地点：线上交流
受访人：彭小聪
访谈人：姜海婷
文稿整理：姜海婷
审阅修订：彭小聪

因史结缘，因文深入

李　鹰

李鹰，女，汉族，1957年5月出生，管理学研究员。曾任北京医学院团委宣传部部长、北京医科大学校刊编辑部副编审、党委办公室和校长办公室主任、北京大学医学部副主任。作为总撰稿人负责编写的北医校史《走向新世纪的北医》一书于2002年正式出版，是《合校后的北医十二年》负责人及主要编撰人、《百年北医》校史册编辑负责人、《北医百年历程展》校史展总编制及工作组组长。

1979年我进入北京大学分校历史系学习，1983年毕业后被分配到北京医学院，此后便一直在北医工作，或多或少地接触过北医人口中的“老彭”“彭书记”——彭瑞骢先生。工作早期，我与老彭并没有太多交集，后来因编撰校史我才有机会与他有密切的交流。值彭瑞骢先生百年诞辰之际，回忆起我与老彭的相识、相知以及共事的经历，他的谆谆教诲仍像一缕缕春风拂过我的脸颊，像一丝丝春雨滋润我的心田。那些点点滴滴的温暖与智慧，填满我的心海。

一、因史结缘：与老彭的初相识

我毕业后最初被分配到北京医学院学生处，从事学生思想政治工作，做学生辅导员。这一时期老彭是学校的党委书记，但是我们没有直接的工作联系。我接触较多的是主管学生工作的徐天民书记。有一天，徐书记让我去一趟老彭的办公室，说老彭要找我聊聊。当时别人都知道老彭在北医的名望，而我确实不是特别清楚，只知道他是书记。而且我觉得我们做学生工作，好像跟一把手书记也没有什么直接的接触，因此也不认为这是多么重要的一件事，只是感到意外，不知道他为什么要找我。我就去了当时的行政办公楼（现在位于逸夫楼北侧和学生 2 号楼宿舍之间的位置）。到了党委办公室（简称“党办”），党办工作人员说老彭有一些事情要处理，让我稍等一下。党办那种肃穆的氛围跟学生口的氛围不一样。学生辅导员年轻、活跃，气氛都是比较自由、平等、欢快的。党办里没有人大声说话，很是安静，让我稍微感到有一些忐忑。稍等了一会儿，老彭办完事，我来到他的办公室。他当时不苟言笑，表情特别严肃，给人一种不怒自威的感觉。我一个整天说笑惯了的人，突然面对这么一个人，立刻就收敛许多，有点不敢造次。老彭察觉到我的紧张后，跟我说：“没关系，咱们就随便聊一聊。”他先问了问做学生工作的一些情况后，说需要我用文言文写一篇纪念北医建校的文章。1982 年学校刚刚办完 70 年校庆，再写一篇文章对我来说并没有什么困难，而用文言文写，对我来说还是第一次。但我当时工作才一两年，没有什么心理负担，觉得这篇文章也就是一个作业，并没有把它看成是多么特别重要的事。于是我查了一些资料，便很快完成文章并交给了老彭。遗憾的是，这篇文章现在找不到了。随后，我去问徐天民老师老彭怎么看我写的文言文。徐书记说：“老彭对文章的评价是没毛病，但是不深刻，这个不深刻体现在对学校不了解，但也难怪，你才来 3 年。”后来老彭把马模贞老师用文言文写的纪念北医 70 年校庆的文章转给我。我看完后很受触动，我的文章和这篇文章的差距太大了。马老师的文字是有情感的，我的文字没有什么太大的毛病，但是没魂。

后来，我才知道当时党委组织部基本上要从团委、学生口看辅导员队伍中是否有可以培养的苗子。徐书记之所以向老彭推荐让我写文言文，也是在有心培养我，希望能让老彭了解我。老彭认为我无心仕途，基本上还是潇洒随性的人。后来我随着王德炳校长到海外去建立各处校友会的时候，听到有校友提起老彭，说老彭觉得李鹰跟北医的学生完全不同，她的思维方式、看问题的角度是有特点的。事实上，老彭的这个评价并没有当着我的面说。我早期跟老彭的工作也没有直接关系，所以不管是我看老彭，还是老彭看我，都脱离了一种利益、师生、同学、专业的联系和羁绊。

二、因文深入：胡传揆小传撰写历程

我职业生涯的最后时期主要是写校史，这也是和老彭见得最多、聊天最多的时期。1999 年前后，北京市委教育工委组织各个学校撰写新中国成立后的教育开拓者，北医列入的人物是胡传揆。当时在两办工作的都是年轻人，对胡传揆老院长几乎不了解。我作为两办办公室主任负责此事，具体执笔人是毕业于中国人民大学法律系的办公室成员李晓倪。接到撰写任务后，我们按照北京市委教育工委给的一个提纲框架，在北大医院等地查阅了一些资料，仍不知该如何入手。由于胡传揆先生后来任北京医学院院长，我们又请教了他的秘书楼惠玲老师，向她了解情况，但资料仍不够具体。时任校长的王德炳[1]建议我们去找老彭，他说："对北医历史上的人物和重大事件，老彭就像'活字典'一样，他非常清楚。"

我当时年轻，就认为，根据北京市委教育工委提供的提纲，北医就这么一个人物，但老彭当时主张新中国教育的开拓者不是一个人，应该是一个群体。老彭熟稔历史，他主张写人写事要放到当时的历史环境中去。在 1999—2000 年这个时间段为何只提胡传揆，以及如何突出他，老彭是有过思考的。审稿的时候老彭一直不说话，后来我发现他是在思考怎么跟我们谈这个问题。他年长我们 30 多岁，他不希望自己说的话让我们产生错觉。第一次我们在谈的时候，他反复强调书写新中国北京市高等教育开拓者时要用一种思辨的方法，对于旧的医学教育向新的医学教育转变，需要将其放到历史的大环境下去理解，那个时候我们对此不太理解。我当时觉得胡传揆是一个过渡。1945 年 10 月之后，到 1949 年新中国成立，北医合并到北大，随后又独立建院，胡传揆贯穿了整个历史阶段。他是独立建院的院长，所以胡传揆经历了新旧两个社会和合并到北大后又独立出来的历史阶段。我想北京市委教育工委是考虑到了这一点，抛开了政治意识，就是从他的历史影响的角度来看的。他毕业于北京协和医学院皮肤科专业，在新中国成立初期对华北地区性病的消灭和北大医院的建设，他都有

1 王德炳（1937—），男，汉族，中共党员。1960 年毕业于北京大学医学院医学系。历任助教、住院医师、主治医师、副主任医师、主任医师、副教授、教授和博士生导师。曾任北京大学人民医院内科副主任、北京大学血液病研究所所长、北京大学人民医院副院长、北京医科大学副校长，1991—2000 年任北京医科大学校长。北医和北大两校合并后，2000 年 4 月至 2002 年 4 月任北京大学党委书记、校务委员会主席。

着不可磨灭的功绩。但我觉得这篇文章既需要反映老彭的意思，又很难回避一些政治敏感的问题。我就跟老彭协商，我说是不是旧的教育制度向新的教育制度转变过程中是有所不同的，包括意识形态、人们的理解都有不同。但是老彭很坚决，他说，尽管改革开放后除了谈集体外，也开始强调个人价值，但实际上这是集体努力和斗争的结果。我专门打电话，跟北京市委教育工委负责人说我们学校党委的意见是希望可以写一组人，负责人表示只能够围绕着一个人来写。当时我还是年轻，现在回想起来，如果这篇文章让我重新写，只要史料充分，我肯定既能把老彭的意思体现出来，又能写出胡先生的特点，阐述胡先生如何从反对、不理解、不赞成，然后又适应发展进行调整的转变过程，并思考在砸烂旧的教育制度的同时如何建立新的教育制度。胡先生是留美的，他坚持协和医学院八年制的治学理念。新中国成立初期国家急需卫生人才，所以才有了调干生，恨不得让学生经过 1 ~ 3 年的快速培训就可以直接到一线去工作。后来医学教育的学制有五年、七年、八年，什么都有，但只有协和医学院没变过，始终是八年制。老彭在弥留之际表示在这一点上他很赞成胡先生。

我觉得老彭对很多事也有一个认识过程。我说老彭是伟人，是因为他在不断地否定和质疑自己，然后又策略性地进行调整。胡传揆只是北医在新中国成立后发展中的一个过渡人物。后来我又查阅了很多资料，才发现如果能加进老彭提出的对知识分子改造这部分内容，那么这篇文章会更加深入。对于胡传揆的文章，包括以后的文章，老彭对我的启发很大。老彭的观点是人无完人，我们评价一个人时要把他放到历史的大环境里去评价。功劳不是一个人的，错误也不是一个人的。但是如果他位于关键的位置，那么他是起作用的。起了什么作用，是需要我们用历史学来解释。我认为，北医对早期建校阶段的一些历史人物也还需要多加研究和挖掘。

三、求真求实：北医校史的采集与编写

后来我多次参与并牵头组织校史资料收集与文稿编写工作，对于校史所涉及的重大事件和人物，也多次找老彭交换意见。1983 年进入北医后，我经历了三次大的校史编撰：第一次是间接参与，第二次是我独立负责组

织编撰校史，第三次就是负责百年校史。北医的第一本校史是《北京医科大学的80年》。编写这本校史时我在校刊编辑部工作，孙敬尧老师和齐长虹老师都是我的同事，他们是编写组的主要成员。我只是接触过一点史料。2002年是北医建校九十周年，我承担了组织编撰校史的工作。我大学本科的专业是历史学，进入北医后好像做了很多跟历史不相关的工作，但最终还是又回到历史的角度了，所以能独立负责编撰校史这样庞大的文字工作。

百年校史该怎样组织，当时学校领导之间是有不同想法的。校史属于官史，是从正规的文书里梳理提炼。编撰九十年校史时，从校刊、档案馆或者校办抽调了一些人。编写百年校史时，有接续的部分，也有新的部分。当时班子成员对校史的看法并不一致。老领导像老彭、王德炳等，他们特别想做的校史是"反思"。我个人是赞成反思的。但是现任的班子希望"颂扬"，有人认为校史就是宣传而已。我认为历史跟宣传还是有差异的，需要严谨地考证史料。我反复讲做历史方面的工作时，我们其实是在梳理。梳理就是对于查找到的史料，我们按照一个线索整理出来，相当于史料汇编。当然，这些文字资料也能起到宣传作用，不过我个人认为不要添加形容词，不要加上很多时下宣传需要的那些词汇。北医有百年历史，有上万多的校友毕业，每个阶段的人都可以在其中寻找自己的影子。将每个阶段的史料衔接并铺出来，就是整个学校发展的历史脉络。把这个脉络放到中国的大环境里，就是西医教育在中国发展的进程。北医是中国人自己创建的医学院校，在整个国家和历史发展进程中，他从初期什么样就是什么样。对这个思路，老彭、王校长这一批老人都是同意的。我们在办公会上也同意，所以组织了王德炳、徐天民、程伯基等老同志作为校史编撰组的顾问，然后再组织人撰写。他们都特别愿意加入百年校史编撰中。每周二讨论的时候，我们会把这几个老先生请来一起讨论，因为我觉得这个历史是大家庭的历史，就像大家梳理家谱。这些人中有的还做过领导，经历过很多事情，也做过很多决策。这些决策有的是对的，有的可能是错的。他们希望站在当下批评过去，所以我反复讲，我们可以有反思，但是尽可能不做评价。我们就是把事情梳理出来，对和错自有公论。王德炳、徐天民、程伯基[1]这三位都是学校的老领导，

1 程伯基（1937—），北京大学医学部教授，原北京医科大学常务副校长、《中华医学教育杂志》主编、北京大学医学出版社总编辑，曾任教育部临床医学专业认证工作委员会秘书长。

张质[1]是宣传部部长，姚树印[2]是科研处处长，廉志坚[3]是档案馆和图书馆馆长。我觉得我们还是要梳理一个医学和科研发展的线索。

在梳理百年校史的时候我还是遇到了一些困难。我觉得人们对于修史的理解还是存在不足，总是认为这是一个宣传，是一个特别简单的事情，认为把过去电视、报刊的宣传报道收集起来就完了。我负责九十年校史的时候有个专题写作班子，但是在编撰北医百年校史时，只有我自己是脱产的，只做这一件事，且依托档案馆，其他执笔人都是利用自己业余的时间。事实上，我认为档案馆不只是搜集和整理资料，还需要开展学术研究，因为档案是死的，关键是我们怎么去研究和提炼。虽然档案馆能承担很多，但是由于医学专业的学校对文科不够重视，所以档案馆的人写作能力有限，人手也不足。另外，档案管理主要是把档案分类，但是研究档案和写文章又是另外一回事了。所以在人手极度紧张的情况下，我们也是咬紧牙关努力干。后来，由于过去我组织过校史编撰，有一定的基础，很多有写作能力的人看到我的难处后愿意来帮助写史。他们在完成各自本职工作的前提下，利用自己的业余时间参与讨论和编写。当时主要有四个人，一个是李喆，本科和硕士毕业于北大哲学系，现任北大元培学院党委书记；一个是杨霁楚，本科和硕士毕业于北大中文系，当时在在职培训中心工作；还有产业办的梁峰霞，硕士毕业于北师大中文系，也是执笔人之一；另外一个就是负责校刊工作的傅冬红，她参与历年校史的相关事宜。这个任务既是组织派给傅冬红的，也是她自告奋勇承担重任。所以我们这几个主要编撰的执笔人其实非常不容易。我们还有一个四人小组，包括刘国英、郭红、邢淑丽、刘效岩。他们都是退休人员，每天给相关部门打电话催要资料。当时，我们每写一段文字就提交，并在周二开会时讨论。

在校史编写过程中我们也遇到了一些难以确证的重要问题：一是北

1 张质（1937—），北京大学医学部机关退休第一党支部书记，研究员。大学毕业后被分配至北京医学院哲学教研室，期间从事哲学教学、公卫系政治辅导员，曾任北医党委宣传部部长、学校党委常委、医学部关工委常务副主任。

2 姚树印（1936—），曾任北京医科大学科研处处长，现任医学科研管理研究所副所长、研究员。

3 廉志坚（1941—），曾任北京医科大学党办和校办主任、档案馆馆长和图书馆馆长。

医创建校长汤尔和[1]的评价问题。因意见不一致，我和老彭曾经讨论过多次。我是想把人物放到历史背景下来介绍的，对此老彭一直坚定地否定我的提法。我不敢否定他，但是我也会坚持自己。从现有资料看，我们对这段历史了解得不透彻。汤尔和在日伪时期先后做过教育总长、内务部总长和财政总长。老彭说这是他做汉奸的事实，无法美化。后来有些人对这段历史有不同的看法和观点，对此老彭说给日本人当官都不算是汉奸，那中国还有汉奸吗？我们还有没有客观公正的历史评价了？不能用模棱两可的态度来评价历史，或者给历史人物洗白。我尊重老彭的意见，但也与老彭交换了意见。我说是否可以把汤尔和放到历史语境里进行书写，他开创学校那段我们是不是可以写，开创时期还是能激起民众的民族自豪感的。到了抗日战争时期，我们并不回避，包括最后对他的评价，我们也不回避，事实是什么样的我们就如实评价。彭先生听我说后，觉得我这么想非常有意思。我主张将人物放到历史的环境里，功过都要有，不能一棒子就打死了。人的变化是有阶段性的。汤尔和在创建学校前期力推解剖法，对于中国发展西医教育是有贡献的。在这方面，老彭接受了我的观点。

二是学校的创立与京师大学堂医学实业馆之间的关系。在编写第一本北医八十年校史的时候，我间接听到孙老师和齐老师讨论过这部分内容。当时老彭是顾问，对于学校开办这一段文字，老彭是认真仔细考究过的。孙老师和齐老师是我们校刊的人，当时为了查阅资料，他们到过中央档案馆等很多档案馆，最终发现京师大学堂的医学实业馆开办 4 年就停了。1911 年要办北京医学专门学校的时候，民国政府把废弃的实业馆拨付给学校，来开办医学专门学校。老彭当时就讲，如果京师大学堂要办医学实业馆，那当时办医学实业馆的宗旨是什么？这和后面汤尔和从日本回来后要办的医学专门学校的宗旨是一个吗？他觉得这个资料是不足的。民国政府把汤尔和招过来开办中国第一个西医学校的时候是有明确的办学宗旨的，这个从档案上都能查到。所以老彭说医学实业馆只是提供了条件，在医学实业馆的旧址上新建学校，旧址和新建学校之间有什么联系是需要更

1 汤尔和（1878—1940），原名鼐，字调鼎，浙江杭州人。1907 年赴日本留学，入金泽医科专门学校学习。1910 年 6 月毕业回国。1912 年 8 月，民国北京政府教育总工请他在北京办一所模范医学校。10 月他开始筹办国立北京医学专门学校，即北医的前身。

多的资料来佐证的。老彭认为如果一定要有联系，就需要用不同的史料包括口述资料来佐证，直接证明、间接证明都行。在这一点上我赞同老彭的观点。我们在以后梳理百年校史展板的时候，对这个话题还有过特别深入的讨论。北大和北医合并以后我提出过对此是不是要溯源历史，但是一直没有人接这个话题，所以这件事就一直没有下文。现在有人说医学实业馆就是北医的前身，不知道是不是有说服力的史料证明。而老彭在这个问题上是非常严谨的，他说不能牵强。

校史编写过程中以及出版后，海内外的校友们都非常关注。把北医历史发展的脉络梳理清晰后，校友们反馈，说北医终于有自己的家谱了。在征集校史资料的过程中，很多校友提供了照片和文字给档案馆。

四、调和矛盾：北大与北医合并事项

北大和北医自2000年合校，至今已有23年了。说实话，对北医的影响要远远大于北大，对北医来讲整个建制都被取消了。这两个学校独立运行了很久，各自的校风和培养的目标完全不一样。医学院校是一个专业性非常强的学校。两校合并时我是两办的主任。两校协商合作，从联合办学走到合并，这个过程我都参与了。宣布合并后，中央机构编制委员会办公室（简称“中编办”）就取消了北医建制。至于人事上的变动，北大校级领导整建制保留，而北医的校级领导只有四个进到合并后的北大班子里。但北医当时也有十几个校级领导，没有进入领导班子的成员，其岗位和职权就会受到影响。此外，北医办公会决策内容是需要两校协商的，既要能够保持北医的完整平稳过渡，又要体现合校后的管理体制；既要有相对独立的议事决策，又要有合校后的大学规则，因此实行了主任负责制。主任负责制是党委成员跟部务会成员组成决策机制，讨论完了某个重大事项，再上北大的党政联席会和常委会去讨论决定，比如干部任命等。原来独立的北医决策机制是讨论后上报卫生部，现在换成要上报北大。此外，还要关注两校合并后不要影响正常教学。实际上两边都希望开展学科的交叉合作。走到今天，两校在理念上还是有很大的差异，需要不断地促进和改善。

关于合并这个问题老彭也起了很多作用。老彭是赞成合并的，但是不是合到今天这个模式。我觉得老彭有他自己的想法，他可能想着跟北大合并之后，北医进入“211 工程”就没有问题了，还能得到国家的重点支持。老彭总是说要研究合作的模式，还提出了一个问题：我们要研究一下，1949 年北医独立出来了之后为什么现在又要合并，我们现在合并是想得到什么？1949 年我们之所以独立出来，是因为北大对医学的理解与认知不足，意识不到文、理、医等学科之间的平衡发展，因此给北医的支持是不够的。除了对医学的投入不足外，还有一个原因，就是和当时新中国成立后华北地区缺乏大量的医药卫生人才相关。其中有一个重要的历史人物，就是贺诚将军[1]。对这个人物我们挖掘得也不够。贺诚是北京医学专门学校的学生，还没毕业就投身革命去了。新中国成立后任中央人民政府卫生部副部长兼党组书记，同时又是军委卫生部部长。新中国成立初期，华北、西北等地区性病患者很多，卫生人才奇缺。为了尽快培养医药卫生人才，贺诚建议母校（北医）从北大独立出来，归卫生部直接管。所以 1950 年中央政府发令，北大医学院双管，直接归卫生部管。1952 年在学院路建设起来新的校区，完成独立建院。这些话都是老彭说的。老彭说我们当时分出来是因为得不到大学的支持，医学教育发展缓慢。现在我们合并后，还要想一想，在独立的医学院校教育发展当中除了解决资金不足外，学科融合等其他问题怎么解决。老彭的设想是北医既要有独立的权利，也要跟北大的文化相融合，在国际舞台上借助综合大学学科齐全的优势发展医学教育。老彭是一个特别有智慧的人。他积极地推进两校合并，更多的还是从学生受益、教师人才培养和学科发展等医学教育的角度出发。

五、高尚纯粹：我对彭瑞骢的怀思

我认为老彭是一位伟人，是“一个高尚的人，一个纯粹的人，一个有道德的人，一个脱离了低级趣味的人，一个有益于人民的人”。当今的高校中再难有彭瑞骢这样的领导，很多光环都可以给他戴上，他是配得上这

1 贺诚（1901—1992），名宗霖，字润之，又名李平，四川省射洪（遂宁市射洪）市人。1926 年毕业于国立北京医科大学校，中国共产党优秀党员、无产阶级革命家、中国人民解放军高级将领。

些光环的，而且用许多词汇来赞誉他都不为过。

幸运的是，因为校史，我和老彭能有很多交流和接触。老彭求实严谨、淡泊名利、无私奉献的作风潜移默化地影响了我。回顾老彭的一生，他没有多高的行政级别，既不是部级领导，也不是院士，更不是什么博士生导师，也没有得过任何大奖，但是他在人们心中的分量超过了这些所谓的光环和名利。他对中国的医学教育影响深远。因为他了解中国的国情，了解医学教育的本质和规律，尤其是懂得尊重人，尊重不同学科的专业特征，也听得进去完全不同的意见和观点，能够公正、客观地思考学科建设和发展。

老彭这一生无私无畏地站在北医立场上，全身心、一心为公地扑在教学、科研和管理上，同时考虑整个中国医学教育和卫生领域的发展，并兼具国际化视野。他还能做好组织管理和人际关系协调，面对分歧他知道怎么去化解，怎么去沟通，怎么去充分表达，该怎么去做。特别是我们遇到重大事情的时候，他能够顶住，能够扛住，这是非常难得的。

老彭是一股清流，让这股清流绵延不绝，滋养每一位北医人。这也是我所期盼的。

时间：2023 年 3 月 25 日 10:00—12:00

地点：北京大学医学部护理楼 619 室

受访人：李　鹰

访谈人：蓝贻茜

录制人：张晓辉

文稿整理：蓝贻茜

审阅修订：李鹰、姜海婷

生命里的引路人

李立明

李立明（1956—），男，中国公共卫生与预防医学专家。现任北京大学博雅特聘教授、公共卫生学院流行病学博士生导师，第十届教育部国家督学，享受国务院政府特殊津贴。1982 年毕业于北京医学院卫生系。1983 年师从流行病学专家曹家琪教授，1986 年获得北京医科大学流行病学专业医学硕士学位。曾在美国夏威夷大学公共卫生学院和心脏研究所、美国约翰·霍普金斯大学人口动力学系和流行病学系等地方进修深造。历任北京医科大学公共卫生学院副院长、北京医科大学公共卫生学院院长、北京大学校长助理、北京大学医学部副主任、中国预防医学科学院院长、中国疾病预防控制中心首任主任、中国医学科学院/北京协和医学院党委书记及常务副院校长。李立明在公共卫生事业所做出的贡献得到了国内外同行的认可。2002 年，李立明受命组建了中国疾病预防控制中心（国家 CDC）并担任首任主任。"非典"时期，李立明带领 CDC 为抗疫提供了重要的技术支持。2004 年开始，李立明担任中国慢性病前瞻性研究项目（China Kadoorie Biobank，CKB）中方负责人。该项目后来成为全球仅有的三项调查规模达 50 万人、且建立生物样本库的超大人群前瞻性队列之一，为中国慢性病防治提供了本土化、高质量的病因学证据。

1982 年我毕业于北京医学院卫生系，1983 年师从流行病学专家曹家琪教授，1986 年获得北京医科大学流行病学专业医学硕士学位，从此一直留在北医，从事教学与科研事业。在北医学习和工作期间，我受到了彭瑞骢先生的关怀。在本文中，我主要从医学教育教学改革、高校党务工作、人才培养等方面总结彭瑞骢对北医教育发展改革和学科建设做出的贡献。

一、彭瑞骢与北医医学教育教学改革

我认为在高等教育单位里，领导者重要的是要具有前瞻性、创新性的思维，能够接受国际上的一些新观点、新理论，从而推动和影响我们的教育，深化我们的教育改革和发展，而彭瑞骢就是中国医学教育改革的先驱和原动力。我认为彭瑞骢主要从两个方面推动了北医医学教育教学改革，一是引介了生物—心理—社会医学模式，推动医学教育对健康影响因素的全面认识；二是通过对医学目的的再认识，帮助人们重新审视医学的发展和体认生命。

（一）引介生物—心理—社会医学模式

中国的医学教育受到了苏联很深的影响，而苏联医学教育的模式基本上是生物医学模式。生物医学模式的特点是关注微生物对疾病的自然环境和生物因素相关致病影响，而对社会行为等的关注非常少。彭瑞骢书记以前就是学公共卫生的，做过流行病学教研室的助教、讲师。他明白中国的公共卫生专业受到了苏联的生物医学模式的深刻影响，但对人的行为和社会因素等的关注是不够的。我于 1987 年出国，到美国夏威夷大学公共卫生学院做访问学者，选修了行为流行病学（behavioral epidemiology）课程。当时这门课在国际上也是刚刚开设，研究的是人的行为与健康之间的关系。生物—心理—社会医学模式是在 1977 年提出来的[1]。彭书记应该是在 1982 年写了介绍这个理念的文章[2]。1988 年我从美国回来，以后就向彭瑞骢书记汇报。跟他一交流，大家都觉得非常有共同语言，认为中国的医学教育改革应该从医学模式的改革开始。人们只有用新的生物—心理—社会医学模式来指导医学教育改革，才能使学生对疾病发生的背景、相关知识面以及健康的影响因素有更全面的认知。

1 生物—心理—社会医学模式是由美国罗切斯特大学医学院精神病学和内科教授 G. L. Engel 在 1977 年《科学》（*Science*）杂志上发表的文章中提出的。1980 年黎风将这篇文章摘译引介进入中国。参见：Engel G. The Need for New Medical Model: A Challenge for Biomedicine[J]. Science, 1977, 196；G. L. 恩格尔需要新的医学模型：对生物医学的挑战［J］. 黎风译 . 医学与哲学，1980,（3）：88-90.

2 彭瑞骢，常青，阮芳赋. 从生物医学模式到生物—心理—社会医学模式［J］. 自然辩证法通讯，1982（2）：25-30.

北医基本上在这个医学模式下开始了教学改革。到了20世纪80年代，又提出了一个新的模式——生态大众健康模式。这个模式是我从WHO引入的，并且在1997年翻译出版了《生态大众健康》[1]。这个模式又将医学模式往前推进了一步。WHO于2009年提出了“健康的社会决定因素”（Social Determinants for Health），从单纯的个人、遗传、行为、社会因素，到远端的社会决定因素，比如教育水平、环境支持、政策支持、经济水平及社会公正等，这些都会影响人的健康。这个模式促使WHO从过去的健康教育发展成了健康促进（health promotion）。对健康的认识，从1947年开始WHO提倡的三维健康[2]，发展到20世纪80年代的生物—心理—社会医学模式和生态大众健康模式，基本上中国乃至全世界的医学教育改革就是沿着这样一个脉络走的。彭瑞骢是我国医学教育改革的先驱，引入了生物—心理—社会医学模式。只有医学模式改变了，才能够调整、改革和丰富教育的内容，拓宽学生的知识面。

（二）对医学目的的再认识的意义

北医医史教研室的张大庆等人撰写了一本关于彭瑞骢的书——《20世纪中国科学口述史——彭瑞骢访谈录》，其中专门讲了对医学目的的再认识的问题。彭瑞骢在20世纪90年代早期在国内开展了对医学目的的再认识的讨论[3]。我觉得对这个问题，很重要的就是过去我们一讲医学，就是四个字——“救死扶伤”。但是大家都知道死是不能救的，这是一个自然现象，是一个过程。所以过去将医学的目的定位在“救死扶伤”的时候，实际上是对医学科学的一种亵渎，这也是一个不可能实现的目标。所以在这种情况下，对医学目的再认识时就提出了一个生活质量的问题、健康的期望寿命的问题，最终提出了一个选择死亡的问题。其实这些问题都与生

1 1986年第一届国际健康促进大会（OT-TAWA）确定了生态大众健康的理念。参见：C. Chu，R. Simpson，主编．生态大众健康：公共卫生从理想到实践［M］．李立明，王临虹主译．北京：北京医科大学、中国协和医科大学联合出版社，1997：2.

2 对于健康标准，WHO早在1947年提出了不只是没有疾病，而是人们的身体、心理和社会方面都处在一个完整安好的状态。参见：C. Chu，R. Simpson，主编．生态大众健康：公共卫生从理想到实践［M］．李立明，王临虹主译．北京：北京医科大学、中国协和医科大学联合出版社，1997：1.

3 参见：彭瑞骢口述，孟讙，张大庆访问整理．20世纪中国科学口述史——彭瑞骢访谈录［M］．长沙：湖南教育出版社，2010：185-195.

老病死有关，体现了人类在探索生命和生命过程中的升华和提升。

对医学目的的再认识也改变了过去人们普遍认为的一定不得病、不死人的医学目的，这是很难做到的。现在我们更科学、客观地认识到，人吃五谷杂粮，就一定会得病。随着年龄的增长，人一定会患有退行性疾病[1]。这是自然现象，是必然的。所以医生能做的就是让人们减少危险因素的暴露，推迟发病。病人生病以后医生能够减轻其病痛，提高或维持他的生活质量。人在患病以后一定会向着残损（impairments）、残疾（disabilities）及残障（handicaps）的方向发展，即从生物功能受限，到生理功能改变和受限，最后到社会功能受限。医学能够解决的是推迟和延缓转变，提高生活质量。到最后解决不了了怎么办？那就让病人有尊严地死去，选择死亡。实际上对医学目的的再认识是人类对医学的发展和生命认识的一次升华和提高。重新认识医学目的也让医务工作者重新审视生命的价值和死亡的意义，学会面对死亡。所以现在临床上比较重视医患沟通，就像特鲁多医生的墓志铭所说的："有时，去治愈；常常，去帮助；总是，去安慰。"（To Cure Sometimes，To Relieve Often，To Comfort Always.）我觉得，对医学目的的再认识对医学教育有很重要的影响，让医学生有这个理念，对提高他们的职业素养至关重要。

二、在彭瑞骢的带领下，北医是党委领导的范例

1989 年 8 月，《中共中央关于加强党的建设的通知》规定，"高等院校实行党委领导下的校长负责制"。对这样的体制，有很多质疑和不同的声音。但我认为彭瑞骢敏锐的学术思想和超前的教改意识是把握一个高校发展方向的一个重要标志。

（一）具有敏锐的学术思想与教改意识

彭瑞骢提出了教育模式改革。北医最早通过世界银行贷款的项目就是医学教育项目。北医第一批送老师到国外读硕士的专业是医学教育管理，

1 退行性疾病（degenerative disease）是一种受害组织或器官的功能或结构逐步恶化的疾病，可以由人体老化所致，可以因生活方式的选择所致，如运动或饮食习惯。

比如医学教育研究所的郭立。医学教育研究所早期的出国者都是到美国密歇根大学学医学教育管理。20 世纪 80 年代初，彭书记派曹家琪教授等人出国学习临床流行病学（clinical epidemiology）。这批人回来后都做了管理，大批医学院校校长都是这个培训班培训出来的。当时国际上临床流行病学学习的核心内容叫“DME”，即临床研究的设计（design）、测量（measurement）与评价（evaluation）。搞任何管理，做任何东西，都是从设计开始，到实施过程，最终评价。这是一个完整的科学过程。

所以第一批出去的人，包括到美国、澳大利亚的，改革开放以后他们就成了北医医学教育改革的中坚力量。原来的医学模式主要是生物医学模式。这批人回来了以后就开始开展行为学、社会学和卫生事业管理的工作。我们的卫生事业管理是在 20 世纪 80 年代创建的，基本上都是在这种背景下开展的。有了这样的人才之后，我们再去开展这方面的研究和工作。

很多专业的设置或者新开的专业也是在这种背景下开始的。比如，北医在国内比较早地启动了伦理学教学，如生命伦理学、卫生伦理学和医学伦理学等。另外，国内的第一个遗传流行病学习班是从美国请的大师到北医办的。以前大家基本上关注的是环境，不关注遗传，特别是组学这些东西，但是那个时候北医就有了群体遗传学的概念。另外，对于艾滋病的流行病学研究，大家都以为协和医学院的张孔来[1]先生是最早开展的，其实张孔来先生是北医流行病学教研室出去的。钱宇平[2]教授 1988 年从国外回来，写了一个小黄本，就是《艾滋病防治手册》，由中国科技出版社出版。国内开始进行了艾滋病的培训，这时候张孔来从北医被调到了协和医学院何观清[3]教授主持的流行病学教研室，负责艾滋病的流行病学研究。后来在介绍全国艾滋病首席流行病专家时就是他，但其实他是从北医出来的。

---

1 张孔来（1934—），男，流行病学家，1956 年本科毕业于北京医学院，1979 年前往美国加州大学洛杉矶分校（UCLA）公共卫生学院流行病学系攻读硕士研究生，1981 年从美国进修回国后继续在北京医学院任教，随后被调任至协和医学院。80 年代末 90 年代初，张孔来在国内较早开展了艾滋病与社会行为之间关系的研究。

2 钱宇平（1912—1997），男，中国流行病学家、教育家和社会活动家，中国遗传流行病学先驱，1944 年毕业于湘雅医学院并留校工作，1980 年被调任至北京医学院公共卫生学院流行病学教研室，先后被评为副教授、教授，并任教研室主任等职，还出版了中国第一本艾滋病防治手册。

3 何观清（1911—1995），男，中国流行病学和公共卫生学家，1937 年获协和医学院医学博士学位，1948 年获美国约翰·霍普金斯大学公共卫生学院公共卫生硕士学位，同年回国，任中央卫生实验院研究员。新中国成立后，被评为教授及中国医学科学院研究员，并任协和医学院公共卫生系主任。

还有老年保健专业，当时是设在卫生管理中心。李天霖教授是卫生统计学出身，主要搞人口学，但是过去中国搞的人口学叫静态人口学，看人口的分布，即不同的年龄、种族、性别之间疾病谱的变化。但是自从去国外学习的人回来了以后，就有了一个概念，叫“人口动力学”（population dynamics）。人口动力学是动态人口学，即随着国家政策的改变以及经济的发展，人口结构也发生了改变。新中国刚成立时，因为在战争中失去了很多男性，所以国家鼓励大家生孩子，50 年代出现了我国第一个生育高峰。第二个生育高峰是六七十年代。到了 80 年代，人口结构出现了枫叶形，才有了后来的人口学理论中的红利现象，也就是劳动力人口多了。但是现在很多劳动力都快退休了，60 岁以上的人口占比很大。这种动态的变化反映出我国正在逐渐迈向老龄化社会。70 年代我国实行计划生育政策，一对夫妇只生一个孩子，最后就出现了一个倒金字塔形人口型。上海于 1988 年首先进入老龄化社会。早在 20 世纪 80 年代，北医的研究团队就已经去上海开展老年生活质量研究了，发表了很多文章，还出版了中国第一本《老年保健流行病学》[1]。该研究项目获1996年上海市科学技术成果奖。上海市卫生局局长见了我就问，你们北医的人怎么到我们上海来做研究项目啊？我说只有你们上海市有人口老龄化呀，别的地方还没有，你们上海得给我们出成绩、出经验，解决全国的老龄化问题。

还有卫生管理专业，你们可能听很多老先生讲了，这个专业也是在彭书记的指导下建起来的。还有一个是健康教育（health education）专业。为了创办健康教育专业，彭书记把《健康报》的一个著名记者朱锡莹调到北医，因为她是国内最早接触和学习健康教育的。从 1983 年入学的五年定向培养本科学生这一班开始，在最后一年学习健康教育，这在全国属于首创。所以，现在中国健康教育所和全国的许多学术骨干都是咱们北医第一、第二届健康教育专业的定向班同学。这些事情都是彭瑞骢在任的时候鼎力支持的。

彭瑞骢对青年师资的培养具有国际视野。在创办了卫生管理专业，且卫生管理干部培训中心成立了以后，彭书记就给我们几个年轻人分配

1 参见：李立明．老年保健流行病学．北京：北京医科大学、中国协和医科大学联合出版社，1996．

了任务。我在 1987 年第一次出国，1990 年又去了美国，在约翰·霍普金斯大学做博士后。那时候我已经是副院长、副书记了，但是我就找到彭书记，说我希望出去学习，充实自己。他马上就同意了，但是他说你出去的时候得把副书记辞掉，因为你要是去美国，以副书记这个身份不行，但是为了你便于和国外交流合作，副院长的职位我们给你保留。你看他想到的都是年轻人。他都替你想好了，你出去了后怎么样能够更好、更有利。就这样，我去了约翰·霍普金斯大学，完成了临床流行病学和人口动力学的学习任务。但是同时我也带着任务，那就是负责追踪美国的公共卫生教育和疾病预防控制体系的变化和发展。

我记得当时对留日的卫生管理干部培训中心的人员，给他们的任务就是追踪日本和韩国的公共卫生的变化，还有一组人是追踪西欧。这样，北美、西欧加上日韩，基本上公卫学院里有一批年轻人始终在追踪这些国家的公共卫生发展。我们发表了很多综述，把这些不断的变化和发展介绍给国内。这样，国内的老师才知道国际上是怎么发展的，我们应该做什么，怎么样去做。我觉得作为一个把握学校方向的党委书记，彭瑞骢的这种学术思想的敏锐性和超前意识是非常重要的。他关注的不是这些干部怎么摆，谁当官或谁不当官，而是如何建设学科和跟踪国际学术前沿。

学校考虑的主要方向是培养人才，换句话说，就是一定要把优质的教育资源用在培养优秀的学生上，这是一个很重要的概念。我觉得彭瑞骢在党委领导学校方面做得十分出色，也使北医成为高校的一个范例和旗帜。他很敏锐，能够及时发现这些新东西。我刚才举的这几个例子都是自己亲身经历的。在他的领导下，这些学科都有了长足的发展。

（二）理解与信任知识分子

在党委的领导下，党管干部、党管人才，我觉得深刻理解和充分信任知识分子是党委书记的重要职责，在这方面彭瑞骢作为党委书记是一个典范，主要体现在三个方面：

一是尊重知识、尊重人才。有本事的人一般都有个性，都有脾气，这样的人往往不好相处。但是彭瑞骢的心胸非常开阔，能够尊重他们，让他们发挥作用。比如有的教研室一山不容二虎，有两个人都很强势，他们都是大专家，但是互相之间谁也看不起谁。“文人相轻”在知识分子里是非常普遍的现象。彭瑞骢不是简单地调和，谁必须服谁，或者他们俩要怎么样。这两个人一个是正主任，一个是副主任。彭瑞骢就把一个教研室拆成两个，拆成不同的研究方向，让这两个人都当主任。然后你干你的，他干他的，别把时间耗在打架上。他这么处理的优势就是这两个人都没走，把人才全留在了学校。这样的例子不是一两个教研室、一两个系的问题，有很多，他都是用这种方式去解决矛盾。因此，这些知识分子都信任他，愿意跟他交心、汇报。这样，就把这些知识分子都留下来了。

二是信任专家、留住专家。彭瑞骢说过：“在大学知识分子成堆的地方，你批评他们什么都行，但不能说他们的业务不行。”我对彭瑞骢的这个观点印象深刻，这个观点也影响了我一辈子，后来我陆续在北大、协和医学院、中国医学科学院及中国疾病预防控制中心当一把手，管人时就从来不说别人业务不行。我会批评下属，指出问题，但是永远不说他业务不行，对业务全是鼓励的，全是正向的。要想信任专家、留住专家，你一定要对他尊重，要能够跟他交流和沟通。但是这种交流和沟通不是一味地说他好、捧他，一定要敢于正面批评、善意提醒，有问题了就提醒他。专业是否出色永远是相比较而言的，某个学校总是有一些学科十分出色，一个有名的医院也不是所有的科室都有名。协和医院当年留下了历史上 25 个顶级临床学科。随着时代发展，很多医院都发展起来了，比如内分泌，现在上海瑞金医院也发展起来了。我们北医保留了几个顶级学科，像北大医院的泌尿外科，咱们还是第一，北医三院的运动医学也是第一，谁也不会跟我们争。每个医院并不是所有的学科都是强的，强弱永远是一个动态的过程。比如生殖医学领域，现在是三足鼎立，北医三院乔杰[1]是一头，山东大学

1 乔杰（1964—），女，中国工程院院士、生殖医学专家。乔杰一直从事妇产科及生殖健康相关的临床与基础研究工作，从遗传学和表观遗传学角度对人类早期胚胎发育机制进行了深入的研究，将基础研究成果成功地应用于临床上胚胎植入前遗传学诊断；揭示了疑难不孕症的发病机制，优化了辅助生殖技术方法，提高了疑难不孕症患者治疗的成功率。乔杰以生殖调控相关的基础研究和不孕症相关疾病发病机制及诊疗新技术的研发为核心，在揭示人类配子、胚胎、原始生殖细胞发育过程的遗传和表观遗传调控规律、创建新型卵母细胞体外成熟体系和提高疑难不孕症患者治疗的成功率等方面做出突出贡献。

陈子江[1]是一头，南京医科大学的沈洪兵和校长胡志斌[2]也占一头。这是一个动态的发展过程。作为学校领导，要真正地信任这些专家，留住这些人才，而且一定要清楚这些人在各自领域中的地位和作用。

三是创造条件留住人才。中美最大、最早的人群干预现场就是中美预防神经管畸形合作项目。这个项目获得了2000万美元的资助，很不得了。彭瑞骢就很支持李竹[3]教授等人开展这个项目。我认为作为一个高校党委书记，一个很重要的职责就是理解和信任知识分子，成为知识分子的朋友。在这方面彭瑞骢给我们树立了一个很好的典范。

（三）支持与引导学生

彭书记有一个很重要的观点，他认为学生运动永远代表先进的方向，因为学生极少考虑自己的利益，他们考虑的全是国家的前途和命运，譬如从五四运动中就可以充分看到这一点。这句话给我的印象非常深刻。当学生出现一些问题的时候，其实很重要的是应该对学生给予正确的引导，使他们既不影响社会的安定，也不影响学习，还能为国家做贡献。彭书记以前做过北京地下党，在那个时代他们就是革命者，所以他很理解和体谅这些学生。之后对北大、北医的几次学生运动，学校的处理都是非常稳妥的，没有出现大的问题和矛盾。以后在处理学生的这些问题时我也是很慎重的。对他们进行教育是必要的，但是一定要给他们出路，让他们在人生的路上摔了跟头后能够爬起来，还能继续往前走。我觉得在学生工作上，既要敢于支持他们，还要善于引导他们。这可能是高校中非常敏感、非常

1 陈子江（1959—），女，中国科学院院士、生殖医学专家。陈子江围绕不孕症等生殖障碍疾病及出生缺陷重大科学问题，在生殖医学理论创新、疾病机制解析和辅助生殖临床研究等方面取得了一系列创新性成果。她发现了生殖障碍疾病的多个致病基因，系统阐释了其发病机制和早期胚胎发育染色质开放的时空调控规律；完成系列多中心、前瞻性、随机对照临床试验（RCTs）研究，牵头制定了《不孕症诊断指南》和《多囊卵巢综合征中国诊疗指南》等10项诊疗规范，推动了中国生殖疾病临床诊疗的规范化和进步。她还带领团队研发了多项基于辅助生殖的优生技术，建立了安全有效的优生技术体系并应用于临床，诞生了中国首例阻断重度遗传性耳聋的胚胎移植前基因诊断（pre-implantation genetic diagnosis，PGD）健康婴儿等，为降低中国出生缺陷发生率提供了技术保障。

2 沈洪兵（1964—），男，中国工程院院士、流行病学家。胡志斌（1978—），男，教授，现任南京医科大学党委副书记、校长。沈洪兵和胡志斌牵头的“十三五”国家重点研发计划项目——中国国家出生队列研究是覆盖辅助生殖受孕家庭和自然受孕家庭的多中心前瞻性出生队列研究，其建设的现场分布在我国华北、东北、东南、西南、西北和中西部大部分地区，基本覆盖大部分区域性中心城市。

3 李竹（1947—），男，流行病学家。1970年毕业于北京医学院，1981年研究生毕业于北京医学院流行病学专业，研究生毕业后开始致力于中国围生期保健和预防出生缺陷，1983年起花了8年时间建立起与美国疾病控制中心的国际科研合作关系，引进了中美双边最大的医学科研合作项目——中美预防神经管畸形合作项目。

重要的一个课题。

我认为北医的文化和传承，一个是支持和善于引导学生，另一个就是北医的教育始终坚持以学生为中心，而不是以教师为中心。很多学校上课时，学生只是听课、考试，然后走人，但北医不是这样。北医很关注学生对这些课程的了解和掌握情况。北医有督导教师听课制，特别是对新老师和年轻老师，还设有集体备课制。这些都是保证将优势、优质的教育资源用于优质的生源，彭瑞骢当时就很注意坚持这个。

彭瑞骢还尊重和鼓励学生的创新性思维。他跟我聊了几次创新性思维和批判性思维。他认为不能老师说什么就信什么，而是要问为什么，是不是这样的，自己是不是接受这种观点，然后可以提出质疑。北医教给学生的不是“授之以鱼”，而是“授之以渔”。后来，我在北医、中央党校和北京市委党校上了三次哲学班。在北京市委党校学习的时候我的班主任是贾春旺[1]，他后来当过最高人民检察院检察长。学习的时候贾春旺说过两句话，第一是坚持历史唯物主义，第二是坚持辩证唯物主义。历史唯物主义就是看所有的事情时一定要看它的来龙去脉，历史都是有因果关系的。如果切断历史，不关注历史，就永远不可能全面分析和判断某个学科的意义和价值。第二个是辩证唯物主义，所有的东西一定有好有坏，只是有的好的多一些，有的坏的多一些。比如饮酒，并不是对所有人都有害。所以一定要坚持辩证地看待问题。以上这两个哲学思想对于学生的价值观、世界观和方法论的形成至关重要。北医的文化传承来自对历史和学生的尊重，并且秉持以学生为中心的理念。所以北医校风——“厚道”的本质是有文化内涵、有历史、有发展的。在北医形成“厚道”文化的过程中，我认为与彭瑞骢的领导密不可分。

三、彭瑞骢对人才培养的思考

北医领导对医学教育有比较清晰的认识。北大的医学教育应该是对优质的生源一定要给予最好的教育。当然，关于这一点也有学术之争。全国都在

---

1 贾春旺（1938—），男，汉族，北京市人，1962年9月加入中国共产党，1964年8月参加工作，曾任最高人民检察院检察长、公安部部长、国家安全部部长。他是李立明在党校培训时的班主任，时任北京市团委书记。

搞全科医学，但彭瑞骢一直坚持北医不搞全科医学。他认为北医这么好的生源，应该培养大医生、好医生，而不是合格的医生。我也支持这个观点，但是后来这个观点被卫生部批评了。卫生部觉得北医也有责任培养全科医生，但是彭瑞骢一直坚持不搞。彭瑞骢的这种优质的教育资源要用于优质生源的观点，对我的整个教育理念和管理实践有很大的影响。我所工作过的协和、北医都坚持精英教育。我在协和主管教育的时候，协和的教学评估也是全A通过。医学教育一定是精英教育，而不是一般的教育，因为它的对象是人，和所有的理工科、文科都不一样。做实验失败了可以重来，但人死了不能复生，所以一定要很严格。彭瑞骢在哲学和人才培养上有很多有价值的思考。他当时提出了一个坡的模型，即协和培养的是顶尖人才，北医培养的是高峰高坡人才。北医的这个坡面越宽，出尖子的概率就越大。所以北医不是追求尖子，而是追求高坡。这个观念我也是同意的，因为这就是一个人才培养的规律。

彭瑞骢对优质资源的重视还体现在他坚持从美国引进了两个公共卫生概念——现场流行病培训项目（Field Epidemiology Training Program，FETP）和现场管理培训项目（Field Management Training Program，FMTP）。很遗憾，中国现在只实现了第一个 FETP。国家疾病预防控制中心有培训项目，已经培训了十几届学员。这些人才目前在全国各省市的疾病防控体系和队伍建设中都发挥了非常重要的作用。我现在在推动 FETP。我正在组建的北京大学公众健康与重大疫情防控战略研究中心有四个职能：第一个是应急与重大疫情防控研究；第二个是慢性病研究，中国慢性病前瞻性研究项目（China Kadoorie Biobank，CKB）[1]队列的项目已经在世界上名列前三；第三个是循证卫生决策；第四个就是社会动员和培训。之后我也想以北大为基础来办 FETP。这实际上也是在落实彭瑞骢当时交给我的任务。希望这些项目能为中国的继续医学教育教学专业培训添砖加瓦。

1 李立明从 2004 年开始担任此项目的中方负责人。该项目后来成为全球仅有的三项调查规模达 50 万人、且建立生物样本库的超大人群前瞻性队列之一，为我国慢性病防治提供了本土化、高质量的病因学证据。

四、结语：对彭先生的怀思

我和彭瑞骢从相识到相知，是师生情谊，也是父子情深。彭瑞骢 90 岁生日的时候，我给他写了一首诗：

华夏中共育精英，国立北大留美名；
北医小平滋百感，德高望重有彭翁。
年高九秩多阅历，运筹帷幄育人经；
学科学术常引领，难得糊涂北医星。

彭瑞骢在认识和方法论上对我有很大影响，这些是思想层面上的，也是哲学层面上的，对形塑我的为人处世和三观非常重要。彭书记对北医的贡献是非常大的，很多人称他为“北医的邓小平”。90 岁生日的时候，彭瑞骢对自己做了一个全面、深刻的反思和评判。老先生拿着写的提纲在那儿慢慢地讲。那时候他的腿脚已经不利落了，就坐在那儿，但是整整讲了一个多小时。他总结了自己的哪些行为存在失误，对哪些干部保护得不够。我从他的身上看到了共产党员的襟怀。彭瑞骢总结，共产党走到现在为什么能够立住，一个很重要的原因就是能够自我修正。彭瑞骢能够随时开展自我批评，评价自己的功过问题，让后人汲取教训，继续往前走。彭瑞骢在我的人生中是领路人，也是引路人。

访谈时间：2023 年 3 月 20 日 9:00—10:50
地点：北京市海淀区北京大学医学部医学科技楼 607 室
受访人：李立明
访谈人：蓝贻茜、姜海婷
录制人：姜海婷、陈俊妍
文稿整理：蓝贻茜、陈俊妍、姜海婷
审阅修订：李立明

彭书记
——一个爱校如家的人

郭　岩

郭岩，女，1956年生，北京大学公共卫生学院教授，兼任中华预防医学会中国社会医学分会副主任委员，曾任中国卫生经济学会公共卫生专业委员会主任委员、全球卫生分会副主任委员、北京市对外医学交流协会会长、世界卫生组织健康决定因素委员会委员、国际妇幼卫生伙伴关系理事会理事。

我毕业后留校，担任公共卫生学院专职辅导员，但那时候和彭书记没怎么接触过。主要有两个原因，第一，我们是普通老师，跟领导离得比较远；第二，可能与我这人的特点有关系。我这人"恐高"，从来不主动跟领导联系。直到20世纪80年代末，我回到了专业领域，从事卫生事业管理教学，才跟彭书记有了初步接触。尽管那时彭书记的党政工作很忙，但他非常关注卫生事业管理专业，可以说是北医社会医学和卫生事业管理专业的创建者之一，有时候他也会参加系里的专业活动，那个时候我们才算认识。

彭书记给我印象特别深的，就是他从不摆架子。从当书记一直到退休，无论春夏秋冬，他一直是骑自行车上下班，没有什么公车接送。要知道，他们家住在六铺炕，其实挺远的。我老是看见他在校园里面骑车。这也给我们后人树立了一个榜样。他不仅上下班不用公车接送，即便是因公开会，也很少用车。

彭瑞骢书记给我的另外一个特别深的印象是，他注重人才培养，做好内外布局，为高等医学院校医学教育和医疗卫生事业的发展奠定了坚实的基础。他尤其关心年轻人的培养，包括北医的团队建设。后来北医的领导，乃至我们整个医学教育的几个领导，都是他当初的副手。比如，魏颖老师是他的副手，做到了北医副校长，后来又到了卫生部做财务司司长。

吴景春老师后来到国家计生委任副主任，做纪检组组长。此外，还有吕兆丰老师、李立明老师、吴建伟老师等。这些人都是彭书记作为人才梯队去培养的。他们后来不仅走上了北医的领导岗位，而且都成为国家医学教育的栋梁。彭书记为北医培养了一批专业的管理人员和专业干部。北医的领导力培养，其实都是在彭书记的规划中的。前面说了，在工作之初，我跟彭书记接触得并不多。我在做一线老师的时候，他还在当书记。实话实说，我以为自己不在领导的视野里边，因为我这个人从来都是远离领导，而且我的性格也不是那种特别张扬的。然而在领导们的心里，有他们的梯队建设，有他们的培养规划。记得 1992 年，学校让我来做公共卫生学院副院长。我这辈子就怕两件事，一个是怕当官，另一个是怕当先进。我特别想做个普通人，只要不做这两件事，让我干啥都行。所以当时我还真的推了半天，但是他们跟我讲道理，最后没办法，我不得不承担下来。后来的实践证明，我从这段经历里学到了很多，非常感谢学校的培养。

彭书记是一个特别有国际视野的人，最初我们做全球卫生（global health）时他非常支持。有一次我到他家里去，跟他汇报了。我说我们要做全球卫生，他挺支持的，觉得这个非常有必要。这对于已经 90 岁高龄的他来说，表态“必要”是很难得的，实际上他 70 多岁以后就没出过国。但时代在发展，新时期面临新的挑战，他依然在学习，依旧在思考。也许他那个时候说的“必要”和我们现在理解的“必要”并不是同一个。尽管如此，他的支持还是很难得的。

彭书记也是特别有情怀的人。他的这种情怀是“家国情怀”，真的是把北医当作自己的家去经营。我们谈到家国情怀时常常都是看重自己的小家，实际上他的小家他倒不怎么管，但是他真的把北医当成了自己的家，把我们都当成自己的孩子。不管你在哪儿，他都会惦记着，都会真心实意地为你着想。

彭书记生命中的最后几年也是我与他接触最多的时光。有时我们领域里的人想见他，我就带着一块儿见见，大家在饭桌上聊聊，现在也想不起具体聊什么了。比如华中医科大学社会医学的梁浩才老师是彭书记的老朋友。到北京出差时，他说：“郭岩，我想见见彭瑞骢。”我说：“行，我接您去。”后来我就订了一个餐馆，把他接来，然后又到彭书记家把他接过来。那时候彭书记住在六铺炕，没有电梯。一直到后来，他身体不好的时候才在北医家属院24号楼租房子住。面积也不大，挺小的。所以彭书记这点确实挺好的，一辈子两袖清风，分房时也没有给自己留。

最后几年在跟彭书记的接触中，给我印象最深的有两点：第一，是他依然惦记着学校的发展，依然思考着学校的发展，依然关心着我们的成长和进步。我印象最深的就是那时候我被推荐到医学部党委工作，我就跟彭书记说，这可不是我的强项。他就给了我一句话，他说，做工作，你要做到“以出世之心，行入世之事”。我心想，彭书记您这要求也太高了，出世之心我可以做到，因为这个符合我本人的性格，但是有出世之心，咱就行不了入世之事了。我跟彭书记说您这要求高了点儿，超出我的能力了，但确实这是一个努力的方向。第二，是他关心北医学科发展，包括具体的系怎么发展。我有时候去跟他叨了几句，把系里面现在的情况跟他汇报，谈论我们这个系怎么发展，有什么想法。无论我们到医院去看他，还是到家里去看他，他都在关心系里的发展，并且都会提出一些自己的看法和建议。

我觉得彭书记是一个具有家国情怀的人，一个以校为家的人。这个家就是北医，他很无私，很有情怀，又很开放。在个人交往方面，我觉得他是一个很和蔼可亲的长者。虽然我们早期交往不多，但在某种程度上，他就像人生导师，引领着我们的人生方向。

时间：2023年3月23日 15:15—16:15

地点：北京市海淀区学院路38号北京大学医学部护理楼441室

受访人：郭　岩

访谈人：张晓辉、姜海婷

录制人：姜海婷

文稿整理：姜海婷、张晓辉

审阅修订：郭　岩

理论与实践结合，推动现代医学发展

张大庆

> 张大庆，男，1959年生，北京大学医学人文学院教授、博士生导师，现北京大学医学史中心主任。

今天，生物医学科学几乎已成为高新技术和科学进展前沿的同义语。然而，近代西方医学科学以及与其相配套的医学教育体系在我国是彻头彻尾的移植物。它们在华夏的土壤落地生根，前后不过一百几十年。当年的中国积贫积弱，发展科学教育洵为艰难。新中国成立后，高等教育仍然面临着科技人才紧缺与教育投入有限之间的严峻矛盾。尤其是医学教育，它的周期长、成本高、要求严格、训练艰苦，而社会对于合格医生的需求又至为迫切。为了解决这个矛盾，新中国的医学教育一直走的是一条充满尝试和摸索的道路。这条曲折道路上的泥泞风雨、春华秋实，曾经被许多医学工作者和关心中国医学教育、医疗卫生事业的人们铭刻于心。笔者因为工作关系，很幸运地结识了一位多年以来从著名医学院校的领导层的位置见证这一历史进程的目击者，他就是北京大学医学部原党委书记彭瑞骢先生。

北京大学医学部的前身是国立北京医学专门学校，创建于1912年，是中国政府依靠自己的力量开办的第一所专门传授西方医学的国立医学校。1959年北医被国家确定为全国16所重点院校之一。1984年经国务院批准，在全国重点建设了10所大学，北京医学院是唯一的医科学校。1985年，学校更名为北京医科大学。2000年，北京医科大学与北京大学正式合并，组建新的北京大学。2000年5月4日，北京医科大学正式更名为北京大学医学部。

在新中国的医学教育体系中，北医具有相当的代表性。彭先生为我们回忆的那些往事，其深厚意味正在于此，但并不限于此。医学教育就其本身来说，与整个医疗事业乃至全体人口的健康水平、思想观念及对医学的认识都息息相关，而社会因素对医学和医学教育的巨大影响更是不言而喻。例如，20 世纪五六十年代我国传染病、地方病防治的成功不仅应归功于医学科学技术的发展和普及，也是医疗卫生体系建设及生活居住环境改善的结果。因此，我们在讨论 20 世纪中国尤其是新中国医学的 60 年历程时，触及的问题较为宽泛，更多的是从宏观的医学教育、卫生政策及医学模式转变等方面来把握这一演进历程。而且彭先生本人在担任北医领导职务期间，不仅参与了学制和课程的多次改革，也积极倡导医学界从哲学的高度对医学进行反思，并在我国医疗改革的理论研究和卫生经济学研究中担任过重要角色。他还多次深入基层，为推动中国的初级卫生保健贡献了大量精力。

一

我国的现代医学教育移植自西方的医学教育模式。时至今日，医学教育的学制依然没有统一，早先是德日模式与英美模式，后来学习苏联模式。“文革”时期，医学院校学制缩短，强调培养实用型人才。现在又推行七、八年的长学制。核心问题乃是社会需要什么样的医生，目前围绕这一问题的争论依然没有止息。

新中国成立之初，可谓百废待兴。由于长时间的战乱，国家经济凋敝，传染病、寄生虫病、地方病广泛蔓延，医疗卫生状况亟待改善，医学教育也面临挑战：需要从速培养出一批医务人员，尽快改变这种缺医少药的状况。因此，新中国成立初期的医学教育是“应急性”的，致力于发展中等医学教育，大量培养医士层次的医务人员，希望迅速解决中国农村的缺医少药问题。高校则借鉴解放区“专科重点制”的经验开办专修科，目的也是快速培养医务人员。1952 年的院系调整以后，基本上遵循苏联模式，将专业学院与综合大学分离。好处是，专业学院是培养专门人才的捷径，可满足当时对于医务人员的急迫需要，但弊端也是明显的，主要是专业教育的知识结构不尽合理，尤其是医生需要广博的知识，过早的专业化教育使得医生的视野狭窄，不利于医学的健康发展。

作为医学院校的领导，彭瑞骢先生目睹了新中国成立初期我国医学教育发展所面临的重重困难，见证了国家为解决这些问题所采取的有效措施。例如，北医当时承继了新中国成立前由系主任提名聘请教授的传统，药学院教授薛愚因而争取到一批药学专家和留学回国的学者到北医任教。这批人才成为北医医学教育的骨干。彭先生也讲述了全面学习苏联的经验和教训，当时这一方面弥补了我国医学教育的部分缺陷，创设了劳动卫生、环境卫生等学科，建立防疫站等机构，形成了中国卫生学科的基本结构。但苏联的公共卫生学科架构对人群的卫生问题研究不足，仅限于传染病研究。这样的架构难以适应疾病的变化和社会的发展，培养出的人才也是比较局限的。

在长期的教育实践过程中，彭瑞骢先生对医学教育中临床医学与预防医学和公共卫生的分离深感遗憾，倡导弥合两者间的裂隙。应当承认，预防医学和公共卫生专业化是医学发展的必然。20 世纪初，美国约翰·霍普金斯大学和哈佛大学分别建立了独立的公共卫生学院，在促进预防医学的发展、控制急性传染病方面起到了重大作用。但由此而开始的临床医学与预防医学、公共卫生的分离，却阻碍了我们今天对慢性病的防控。由此，20 世纪 80 年代以后，彭瑞骢先生开始呼吁促进临床医学与预防医学、公共卫生的整合，改变症状驱动式的医疗服务模式，积极推动开展各种慢性病的长期医学的和非医学的干预，从而有效控制慢性病的发展势头，逐步降低医疗费用。

二

彭瑞骢先生是我国医学辩证法学科的开创者之一，1956 年曾参与了自然辩证法研究规划的制定，此后一直致力于自然辩证法在医学领域的研究与应用。

西方古谚说："医哲乃神。"（Iatros philosophus iso Theos。）苏格拉底之前的古希腊哲学家大多也是医生，宇宙和生命是人类认识自然和世界最重要的路径。生命、死亡、疾病、痛苦等医学问题也是最深刻的哲学命题，因此，亚里士多德说："医学的第一原理应来自哲学。研究疾病与健康的第一原理是自然哲学家的职责。"的确，医学中的许多问题最后都将归结为意义与价值问题，如生命和死亡究竟意味着什么？疾病是生物体的异己还是生命的异化？所有的疼痛都需要去除吗？这些问题都需要哲学来回答。

我国的医学哲学是在自然辩证法研究的框架中展开的，即医学辩证法。早在 20 世纪 60 年代，彭瑞骢先生在北医组织讨论过“预防为主的哲学思想”问题。70 年代末，彭瑞骢先生担任了筹备医学辩证法的工作，并于 1979 年年底在广州举办“全国医学辩证法讲习会”。这次会议对中国医学的发展方向，尤其是如何对待中西医问题给予了回答。会议认为把“新医学派”当做中国医学发展的方向和政策是不恰当的，应予以纠正。会议提出了“三驾马车”——中医、西医、中西医结合长期共存的观点。后来，卫生部在此基础上确定了“中医、西医和中西医结合三支力量都要大力发展，长期并存，团结依靠这三支力量”的卫生工作方针。

我国的医学辩证法研究，实际上发挥了思想库的作用。20 世纪 80 年代正是医学高新技术突飞猛进的时代，基因诊断、器官移植、人工生殖、安乐死等医学高新技术引发的一系列社会、伦理和法律问题，需要人们进行更深层次的思考。医学的社会化也提出了“大卫生”观念的变革。医学辩证法研究也是一个知识库，一些新兴的学科一开始都是在医学辩证法的学科框架中开展活动，后来渐渐独立出来了，如医学伦理学或生命伦理学、医学社会学和卫生经济学等。医学辩证法研究还成为了一个具有中国特色的学科。教育部决定在研究生中开设自然辩证法课，作为一门政治课程。如何结合医学专业的特点开设好这门课程，是一项有挑战性的工作。彭瑞骢先生提出根据医学的特点，从疾病观、人体观、治疗观以及临床思维等方面开展研究工作，并于 1985 年出版了《医学辩证法》，这是我国第一本医学辩证法教材。

医学哲学研究的另一个特点在于它的实践性。第一届全国医学辩证法讲习会上的一个重要主题是讨论医学模式转变问题。彭瑞骢先生在推动我国医学模式转变方面发挥了重要作用。医学模式转变问题是美国学者恩格尔（G. L. Engel）在 1977 年美国的《科学》（*Science*）杂志上发表的一篇题为“需要新的医学模型：对生物医学的挑战”中提出来的。彭瑞骢先生立刻意识到这个问题十分重要，于是在与医学史和自然辩证法教研室的阮芳赋和常青讨论后，共同撰文，力图推动我国的医学模式的转变。文章发表后反应强烈，并引起了广泛的讨论。这次讨论使国内医学界关注到新医学模式的转变问题。虽然观念的转变不会立竿见影，从观念到实践还有漫长的路途，在当时的社会可能没有很大的影响，但从整个医学发展来看，这些讨论为日后很多深刻的变化埋下了种子。当然，最初人们不一定都能了解和接受，这只是再次验证了那句人们熟知的陈述——思想者是孤独的。

“医学是什么”一直是一个充满争议的命题，也是医学哲学需要回答的一个问题。彭瑞骢先生提出：“医学是医学科学和医疗保健事业的综合，医学是自然科学与社会科学的综合概念；构成医学的三大支柱是生命科学和保健科学系列，哲学和社会科学系列，以及数学和技术科学系列。”医学是科学，又是技术，还是社会建制，这三个方面是互相关联的。

20 世纪 90 年代后，由于医学技术的广泛应用，医生诊断和治疗疾病的能力不断增强，但是伴之而来的是医疗费用的飞速上涨。随着传染病得到有效控制，慢性病的防治却面临困境。这些问题引起了人们对于医学目的——当时仅仅是延长寿命，降低死亡率——的再次反思。在医学目的的讨论中，彭瑞骢先生作为中国小组的核心成员，积极推动中国的医学目的讨论，并在国际交流中介绍中国的观念与经验。彭瑞骢先生认为，医学目的涉及当前医疗卫生事业最重要的问题。若从管理层次上去解决，只能解决部分问题。要想提高生命质量，必须从医学目的的哲学高度去考虑。医学目的的讨论与医学科学的发展、医学教育、医疗服务都有密切关系。这个讨论绝不是理论问题，而是一个实际问题。医学哲学的研究，对改革和发展的指导思想非常重要。

临床决策的概念在医学哲学和临床实际工作中越来越受到关注。彭瑞骢先生认为临床思维是医学哲学需要研究的一个实际问题，早在 20 世纪 80 年代他就组织有关学者讨论关于临床诊断和治疗的思维问题，提出临床决策需要临床学家的重视才能发展。

三

彭瑞骢先生长期担任北医的领导职务，经常直接参与国家医疗卫生和医学教育的研究与决策，有时还是执行者，由此为我们提供了多维度的、丰富的信息。

自1978年以来中国便走上了一条改革的探索之路，医疗保健体制的改革涉及每一个人，是衡量社会公平与正义的重要标准。彭瑞骢先生参与了一系列有关改革的讨论和相关政策的制定。他认为对卫生事业来说，改革的动力一方面来自经济体制的改革，另一方面是疾病模式的改变，威胁健康的主要疾病从传染病、急性病转变成为慢性病，而急性病各方面的处理与慢性病都不一样。过去医学是以防治疾病为对象，今后要以保持健康为主要目标。正是由于出现了这两个转型，卫生体制就要跟着变，必须与之相适应。

虽然我们一直在讲卫生体制改革，但20世纪80年代开始的改革与当下的改革是完全不同的。早期的改革主要是在经济方面，如同企业的经济体制改革，打破了传统的医院管理模式，解决医疗经费缺乏的问题。彭瑞骢先生当时就敏锐地意识到医疗改革参照企业的承包制是绝对不行的，并撰文指出这种策略好像能立即显效，但市场机制在医疗领域是不灵的，其一是因为病人没法判定该不该消费；其二，医疗服务是刚性商品，不可能通过降价来竞争，也不可能因为价格提高了病人就不治疗了。这种改革等于是打补丁，没有一个整体思路。20世纪90年代初那场医疗市场化的争论今天看来已有了答案：若完全从经济上着眼推行医疗改革，必将走入歧途。

医疗改革的理论基础之一是卫生经济理论。我国的卫生经济学发展相对滞后，甚至连中国的卫生总费用都说不清楚。90年代初彭瑞骢先生参与筹建了“中国卫生经济培训与研究网络”，极大地推进了我国卫生经济学的发展及与世界银行的合作。这个网络比较有成效的研究是弄清了我国卫生总费用问题，并建立了一支卫生经济研究的队伍。

为了进一步研究卫生改革与发展的总体思路，20世纪90年代初，彭瑞骢先生参加了卫生部“关于卫生改革与发展纲要”起草组，提出了卫生防疫应该和义务教育一样主要由政府承担，医疗服务中应区分基本医疗服务的观点。但因经费保障不落实，“纲要”并未得到很好的落实。“看病贵、看病难”的问题越来越严重，公平性和效益问题都令人不满。实际上是“三不满意”：政府不满意，医院不满意，群众也不满意。彭瑞骢先生指出，医改中补偿制度没有解决是重要原因，社区医院和大医院的统一、协调也是原因之一，还有就是没有建立完善的社会医疗保障体系。

早在 20 世纪 70 年代 WHO 就提出了“2000 年人人享有卫生保健”的全球卫生目标。1978 年 WHO 在阿拉木图召开会议，讨论实现这一目标的具体实施策略和方案，发表了著名的《阿拉木图宣言》。彭瑞骢先生长期关注初级卫生保健问题，尤其是对中国农村的医疗保健问题有过深入考察并多次撰文探讨，为实现“人人享有卫生保健”的目标开展了一系列工作，如制定指标、领导开发以及参与中国农村卫生协会的创立等。直到 20 世纪 90 年代，彭瑞骢先生还常为初级保健问题深入基层和农村调查。

20 世纪医学技术的发展在为人类健康造福的同时，也带来了日益增多的道德难题。20 世纪 60 年代以后，医学高新技术带来的道德问题和卫生资源分配问题日渐突出。随着遗传学、生殖技术的进步，克隆、试管婴儿可能造成的社会后果等伦理学问题引起了更广泛的讨论。随着生命维持技术的发展，人们在医院里的非人格化技术下经历死亡已成为常事，这重新唤起了对死亡、濒死和安乐死的讨论。器官移植技术的建立也迫切需要解决死亡定义的伦理学问题。医学伦理学已不再局限于医患关系的调整，而是扩展到重新审视生死观、探讨生命的价值、促进卫生保健中的公正和卫生资源的合理分配等一系列问题。医学中的伦理和法律问题将对卫生保健的策略和医学技术的发展方向产生重要影响。为了适应医学的新发展，彭瑞骢先生担任卫生部首届医学伦理专家委员会主任，在制定我国医学高新技术的临床应用伦理准则等方面做出了重要贡献。

四

我们在与彭瑞骢先生的访谈中，讨论最多的竟是“医学是什么”这个宏大话题。当下人们对医疗保健的怨愤和抨击并非中国所独有。实际上，它是西方社会持续了近半个世纪的对当代医学之反省的扩展和延续。

人们不仅要追问，为什么医疗技术的发展如此之快，人们健康水平的改善如此明显，却还要批评医学？究竟是医学出了问题，还是人们对医学的认识和要求发生了改变？

作为长期耕耘在公共卫生、医学教育和医学哲学领域的专家，彭瑞骢先生始终关注着当代医学发展的趋势和面临的挑战，并一直致力于推进医学的整合与医学模式的转变。著名的《西氏内科学》中有一句格言："医学是一门需要博学的人道职业。"诚如彭瑞骢先生在《20世纪中国科学口述史——彭瑞骢访谈录》自序中所言，医学既是科学，又是技术，也是社会实践活动。他在勤奋耕耘的事业生涯中，始终将"博学、审问、慎思、明辨、笃行"作为自己的座右铭，多年以来一直保持追踪前沿、博览群书的习惯。他认为要想决策正确，就要懂得各种规律——各种事业、专业的规律；还要注意提高自己的领导能力，因为只有提高了自己的能力，才能把事情做得更好。而提高领导能力很重要的一个问题就是决策，要做出正确的决策，就要有各种准备，对实际情况以及各种工作的规律、程序以及人事都要清楚。这就是所谓战略性的、综合的、全局性的领导能力。

作为在国内顶尖医学院校长期任职的领导者，彭瑞骢先生在强调追踪国际先进水平的同时，应始终把握中国的卫生国情，关注中国迫切需要解决的卫生问题。他本人作为医学教育家、公共卫生专家和卫生政策专家，充分体现了中国古代"上医医国"的追求和情怀。

本文最早为《彭瑞骢访谈录》(2010年12月，湖南教育出版社)引言，2023年修订。

天涯有尽处，感念无穷期

贾春红

贾春红，1960年1月生，女，北医退休干部，原北医机关离休党支部书记。

回想起彭瑞骢老书记的晚年，尤其是《彭瑞骢回忆录》整理成文前后的那些日子，我深切地感受到彭书记对北医、中国卫生事业充满责任感和使命感。彭书记在北医70余年的工作经历中展现出了他的睿智和坦诚，给我留下了深刻的印象。

2011年，徐天民[1]老师担任北医关心下一代工作委员会主任之时，根据北医党委的指示，开展抢救在世老同志的史料，目的是留作青少年传统教育之用。正如徐天民老师在《彭瑞骢回忆录》编后记所写的，"这是一项具有现实意义和深远的历史意义的工作"。12年过去了，在纪念彭瑞骢百年诞辰的日子里，我对北医党委抢救史料的决定感触颇深。

2011年初，徐老师与彭书记反复商量后，决定采用由彭书记口述、我整理出文字、徐老师修改、彭书记审定的方式开始《彭瑞骢回忆录》和《彭瑞骢文集》的编写工作，同时还征集出版了《马旭纪念文稿》。当年寒假后，我跟随两位书记开始每天下午的"漫谈"，在拟定的提纲下开始对"一个时间、一个时期、一个任务"等无拘束的交流。期间，关于医学教育改革、医学生培养等，彭书记还曾召集多位老师开展专题研讨，共同回忆和总结北医在医、教、研领域的成功经验和走过的弯路。

2010年后彭书记身体状态不佳，直至2015年1月5日辞世，他得到了北大人民医院多个科室的医生和护士的精心治疗和照护。为此，北医机

1 徐天民，男，1935年3月生，2021年1月去世，教授，性教育和性伦理学专家；1958年毕业于北京医学院药学系，曾任北京医科大学党委常务副书记、副校长，中共北京市委教育工委副书记，北京市第八届政协委员，北京市第九届政协常委兼教文卫体委员会主任，并曾任中国性学会第一届理事会副理事长和第二、三届理事会理事长，《中国性科学》杂志社社长兼主编。

关党委离休党支部全体成员和彭书记子女向北大人民医院表达了最诚挚的感谢。

我任职北医机关党委离休党支部书记 10 年，与彭书记相处 6 年。在那些难忘的时光中，跟彭书记的谈话给了我深刻的教育。

彭书记重视知识分子政策。自 1940 年彭书记考入北医起，在抗日战争的硝烟烽火中，他与北医同学金英爱、王锦江、顾方舟和方亮等人投入秘密的抗日活动中，老师严镜清给予他们掩护和经费支持。求学期间，林宗扬先生欣赏彭书记的才华，曾推荐他出国留学。在北医百年纪念时，彭书记特地撰文《我的老师》，纪念严镜清先生和林宗扬先生。

20 世纪 60 年代初，为建立北医微生物学科，上海第二医学院积极支持北医，沈鼎鸿先生放弃上海的优越条件，筹建北医微生物学科。他在北医勤恳工作了 4 年。2010 年北医关工委去上海考察，得知沈鼎鸿先生百岁寿辰，彭书记请领队党委副书记李文胜带去贺信，与王谔、龙振洲联名贺寿，并感谢沈鼎鸿先生对北医建设做出的贡献。

新中国成立后，北医留有一批学有专长的老先生。彭书记对他们关心备至，马文昭、沈寯琪、臧玉淦是彭书记常常拜访的教授，金宝善、林振纲、刘世杰是彭书记关心的先生。吴阶平教授的风范，彭书记特地撰文向他学习；王志均教授的优秀品格，彭书记每每谈起都赞叹不已。

2012 年初，为了加快完成回忆录，彭书记离开北大人民医院暂时回家。在徐天民老师的组织下，我们加快整理彭书记的口述并由徐老师修改文字，我们整理后由彭书记再审、再修直至定稿。工作量大，任务重。面对有着丰富人生经历、又有着深厚医学院校管理经验的老者的讲述，我只有采取认真对待的态度，没有半点懈怠的理由。人过中年后还能得到彭书记的批评和指点，我感到很幸运，心中也充满感恩。

2013 年 8 月，彭书记 90 周岁，学校开了一次座谈会。在感谢、祝贺和赞扬声中，彭书记始终保持清醒。在在座的各级领导和同仁的见证下，他利用宝贵的机会对自己的一生进行简要的总结。尽管在某一特定的历史时期他并不是决策者，但他说："我在领导岗位，对北医工作的失误和错误表示道歉，对受不公正待遇的人表示深深的歉意。"座谈会结束时他和出席会议的北医人做最后的道别。

对于中美预防神经管畸形合作项目等国际交流合作，彭书记有着深刻的思考。他回顾到，基础医学研究需要很好的实验室，临床医学研究要建设高质量的三级医院，公共卫生研究需要建设以人群为基础的现场。而人群现场建设庞大复杂，遇到的困难也多，但一旦建设成功，将会在防治疾病领域起到引领作用，对慢性病医疗服务也会产生比较大的影响。

公共卫生的研究对象是人群。在这个领域建立一个大的人群基地需要花费很长时间，投入很多人力和物力，而且持久地维护好供公共卫生领域研究探索的基地更加不易。他谈到，建设一个庞大的人群现场，组织工作繁重复杂。从中央卫生事业管理部门到农村乡镇卫生站的乡村医生，参加中美预防神经管畸形合作项目人群干预研究的各级妇幼保健人员付出了艰辛努力，做出了杰出贡献。在合作项目研究的成果的基础上，后来又用了10年时间将研究不断深入，在新生儿出生健康的研究方面开启了一种新的研究思路。

彭书记讲道："站在全人类的角度，对于国际合作项目，我们做出了自己应有的贡献。以前是我们跟着别人学，经过30多年的努力，我们已经具备实力，在某一领域可以做引领者。"他说："向前走、向上发展是需要不断努力的，来不得半点儿松懈。如果领导班子稍有松懈，就会被赶超。赶超意味着落后。"

从1940年考入北京大学医学院学习，彭书记一生服务于北医72载。在北医百年庆典时，彭书记饱含深情地说道："走到人生边缘，我深刻感到北医的历史责任是多么重要。我清醒地认识到北医这所医学院校在中国社会文化发展中的地位、作用以及所应承担的责任。我们只有担当起来的义务，而无其他选择。北医要为中华民族做出贡献，要为人类社会发展做出贡献!"2012年，在北医百年纪念大会上，彭书记认真仔细地听每一位发言者讲话，见到每一位校友都倍感亲切。大会结束后，彭书记久久不肯离去。操场上已空无一人，彭书记还在纪念横幅前流连，并与儿孙们留下了珍贵的合影。

作为在1944年3月抗战时期入党的老党员，彭书记始终不忘初心。他说："一个人，只有不忘自己的出处，才不会迷失自己；只有记得历史，才会不断前进"。北医建校百年纪念时，他表达了强烈的期待和期盼："期望在下一个百年里，北医成为真正的一流大学，北医能为人类社会的发展做出贡献，向世界发出响亮的声音！”垂暮之年，彭书记牵挂北医人，“发展中国的医疗卫生事业，追求为人类做出贡献，始终是北医人前进的目标”。彭书记用回忆录的形式，总结自己70余年的经验教训，祈盼北医灿烂辉煌的明天。彭书记给北医的寄语，是“北医这片土地，哺育了无数中国优秀的医药卫生工作者。北医有责任对国家的发展做出贡献，为基层医疗的发展做出应有的贡献”。他说：“北医应该为人类的发展做出贡献。”

“为国家、为世界做出贡献”是彭书记撰写回忆录时说的最多的词汇。彭书记为此奋斗了一生。他为北医的发展呕心沥血，为北医的建设鞠躬尽瘁。他奉献了一生，得到了北医人的爱戴和敬仰。他在生命的最后时刻，走遍了北医校园的每一个角落。他的告别形式无声却庄严。他的教诲也深深地烙印在我的脑海里。

彭书记对北医的思考、对未来的寄语，都留在了《彭瑞骢回忆录》里。

彭瑞骢老书记精神永存！

本文由作者本人撰写。

缺席现场的送别，淡如流水的怀念

丛亚丽

丛亚丽，女，1967年12月，北京大学医学部教授，博士生导师。从事医学伦理学教学工作，也开展医师职业精神、生物医学研究伦理审查以及公共卫生伦理等领域的研究工作，已发表中英文论文百余篇。现任中华医学会医学伦理学分会主任委员和中美医师职业精神研究中心副主任等职务。

彭瑞骢先生离开时，我没能去送行，一直是一个遗憾。

回想我刚来北医工作时，在一次社会科学与人文科学部（即北京大学医学人文学院的前身）的集体活动中，彭老特意过来问我的工作和生活情况。当时我还想，是不是因为彭书记和我的博士生导师陈昌曙之间的友谊，所以他特地关照我？后来随着对彭书记的了解，我才知道他被誉为"北医的百科全书"。他对北医的每个人都关注，而且都能记住。那时我还没到而立之年。之后，我在校园里经常看到已过古稀之年的彭老，骑着一辆黄色的26女车，穿梭在北医小门和他在六铺炕的住宅之间。那时我经常天真地想，彭祖[1]是中国传说中的长寿者，眼前长寿健康的彭书记和他之间是不是有什么关系？

我本人与彭书记的交往多集中在科研伦理审查、医学伦理学教育和医师职业精神研究中心工作方面。本文主要从科研伦理审查工作方面，回忆与彭书记交往的点点滴滴。

彭书记一直提醒并切实帮助北医的研究者对科研伦理相关问题进行关注。对公卫学院王红博士的论文，他就从知情同意方面进行过指导。"知情同意"是否是那时首先翻译过来的，我并不确定，但他从20世纪80

1 彭祖，道教神仙中以长寿著称者。彭祖文化是一种汉族民俗文化，徐州古称彭城，是彭祖故国，也是彭祖文化的发祥地。

年代末和 90 年代初就开始切实地推进科研伦理研究，这是非常令人敬佩的。他从学校层面支持北医与美国疾病预防控制中心（Centers for Disease Control and Prevention，CDC）合作，在 20 世纪 80 年代末推动了“中美预防神经管畸形合作项目”在我国的研究和应用。也是以这个项目作为契机，加上北医在医学伦理学方面从领导到教研室都有较强的意识，才促使当时的北京医科大学成立了国内首家涉及人的生物医学研究伦理审查委员会（Institutional Review Board，IRB）。现在再看彭书记当时与美方交流的照片，虽然那时他已经 60 多岁了，但看起来仍然非常年轻和精神。当时我还在上大学，根本不知道以后会在这个领域与彭书记有这么深的接触。

于我来说，真正接触伦理审查委员会时已是 2000 年，而且彼时我早已过了而立之年。我在这个领域的成长得益于很多老师的帮助，其中我的老领导李本富老师和彭书记提供了比较直接的帮助。重要的契机是 2001 年北医受美国纽约中华医学基金会（China Medical Board of New York，CMB）的资助，在昆明举办了一次全国大型高端的中美科研伦理国际会议。北医 IRB 成立之后，彭书记一直任主任委员。此委员会由 7 人组成，涵盖了预防医学、统计学、药理学、法学和伦理学等学科背景，另外还有一个社区代表参加审查工作。办公室挂靠在科研处，由科研处的一个老师兼任伦理委员会秘书。我并不是伦理委员会委员，但彭书记非常支持我去旁听每月一次的审查会议。现在回忆起来，感激之情油然而生，这是我日后接任伦理委员会工作非常重要的先期准备。那时只要有时间，我就跟着李本富老师一起去参会。审查会经常讨论很多科研设计和方法学等方面的问题，当时我经常听不懂，因此非常敬佩陈育德等委员对研究方案分析得很透彻，每个委员都有很强的胜任力。现在回过头看，当时的伦理审查工作虽然在程序等方面都很简洁，但因为委员们能力强，加上彭书记任主任委员，对于所有的研究项目都有超强的把控能力，因此学校的伦理委员会工作很顺畅。我校的伦理审查工作具有高效率和对工作重点抓得准的传统，这一点仍然是我目前在工作中努力承继的。

2010 年我接手学校的伦理委员会工作，并向彭书记请教过多次。我记得很清楚，有一次由于没有约好去彭书记家的时间，他便专门到我的办公室一趟，跟我说说他的想法。除了给我很多鼓励外，他还提示我：“在与国际接轨方面，你现在开始对审查工作要求严格，对各方面进行规范建设，是非常好的，也很有必要。但你费这么大劲，需要很多的人力、财力支持，在目前是否是最适合的？”现在，北京大学在各方面都在加快进入世界一流大学的行列，我负责的工作也是其中一部分，一定有很多辛苦。这一点彭书记当时就预测到了，我也能体会到他的初衷。

阅读《20 世纪中国科学口述史——彭瑞骢访谈录》后我对彭书记有了全面了解。这本书对医学教育、临床与预防之间的关系以及卫生改革有很深入的思考，对现在仍然很有启发。给我印象较深的还是彭书记在年轻时当地下党，化装成商人去天津买金条。每每想到此事，我便忍俊不禁。

2008 年之前，我们教研室在公共教学部（现北京大学医学人文学院）的支持下，和其他老师策划组建中美医师职业精神研究中心。对此彭书记一直大力支持。中心启动前，80 多岁的彭老还和我们在北医的逸夫楼 103 会议室进行中美双方的沟通和交流。他还告诉我这个领域可以做哪些工作。那时，我已过不惑之年，很多成长得益于彭老的指点。中心组建后，一般会在 6 月份召开一次暑期工作发展研讨会。2011 年举办暑期工作研讨会时正值彭书记住院。于是在研讨会结束后，我们一行几人去北大医院探望他，与他的交流也很愉快。当时中心才 3 岁，而彭书记自此也开始了持续的住院生活。

在彭书记生病住院期间，我多次和公共卫生学院的郭岩老师一同前去探望。有一次，郭老师和彭书记探讨了关于公共卫生学生的培养，彭书记提到一些深刻的制度安排问题。我对此虽然有些懵懂，但对向前推进某些工作时需要克服的困难也能体会。其心情之迫切，溢于言表。彭书记在病榻前嘱托郭岩：“这方面靠你来……”那种托孤的感觉，至今历历在目。

生命是一条河。我对彭书记的怀念是淡淡的，但会像水一样长久。愿以此文追忆彭书记。

本文原发表于《中国医学伦理学》2015 年第 28 卷第 3 期第 459–460 页，2023 年 6 月修订。本文由作者本人撰写。

父亲、书和我们
——纪念我的父亲彭瑞骢

彭　嵋

彭嵋，1963 年 10 月生，彭瑞骢四女。在六铺炕小学上到初中二年级，转到北京实验中学，1981 年考入北京医学院医疗系，1986 年起于北京协和医院内科 / 内分泌科任实习医师及住院医师，1989 年于美国辛西那堤大学医学院读分子药理学博士，1992 年读博期间产一子，1994 年博士毕业，1995 年博士后期间产一女。1997 年开始主管哈佛大学公共卫生学院群体遗传学实验室。1999—2002 年重新回到哈佛医学院参加医学遗传专科规培，2002 年获美国医学分子遗传专科医生资格。2002—2015 年于美国哈佛医学院分子医学和奎斯特诊断公司（Quest Diagnostics）任实验室主任，专注于把基因组学最新成果转化到临床应用。2015—2017 年曾于新加坡开发分子肿瘤在临床上的应用并任实验室主任。2017 年回国后致力于全基因组测序在大众健康和高危新生儿中的临床应用。现任上海福君基因首席科学家。

我是家中第四个孩子，与最小的哥哥相差 7 岁。1963 年以前我家住在北医院里。我出生以后，为方便母亲照顾孩子，全家搬到六铺炕电力部华北设计院宿舍，父亲在北医保留了一间单身宿舍。直到 1966 年，因与北京市委地下党的关系，父亲首当其冲地被关进了“牛棚”，这一关就是 3 年，直到 1969 年他一直都没回过家。偶尔我的哥哥们去他们的关押处——北医北边的动物室给父亲送衣服和粮票。1969 年的一个夏日，父亲一个人吃力地蹬着一辆平板车，脖子上搭着一条毛巾，身上的汗浸透了衣服，像水洗一般，突然出现在窗外。车上载满几麻袋的书籍。他从窗户将书籍搬进屋，书籍堆满屋里的水泥地。他卸完书，带着空麻袋，转身蹬着平板车就返回了北医。

几天后父亲直接去了江西“五七干校”。在干校期间别人都能回家探亲，但父亲不能。直到1972年干校关门，全家人才又见到他。这时的父亲，短短的头发，黝黑的皮肤，人也很瘦。父亲在家待了短短几天，我天天跟在他屁股后面转来转去，形影不离。记得我妈说我“这孩子，真会黏人”。很快，父亲又去了河北茶淀农场。直到1973年农场停办，他终于回到家里。这时我已10岁，与父亲分别已近8年。

父亲一辈子除了工作，唯一的嗜好就是看书。他那份工资几乎全部用来买书，而且都是杂书，从希腊神话故事到《史记》《汉书》等。记得我上小学一二年级时，爸爸几乎每月都从“五七干校”给我寄一两本少儿读物。那时的书没有别的内容，讲的都是红小兵智擒坏分子的故事。我字还认得不多，连猜带蒙，反复看好多遍还是半懂不懂。后来回想起来，我问他：“当初干校条件那么差，为什么给我寄小人书，是不是因为太想我？”他回答说：“那时发的钱少，只够买几本小人书。”

1973年，父亲最后终于从茶淀农场回到了六铺炕的家。恢复工作以后，他先在北医教改组带学生去密云县医院实习，后来又到了北大医院任院长、党委书记，1975年后才又回到北医。那时他经常夏顶烈日、冬冒严寒，城里城外骑辆自行车两边跑，半天在北大医院，半天在学校。因他工作很忙，晚饭时大多是全家不等他，留下一份菜他自己回来再吃。爸爸一辈子的工作常态是每天早七点离家，晚八点多才回来。每周仅一天的周末，家里也经常有他的同事来谈工作。

每到周日，一旦有时间，我除了陪父母去看他们的老朋友之外，就是陪爸爸去逛书店。我们每个月至少光顾一次王府井新华书店和锡拉胡同地下外文书店。这种无形中的学习兴趣的培养，以及全家团圆后的生活正常化，对上小学高年级的我，在学习上起了催化剂的作用。我自己都搞不清怎么回事，学习成绩出奇地好。到了初二，期末考试7门功课都是100分，数学、物理比赛都取得全校第一二名。因为爸爸回来后带我们去十三陵和长城，作文也有了题材，我写的作文也成了班里的范文。

爸爸回来后没几年，家里的书又慢慢多得没处放了。我妈请木工师傅把整面墙搭了书架，还有一部分书弄了个木板房，装在楼外窗下。妈妈也本事真大，把窗户开成门，好让人随时进木板房找书。二哥虽然当了 8 年工人，但由于家里有不少历史书，《史记》《汉书》《世界通史》等，他囫囵吞枣地读，1978 年从工厂考上了北师大历史系。三哥上过高中，基础好，插队 3 年后 1977 年也从延庆农村考上首都医科大学学医。大哥从 15 岁到 23 岁一直在东北生产建设兵团双鸭山军垦农场。1976 年回到北京后，他一直坚持自学，40 多岁以后才赶上来。妈妈经常说我运气好，一口气读了 22 年书。这种“运气”与我 10 岁起就有缘分跟父亲在一起，父亲对我长期的潜移默化是分不开的。我们这四个孩子，不仅读书习惯，思想品德上也受到父亲的熏陶。比如小时候父亲说：“出门走路怕踩到地上蚂蚁，我就是。”父亲有时会有感而发：“人就是这样，喜欢完美，总是在不断寻求完美。”

父亲是个哲人，充满智慧。他的爱表现在对家人的宽容、理解和支持上。他对北医，以至于对中国的医学界，都投入了毕生的心血。为此他也牺牲了许多小家庭的利益，也无法满足母亲的一些愿望，比如他平时工作时间超长，且在工作上说话太多，回家后话就少了。母亲患脑血栓后，希望父亲能每天早点回家陪陪她，可父亲还是工作很忙，但只要在家，父亲就有求必应，为母亲跑前跑后。后来大哥有了儿子，父亲尤其喜爱，小孙子也与爷爷尤其亲近。父亲开玩笑说自己是“一仆二主”。“二主”就是指我母亲和小长孙。

父亲 50 年如一日，专心从事北医的建设和管理。他又是个善于思考和探索的智者。在生命的最后时光里，他还把自己对许多问题的深入反思整理出来，出了一本口述历史和一本回忆录，以供后人借鉴。他的一生践行了他自己对人生意义的诠释：人到世界上走一遭，一定要留点痕迹。

本文由作者本人撰写。

细微处见思维与品格

徐善东

徐善东，男，汉族，1971年10月出生，中共党员，现任石河子大学党委书记。曾任北京大学医学部党委常务副书记，分管统战、学生、共青团、机关党委工作。从事党务和思想政治工作近20年，先后在学院、后勤、机关等部门都有过较长时间的任职经历。曾获全国医药卫生系统创先争优活动先进个人、北京大学优秀党务和思想政治工作者等奖励。主要社会兼职有中国医学装备协会医学实验室装备与技术分会会长，中国卫生健康思想政治工作促进会医学教育分会副会长。

1995年，我从北医公卫学院毕业后留校工作。我记得应该是1997年2月，一天接到两办的电话，叫我过来一趟。我去了之后，两办主任指着一个办公桌说："你从今天开始就在这儿上班了。"自此我开始和彭书记有了一些简单的接触。彭书记其实后来做的很多工作跟卫生事业管理专业相关。彭书记和王校长每天来得很早。在他们来之前，我早早地就打上开水，打扫一下卫生，和彭书记说上几句话。1998年是北京大学建校100周年，加上我们很多老教授都是当时北大毕业的，于是从1997年10月开始筹办北京大学百年校庆相关活动。我帮着彭书记具体跑腿、组织和通知等。1999年我离开两办，调到后勤部当副主任，此后便主要是在一些会议上接触到彭书记了。

我刚到两办的那段时间，正好有一个中日医学交流大会，主办方给了一个题目叫"医学教育的政治改革"。魏丽惠老师被建议作为代表去演讲，由我负责执笔写发言稿。尽管我原来写过医学教育改革的文章，包括本科教育、研究生教育，但是对于政治改革，我该从哪儿着手，怎么写，我并不清楚。于是我就拿着提纲去请教彭书记："您看，教育改革我觉得挺好理解，但是政治改革怎么写？”他告诉我这个问题讲得太复杂不好理解，说着从书橱里拿了一本书，翻开一页，上面是对“政治”一词的各种解释。他说：“对政治，每个人都有不同的理解，每个人有不同的解释，书上也有很多说明。我告诉你一个最简单的理解，任何事都有一个方向的问题，任何时候，个人也好，单位也好，都要讲究你往哪个方向走，这就是‘政’。方向确定后，你用什么方法或者路径去实现，走什么道路的问题，是‘治’。方向和道路，这就叫‘政治’。”听到他言简意赅、通俗易懂的讲解，我感到豁然开朗。他很喜欢读书，而且对知识做到了融会贯通。

彭书记的思维非常开阔，他在中国是最早提出医学辩证法的人。我感觉他那种哲学思路，即用哲学的方法来看待和分析问题，对我的影响真的很大。他谈一些问题或提出一些看法时，都是采用辩证的思路，首先看看历史是怎么回事，再分析我们现在应该怎么办。我认为这种看待和分析问题的方式大大拓宽了我的思路，尤其是写材料时，只想着一个维度是不够的，得从四个维度想。彭书记曾经说，写材料时你得琢磨，上级领导怎么想，群众怎么想，周围同事怎么想，还有，政策文件真正出来之后，受影响的大众怎么想，从而全方位、系统地思考，提出方案。我觉得彭书记在后期提出来并实践的一些思想，包括哲学、医学辩证法、医学的目的、生物一心理一社会医学模式，更多的是从高屋建瓴的角度看待这些问题。

我写硕士论文的时候，有一段我本来想引用一下马斯洛的需求理论。我也请教过彭书记。他说要结合实际情况，不能一口吃个胖子。比如说我们现在就处在温饱阶段，那你就讲温饱的事。大家先接受之后，明白了满足温饱后人可以有更高的追求和努力目标。他总是能用通俗易懂的语言把抽象的事讲清楚。他的大门总是敞开的，任何时候、任何人想去找他，只要他在，他都会挤出时间，耐心地接待。

他非常平易近人，但是特别有号召力和威信。1997 年是北医建校 85 周年。从那一年开始北医评杰出校友，我负责会议记录。有时校领导之间有不同的意见，最后争得不可开交。到最后没办法了，有人提出说“老彭怎么不来？”便提议问问老彭的意见。那个场景我到现在都记忆犹新。老彭到了以后，往那儿一坐，问：“你们讨论完了吗？”“大家讨论说让你定。”他提了几个名字，问：“你们有意见吗？”大家都一致同意，可以说一锤定音。他做了这么多年的北医领导，可能自然就有一种威信了。还有一个可能，就是大家认为他提出来的人选肯定是经过深思熟虑的。他在北医工作这么多年，对很多北医人非常了解，谈起来如数家珍，可以说他是北医的“活字典”。

此外，彭书记对医学教育特别重视。为了提高与加强卫生行政部门与卫生单位的科学管理水平，他积极按照卫生部的决定，于 20 世纪 80 年代初在北医筹建卫生管理干部培训中心（现为北京大学公共卫生学院卫生政策与管理系），培训中心建设与发展的关键是师资队伍的建设。彭书记对此十分重视，不仅领导了这个中心的建设，还身体力行，亲自参与其中，坚持走理论与实践、国内培养与派出国进修相结合的道路，使培训中心在师资队伍建设方面奠定了一个较为坚实的基础。我后来离开后勤管理岗位，回到公共卫生学院做副院长、副书记，分管学生工作。2006 年我们要办一个公共卫生教育的研讨会，陈育德老师提出能否请彭书记参加。我就给彭书记打了个电话，他爽快地答应了。当天他早早地就到了会场，会上还提出了很多建设性意见。2010 年，公共卫生学院领导班子换届，彭书记那会儿已经生病了，住在家属院 24 号楼，特地和他的长子彭军说：“公共卫生换了院长，是不是可以请人过来谈谈，听听看有什么想法？”于是，某个下午，我与孟庆跃院长一起到 24 号楼拜访他。当时彭书记也对公共卫生教育应该怎么抓、应该如何发展谈了很多。他始终把北医当做自己的家，把全部精力都投进去了。我从内心里特别尊重他，也从他身上学到了许多东西。2015 年，他去世的时候，很多重要人物出席了告别仪式。当时有人问，这是怎样的一个老领导，会让这么多人参加告别仪式。我回答说，彭书记之于北医，就好比蔡元培之于北大。

彭书记还特别重视人文学科建设。在他的牵头下，成立了社会科学与人文科学教学部，并亲自兼任首任主任，投入了相当大的精力抓相关学科。在北医与北大合并的时候，也是经过他的力争，现在的医学人文学院才得以存在。彭书记在从事行政管理的同时，还开展各项科学研究工作。事实上，从事行政管理工作，有助于一个人更好地理解在教学科研中怎么去育人；从事教学科研工作，也能够帮助他在从事行政管理工作时理解教学科研一线的工作到底是什么样的。一个人既能够了解教学科研一线的工作，又对行政管理工作有一定认识，就会了解两者之间的相同和差异之处，从而能够实现换位思考，真正让行政管理发挥服务支撑作用。

我长期从事党务思想政治工作。彭瑞骢书记的做人、做事风格也对我产生了深厚的影响。比如，“原则”很重要。人需要一种理想信念的精神支撑，明白坚守原则的意义——这份坚守既是对党员初心的坚守，也是对医者誓言的坚守，也是对爱国、进步、民主、科学这一北大光荣传统的坚守。不管是老师还是学生，都必须分清楚哪些原则是必须坚守的。一方面，对于个人而言，有一些不能够触碰的“红线”，这些“红线”所对应的原则是一以贯之的；另一方面，作为组织中的一员，特别是作为党员领导干部，需要严格遵守组织原则，能够把上级组织的决定落实到行动中去。

彭书记常常讲“管学生要管一辈子”，大学的根本任务就是立德树人、因材施教。彭书记以前每天早上跑步，有时带着学生一起在操场上走路。他一直很注意锻炼身体，每天骑自行车上下班，到哪儿开会也是骑自行车，所以他的身体也比较好。这就提醒我们，我们要全员、全过程、全方位开展育人工作。在培养学生方面，老师应当做好表率。我们希望学生成为什么样的人，自己就应该首先是一个什么样的人。只有这样，才能培养出扎根中国大地、具备国际视野、充满人文情怀、爱党爱国的北大医学生。

访谈时间：2023 年 3 月 22 日 15:00—17:00

地点：北京市海淀区北京大学医学部办公室

受访人：徐善东

访谈人：唐文佩、姜海婷

录制人：姜海婷

文稿整理：姜海婷

审阅修订：徐善东

和爷爷的一些聊天

彭映雪

> 彭映雪，男，汉族，1986年8月生，北京人，九三学社社员，彭瑞骢孙子。小名陶陶，也够淘气的。本科毕业于北京大学计算机科学与技术系，清华经管学院MBA（非全日制）在读。当前就职于字节跳动集团，飞书业务线，任资深后端架构师。

我的名字“映雪”是爷爷给取的，取自“囊萤映雪”，寓意刻苦读书。6岁前我跟爷爷奶奶一起住，一二年级时每个周末都去爷爷家，周日再回自己家，后来大概三四年级以及初中阶段在爷爷家住了很长时间。爷爷带着我一起玩的时间也不少，所以感情也比较深。在他70岁以后，我有时候就问他怎么退休了还这么多事，让他跟我一起出去玩一玩。基本上他有时候就能放下手头事务，然后陪着我和培拉妹妹出去玩。夏天我们经常去旁边的人定湖，再远一点有个青年湖，可以游泳，有时他还给我们买大气球，所以我跟他生活上的接触会多一些。安德路那边有个永乐饭庄，他家的坛子肉做得比较好吃，爷爷可能时不时地就溜达着去买。他经常起得特别早，听着无线电就出去遛弯了。我一直不觉得上学有乐趣，后来高一时还退学了。爷爷奶奶还是很包容的，我退学的时候，奶奶说过：“不上就算了，那个学校天天做这种题，训练枯燥。”但我觉得爷爷奶奶和父母肯定心里还是希望我去上学的。我觉得爷爷相对更宽容，在很多事上也没那么较真。上学的事儿后来就顺其自然了。爷爷奶奶可能都觉得中国传统教育模式下小孩太压抑了。后来我决定考大学的时候，奶奶则说：“还是去考个大学比较好。”考上北大那年，北京还是考前一个月填志愿。后面出了分，公私分明的爷爷只是稍微找人问了一句，这分够不够？我的分数确实稍微擦线一些。那一年清华的分数线是650分，北大的是655分。最终我被北大计算机科学与技术系录取了。爷爷那时候肯定是很开心的，可惜奶奶在我考上的前一年就去世了，没能看到这个好消息。对这个我是感觉比较遗憾的。2006 年年底，奶奶患重感冒，住进 ICU，她还说：“我要是去世了，你好好照顾爷爷。”当时我还没觉得奶奶病得那么严重。2007 年她去世之后我很伤心，之后很多时间都和爷爷住。上大学期间周一至周五我住学校宿舍，周六、周日就回爷爷家，直到 2015 年。但实际上，爷爷 2013—2014 年就经常住院了，所以那会儿我常常去医院陪伴爷爷。

爷爷给我印象最深的是他脾气特别好，对家人宽容、开明，鼓励孩子们自由发展天性，从不强迫。我总觉得他可能是那种不会生气的人。在记忆里，与爷爷相处这么多年，他生气也就一两次，主要还是因为我太闹。记得我小时候闹得比较凶。有一次去世界公园玩儿，我忽然就特别生气了，想走开。他过来劝我，抱着我不让我走。我记得自己把他的手都掐破了，但是他也没发脾气。奶奶的脾气有时候挺大的，而爷爷是比较和蔼的。基本上奶奶生气时，爷爷就不太理，不说话，也不反对。他曾说：“别人在气头上，你不说话就好了，过一会儿就缓过去了。”后来我自己总结，包括我分析自己生气的原因，有时候确实是大脑不知道怎么着，忽然就生气了，或者激素水平上去了，就生气了，过一会儿情绪下去了也就好了。

爷爷活到老，工作到老，学习到老。平时除了读书，我感觉他没什么其他个人兴趣爱好。只是六铺炕的家里有很多书，我基本上不怎么看，后面倒是买了金庸的一套武侠小说。我看，他也看。爷爷比较与时俱进，家里电脑买得也比较早，我记得 1997 年就买了。但是最开始我们还不会上互联网，后来会上了。他也陪我们简单打过几次游戏。很多游戏是日语的，他懂日语，我还让他帮我们翻译过游戏里面的单词。那时候我经常和住在附近的同学在周末打一下午游戏。爷爷经常帮我买游戏卡。一张卡七八十块钱，还比较贵，所以不全是买卡，而是假如你这张卡是 70 块钱的，可以加 20 块钱，换另外一张价位差不多的卡。如果另外那张卡价位高的话就补差价，低的话就不补。那会儿他身体还比较好，经常骑车去帮我买。他还会给我一些零花钱，买一些游戏杂志。我打游戏时，有时候奶奶会劝我不要打游戏，爷爷反而没那么在意。我记得他可能更随我的心意一些。小时候我也上奥数课，但是后来觉得奥数好像也没那么有意思。有一次周六坐地铁去上课，我忽然不想去上课了，就一直坐到石景山苹果园。我不是去游乐园，在苹果园站下去后就随便溜达，爷爷就陪着我溜达。他整体上相对来说偏开明一些，当然我也不知道他当时到底是怎么想的。而且他对钱也不太在意，生活上很节俭。他就骑着一辆自行车，后来换了个电动车。他对生活没有什么特别的要求，到后来他花钱的地方也不多了，主要是给孩子花了。

在高考专业的选择上，我没学医可能跟他有一定关系。当时我向爷爷咨询北医怎么样。他说学医有点儿像文科，要背很多东西，可能还要学习德文和拉丁语等语言，需要记忆太多东西。我一听，心想算了，就放弃了学医的念头。我觉得他从感性上可能认为我学医也不错，也有想让我学医的想法，但从理性上觉得我不太适合学医。在选择学校和工作地点的时候，我因为想和爷爷在一起，便只考虑在北京。为什么报北大而没报清华，可能受他的影响比较多一些。他说北大更民主、自由一些，气氛更开放一些。清华更偏工科，工科就要求事事必须按标准流程去做。

虽然我自己并没有跟很多家人一样学医，而是在北大学了计算机，但因为爷爷搞了一辈子医学教育，因而他也会跟我讲一些医学相关的伦理问题。八九岁的时候，看着医院里的那些老人，我忽然感觉他们很有可能10年后就不在了，便想到爷爷陪伴我成长的时间也可能有限，就和他聊了聊生死攸关的问题。很多大人是不会和小孩子聊这些的，但是他能跟我聊，因为他可能看得更开一些。又例如，我小时候经常看到宣传口号讲，医生要待病人如亲人。但有一次爷爷讲到，怎么可能待病人如亲人，做不到的话也是合理的。在医院，某些科室可能每天都死人，医生要是把病人当做亲人看待，每天都悲伤、低落，那就别上班了。而且总会有需要很昂贵的医疗资源却付不起钱的患者，医生也不能像亲人一样借钱、垫钱，所以还是待病人如客人是更加合理的。这个观点因为和我小时候社会上教的观点不同，所以印象比较深刻。从个人角度讲，我可以明白爷爷所说的话的逻辑正确性，但未必算是理解。奶奶和爷爷故去的时候，我切身感受到，如果我选择了学医当医生，每个病人去世都会如此伤心的话，确实没法正常工作了。

等长大一些以后，我也会主动思考一些问题。碰到一些医学上的问题，我就会主动问问爷爷，有几个问题后来我们比较深入地聊过。其中一个是，医学讲要救死扶伤，尽量延长人的寿命，但人早晚都会死，那医学的意义是什么？在爷爷看来，医学主要还是以延长生命为目标，但在很多情况下未必。病人自己及亲人的生活质量都可能影响治疗决策，有时可能是选择放弃治疗。例如，某个孕妇在检查时发现胎儿畸形后提前堕胎，就不是为了延长生命。在他看来，医学肯定还是以尽可能延长寿命、低成本完成治疗为方向。但是对于临床治疗，医生大概更像是指路人与司机。医生要告知病人和家属真实的病情，不同的治疗方案在成本和结局上会有哪些不同。同时，医生也要负责在病人和家属做出选择之后执行好所选择的治疗。但是医生无法代替他人做出选择。现在我想来，大概是因为每个人、每个家庭的价值取向都是不同的。人与人之间有很多共性，所以在大多数小伤小病的情况下，病人和医生的价值观是一致的，医生往往会以命令的形式来对待病人。然而，仍然有不少决策，由于有信息偏差或价值观差异，医生不能基于个人的价值观为病人做出选择。例如，在生命的最后阶段，病人已经没有个人意识，纯粹靠仪器维持生命，对病人及其家庭而言这可能都是一种折磨。从医生的角度看，占着床位浪费钱是没有必要的。爷爷曾经也提过，如果他有那么一天，也不希望插满管子，坚持做无意义的治疗。但我从爷爷故去的经历中感受到，对于亲朋好友而言，病人活着确实对他们有很大的心理支撑作用。真到了需要做出选择的时候，人很难纯粹靠理性做出决策，其中掺杂了太多的感性因素。

后来，这类话题聊得多了，我们自然会讨论到人生哲学的话题。自然科学也许能带领人类飞向太空，踏遍银河系甚至更广阔的宇宙，但是并不能解决苏格拉底经典的三大问题：我是谁，我从哪里来，我要到哪里去。曾经我问过爷爷这样一个问题：物理法则是宇宙之中的绝对真理，不以人类是否存在而改变，但是人类社会中的规则是永恒不变的吗？我们所讲的好与坏、是与非、善与恶，是否真的存在？当我们脱离了人类社会以后，由谁来定义什么是正确的人生的意义？我认为没有人能够定义。因为脱离了人类社会的规则，意义这个概念就不存在了。那么，人活着就真的只是为了人类自己定义的意义而活吗？在这个问题上，爷爷也觉得没有人能给出一个超出人类社会的人类存在的意义，主观真理大概是不存在的。但这也并不等于，人类的存在或者我们所做的事情没有意义。意义就仅仅存在于人类社会之内，这也没有什么问题。人类要探索终极真理，很多时候确实要脱离人类社会的价值观来分析问题，也就是能出世。这些问题可能一直到人类灭亡也没有答案。但就算没有答案，人类也还是要按照人类的规则尽可能地存在下去，所以也要入世。

爷爷故去以后，我又有了另外一些想法。对于生物来讲，是不是只要存在生物，就会有必然存在的社会规则？例如，如果老虎的主要食物包括自己生下的虎仔，那么老虎这个物种就不可能存在下去。既然老虎这个物种存在下去，那么就必然不会把自己的后代当做主要食物。如果某个物种还有能保护幼崽到长大的习性，则这个物种的存在概率会大大提升。这个道理也适用于人类社会，可能只要存在智慧生命，就一定会存在一些基本规则。那是不是说，也许会有一两条主观真理真的存在呢？对这些问题，其实我很想再听听爷爷的想法，但没有机会了。对还在世的人来说，多与爱你和你爱的人聚一聚，也许是少留下遗憾的最好方式。这也是爷爷奶奶最后留给我们的一点启示吧。

时间：2023 年 4 月 27 日 9:00—11:00
地点：北京市海淀区北京大学医学部图书馆 208 研讨室
受访人：彭映雪
访谈人：唐文佩、姜海婷、刘启满
录制人：姜海婷
文稿整理：刘启满、姜海婷
审阅修订：彭映雪

学会尊重生命、善待生命

彭培拉

> 彭培拉，女，1989年生，彭瑞骢孙女，获华南农业大学动物医学学士学位和兽医硕士学位，2014年就职于广州长隆野生动物世界，2019年到南京市红山森林动物园工作，负责动物福利、新展区建设及保护教育等多方面工作。

爷爷寡言少语的处事风格、安静沉稳的性格以及尊重生命的态度，在我的脑海里留下了深刻的印象。早先我并不了解爷爷工作上的事情。在我的眼里，爷爷就是非常普通的人。长大以后，我才知道他在医学领域的一些成就，才知道他是对社会有如此伟大贡献的人。

爷爷在家的时候比较放松，经常看书、看报、看电视，是一个非常温和的人，脾气也特别好，也很少说话。奶奶则和我们交流得多一些，会给我们讲故事。中学时候，我还写过一篇关于爷爷的作文，里面就提到了他与奶奶有趣的相处模式。爷爷吃饭也很有意思，他是家里口味最清淡的人。我们那会儿常常跟他开玩笑，说他喝的汤里只要加一点点盐，爷爷都会说汤很鲜。他吃饭也很简单，常常就是吃面条。偶尔他也会陪我们去逛超市，买东西。

但爷爷很喜欢读书，买起书来也是毫不犹豫，家里室内和阳台上的柜子里满满的都是书。大部分是医学、哲学方面的专业书，但也有其他类型的书。我中学的时候对武侠小说比较感兴趣，就去找爷爷借书来看，结果发现家里金庸、古龙等人写的小说都有全套，这令我很是兴奋。

记忆里，儿时家里一直不乏宠物的陪伴，猫猫狗狗、兔子、鹦鹉……我热衷于观察它们的生活，并暗暗立下志向，长大了要做与动物相关的工作。高考的时候，我果断填报了华南农业大学兽医专业。在这方面，家里人并没有什么异议，都一致地理解、尊重和支持我。爷爷则特地在我去广州上学的前一天晚上叫我上楼谈话。他很正式地说："你要去上大学了，记得好好学习。在外有什么困难，记得要和家里讲，也要记得多和大学里的老师、同学打交道。”这件事情给我的印象很深，因为就只是我们两个人对话，这样的情境以往几乎没有过，而且爷爷很少特地教育我。但这句话也让我心里有了底，知道家永远是可以依靠的港湾。

由于我的专业类别是宠物方向，不少学长、学姐毕业后做了兽医。然而，在实习过程中我发现，在兽医院做兽医似乎和自己理想中的状态不太一样。幸运的是，彼时的我正好看到了一家动物园的招聘信息。我抱着试试看的心态参加了面试，自此成为一个“动物园人”。

理想中的动物园到底应该做什么？在与动物的朝夕相处中，我常常思考这样的问题。原本我觉得能养动物就很开心，但慢慢觉得动物园作为一种公众载体，传递的信息是否正确也同样重要。于是我开始尝试不同的学习渠道，多了解国际行业的标准和发展，并在国外动物园当了一段时间志愿者，以感受理想动物园的工作状态。

目前，我是红山森林动物园本土动物保育区的负责人之一。这里的动物除了水獭是“外来户”，基本上全部是南京本地的动物，是生活在城市里的常见生物。我和同事们用了2年时间，将光秃秃的本土区不断进行生态恢复，打造了更适合动物生活的环境。本土区里面所有的动物科普牌、提示牌都由我们工作人员和志愿者手绘完成。这里更像一片“试验田”。我们所肩负的一个重要职责是向南京市民介绍他们的身边生活着什么动物，这些动物有怎样的习性。我们想努力表达的还有更深一层的思考：城市里的人们该如何与动物相处？

如今，我也知道爷爷对生命伦理等医学哲学问题也有一些思考。我相信，在尊重生命、善待生命、改善生存质量这方面，我们应该是有共同语言的。

我希望，不管什么生命，都能以他自己的方式闪闪发光。

时间：2023年4月29日 21:00—22:30

地点：线上访谈

受访人：彭培拉

访谈人：姜海婷

文稿整理：姜海婷

审阅修订：彭培拉

阿　　公

徐盈盈

徐盈盈，女，1995年生于美国辛西那提，彭瑞骢外孙女。毕业于美国韦尔斯利学院政治学系，是英国牛津大学和美国麻省理工学院交换学生。她曾在波士顿、曼谷、北京和柏林担任新闻记者。她的工业污染对人类和环境健康影响的报道（2021）获得亚洲出版人协会环境新闻报道卓越奖。她的有关难民儿童在战争和移民中遭受持久创伤的故事在2023年获得了英国伦敦“同一世界媒体”（One World Media）难民报道奖，并在2021年和2022年两次获得欧洲新闻奖（European Press Prize）提名。

我对阿公的所有儿时记忆都是他在笑。对于生活中的许多事情，从在电子游戏中被我和哥哥击倒在地，到有关文学和哲学问题的讨论，他的反应总是笑。

有一次，他的无所不乐让我不解，于是我问：“阿公，你为什么总是笑呢?”

他的回答，是一连串的笑声。

我在加利福尼亚长大，几乎每年学校放假时，父母都会带我和哥哥去北京。整个夏天，我们会和阿公一起去人定湖遛弯儿，吃馅饼，玩电子游戏“拳皇”。阿公总是会选择“大锤子”这个角色，他也变成了一个会喷火而且拿着两个大金属球的老人。每当我们的角色被打败时，我和哥哥都会生气地大叫。然而，阿公不管输赢，总是哈哈大笑。

我读高中时，母亲会在给阿公打电话时把电话交给我，让我接着说两句。他说的话通常很简短：学校怎么样？你是不是在努力学习?

16岁那年，母亲告诉我，阿公生病了，正在住院。一个晚上，我紧紧地握着电话筒，问道：“阿公，你一生中最快乐的时光是什么时候?”他沉思片刻后，回答说：“可能是 20 岁的时候，我们在地下组织抗日。我们在乡村里办免费的诊所，晚上就围坐在火炉旁聊马克思主义的书。”我摸不到头脑。接着，我情不自禁地问道：“那你一生中最大的遗憾是什么?”他回答说：“也许是我们为之奋斗的社会变成了现在的样子，这是我的遗憾。”

在千里之外，通过两句简短的回答，阿公为我打开了一扇窗：历史不只是学校教科书里讲的东西，也是我的祖父辈们的故事和他们年轻时的梦想。我还有更多的问题想问他，但那时，由于我的所有教育都是用英语进行的，我已经失去了用中文提问的能力。这样，阿公在不经意间改变了我的生活：在那通电话后，我有了个想法：我要努力提高中文水平，这样才更能听懂阿公讲的故事。可是当时我正在申请大学，也没有时间。

接下来的一年，阿公的健康状况更为恶化。母亲筋疲力尽，尽可能地往返于北京和洛杉矶之间。房间里摆满了半打开的行李，各种按摩垫、残疾人用的马桶以及膳食补充剂。

后来，时机来了，被韦尔斯利学院（Wellesley College）录取后，我有了一个主意。在美国，学生在高中毕业后花一年的时间休整和旅行很常见。正好我在小学时跳过一次级，我想也许可以用攒下的这一年换取一年不同的教育。于是我向母亲提出了一个请求，问她是否可以在北京度过这一年。这样我就可以离阿公更近，并且每天可以去看望他。我自私地想，终于可以听听他的故事了。

在北京的那一年，我每天上午去上中文课，下午就骑车从五道口到牡丹园，坐在阿公的床边。小时候他会给我买馅饼吃，而这一次我在花园路上的宏状元粥店为他买了馅饼，再爬上楼去看他。那些日子，他显得很严肃，大部分时候都无声地坐在椅子上或者躺在床上。他的笑声比以前少了许多，因此我想了各种办法想让他再笑起来。一次我把麻将牌从六铺炕的老房子那儿带来，召集了我的二舅和护工戴叔叔与我们一起玩。每次一局玩完，阿公会像以前一样发自内心地发出一连串笑声。我期盼阿公的病好起来，用彩纸折了上千只纸鹤，将它们串起来挂在窗台上，房间也变得更加色彩斑斓。我给他听他喜欢的曲子：克劳德·列维-斯特劳斯的《蓝色多瑙河》。他会闭着眼睛聆听，表情平静而专注。我请求他每天讲一个15分钟的故事。然而，他的清醒度在逐渐下降，谈话几分钟后就会感到疲劳。可是，在他失去自我意识的同时，我开始对自我意识，包括我的家庭、家族史和人的品质有了更深入的思考。那时我17岁，从未照顾过任何人。那一年是我第一次伸出手来安抚亲人，在他的床边唱歌。

没过多久，当我上大学时，阿公就去世了。

母亲在电话中告诉我，在他生命的最后几个月，当意识已经变得模糊时，有时候护士走进房间，他会问"是盈盈吗?"这让我感到很自豪。

我仍然相信，在他生命的最后几年里，我和阿公共度了一段时光是我早年做出的最好的决定之一。我身上在很多方面延续了他的生命：他的好奇心、深刻的思考、职业道德，他为追求理想而过的简单生活。这些已经塑造了我的世界观，让我对人生目的有了更清晰的理解。我开始践行这样的理念：活着不是为了钱财，不是为了个人利益，甚至小家庭的利益，而是为了真理、正义和为大众服务，以建立一个更加人道的社会。

我现在意识到阿公对我的童年生活有过的一些影响，而我过去不曾察觉。母亲总是给我买书，因为她的父亲总是给她买书。母亲说她的父亲总是带她去新华书店，所以母亲也总是带着哥哥和我去Barnes and Nobles书店度过闲暇时光。在我长大的加州家里也充满了书，因为母亲的童年家庭就是如此。现在，我已经远离了自己的童年家园。因为工作关系，我已走过几大洲不下几十个国家。每到一处，逛书店已成了我的一大爱好。我的生活空间里也总是充满了杂乱的书籍。

阿公说他最喜欢的作家是陀思妥耶夫斯基，所以后来开始阅读这些小说，看看自己是否可以在书上找到阿公的影子。战争、革命、监狱，阿公也经历了所有这些剧烈的革命——但为什么黑暗没有在他的脸上留下任何痕迹呢?他怎么能如此优雅地老去，而且总是在笑呢?

尽管我只是在阿公年迈时才开始了解他，在这个地球上我们的生命仅仅重合了20年，但我总是感觉自己理解了他的一些内在的根本性的东西。

如果有机会，我很想和他再玩一回“拳皇”，再听他讲故事，或者找出他究竟对陀思妥耶夫斯基的哪些方面感到着迷。当想起他时，我可以听《蓝色多瑙河》，仿佛看到他的脸靠在柔软的枕头上。他的笑声，是我的童年里最动听的音乐之一。

本文由作者本人撰写。

彭瑞骢同志生平

著名医学教育家、医学哲学与伦理学家、公共卫生学家，原北京医学院党委书记、原北京医科大学党委书记，中国共产党优秀党员彭瑞骢同志，因病医治无效，于2015年1月7日17时在北京逝世，享年91岁。

彭瑞骢同志祖籍江苏省吴县，1923年8月4日生于北京。从中学时代起，彭瑞骢同志就关注社会、关心政治、心系国家的前途命运。1940年考入北京大学医学院医学系本科。在进步思想的影响下，他开始阅读《新哲学大纲》《资本论浅说》等进步书籍，逐步确立了参加抗日斗争、追求真理、向往革命的理想信念。1944年3月，彭瑞骢同志加入中国共产党。1944年7月从北京大学医学院毕业后，他考入北京中央医院（北京大学人民医院前身）做内科实习医师。1945年由组织委派，他转至开滦矿务局医院做住院医师。抗日战争后期至解放战争初期，彭瑞骢同志在晋察冀城市工作部执行相关任务。1946年，彭瑞骢同志遵照上级决定回到北平，在北京大学医学院公共卫生科任助教。其间彭瑞骢同志组织了什坊院保健院，参加进步社团"长庚社"，积极组织高校师生开展民主爱国活动。同年12月，医学院成立了中国共产党教员党支部，彭瑞骢同志任书记。他积极组织并参加北京地区讲师助教联合会的反内战、争民主罢教运动。1949年2月，北京大学医学院学生党支部和教师党支部合并，彭瑞骢同志任第一任党支部书记，兼任秘书。1949年3月至9月，彭瑞骢同志任北京大学党总支组织部部长。1955年4月，彭瑞骢同志任北京医学院党委副书记。"文革"中，彭瑞骢同志受到冲击，先后在江西省永修干校和河北省茶淀农场劳动改造。恢复工作后，1975—1977年彭瑞骢同志任北京医学院第一附属医院党委书记，1977年至1980年任北京医学院党委副书记、副院长，1980年9月至1993年7月任北医党委书记，于1999年离休。

彭瑞骢同志是中共十二大代表，第七届全国人大教科文卫委员会顾问，第八届全国政协委员（医药卫生界）；曾任卫生部政策与管理研究专家委员会顾问、医学伦理专家委员会主任、中国自然辩证法研究会副理事长、中国农村卫生协会副会长、国际农村医学与农村卫生学会理事；曾八次被世界卫生组织聘为临时顾问。

彭瑞骢同志具有坚定的共产主义信念、坚强的党性和极高的政治理论水平及政治把握能力。他对党忠诚，坚持原则，善于学习，注重理论与实践相结合。他密切联系群众，团结同志，与人为善，尊重、爱护学生和教职员工。从1949年起他担任北医党政领导工作，在改革开放之前的历次政治运动中，他既服从全局，又维护学校师生的利益，在北医形成了宽松的政治氛围。在干部的选拔和使用上，他坚持“为做事而做官”的用人标准，善为伯乐，注意后备干部的培养。同时，他在全校医疗、教学各二级单位拓宽视野，大力建设学生辅导员队伍。在他的带领下，北医培养和出现了一批具有奉献精神的管理干部。

彭瑞骢同志重教尊贤，厚德育才。1952年，全国进行院系调整，北京大学医学院独立建院，成立北京医学院，彭瑞骢同志担任总支书记兼任学院秘书。建校之初，他和领导班子统筹考虑，立足国内、走向世界，把建校的重点放在人才队伍建设上。北医派出了一批骨干到苏联学习进修，同时也吸引了一批知名专家和留学归国人才，使北医汇聚了一大批中国当时知名的教授、名医，教学、科研和医疗水平全面提高。改革开放后，彭瑞骢同志与其他领导一道，积极为人才成长创造条件，公费派出大批优秀人才赴美、英、法、德、日等先进国家学习进修，为北医培养了一批科研领域的领军人物。

彭瑞骢同志是享有社会盛誉的医学教育家，提出了一系列全局性、前瞻性和战略性的观点，并将理论付诸实践。彭瑞骢同志坚持医学教育规律，大力倡导“三基”（基本理论、基本知识、基本技能）、“三严”（严肃的态度、严格的要求、严密的方法），注重住院医师培养，在北医逐步建立起完整的教学和临床体系。他倡导要建设多学科、综合性的医学院校。从20世纪50年代起，他就积极探索和思考医学与哲学的关系，并倡导从哲学的高度来反思医学教育，在医学界开展了自然辩证法的学习和研究活动，于1985年率先在医学院校成立了社会科学与人文科学教学部，吸引了基础医学、临床医学、预防医学和哲学自然辩证法等专业的几十位专家教授。彭瑞骢同志始终高度重视北医重点学科的建设和前沿科学的发展。20 世纪 80 年代初，彭瑞骢同志大力倡导并坚持“中医、西医和中西医结合三支力量要大力发展，长期共存，团结、依靠地建设”，此观点被卫生部采纳。对北医泌尿外科研究所、血液病研究所等临床科研基地的建设和发展，他倾注了大量心血。他是第一个将生物—心理—社会医学模式传播到中国的专家，并以此指导改革医学教育的课程设置，建立了卫生管理学、卫生法学和卫生经济学等学科。他支持中国公共卫生教育改革。1989 年，在国际机构的支持下，他推动了由北医、中国预防医学科学院、中国医学科学院共同组建的全国第一个以培养公共卫生应用型人才为特征的联合公共卫生学院。这是我国公共卫生硕士培养的雏形。他还积极支持中美预防神经管畸形合作项目。

彭瑞骢同志十分关心国家的卫生事业改革和医疗体制改革。他参与并组织过多次有关卫生改革与发展的研讨会，对党中央、国务院、卫生部相关文件的起草提出建议，强调医院的公益性，并多次参与医疗服务体制改革的讨论和有关课题研究。同时，他特别关注广大农村缺医少药的状况和国家初级卫生保健网的建设。他积极推动世界卫生组织倡导的“2000 年人人享有卫生保健”活动在我国的实施，为在农村推行初级卫生保健起到了积极的作用。

离休后，彭瑞骢同志仍然关心国家大事，关心北大医学部的改革、建设和发展，关心青年学生的成长，并担任北医关心下一代工作委员会的顾问。2009 年，86 岁高龄的他参加了由北医等 18 所医学院校和《医学与哲学》杂志社发起的“医学发展高峰论坛”。2012 年 6 月，他召集在京医学院校部分校长、书记，讨论第二次卫生革命、医疗体制改革、医学教育改革问题。北医建校一百周年之际，彭瑞骢同志在病榻前多次对北医历史编纂过程中的相关史实、史料予以把关修正。他在《北医的百年寄语》中指出：“期望在下一个百年里，北医成为真正的一流大学，北医能为人类社会的发展做出贡献，向世界发出响亮的声音！”

2013 年，彭瑞骢同志因为在教育领域的杰出贡献，获得北京大学教师的最高荣誉奖——“蔡元培奖”。

彭瑞骢同志的一生是献身医学教育和医药卫生事业、不断追求真理的一生。他把自己的命运与国家的发展紧密相连，始终对党、国家和人民忠心耿耿，将毕生的精力都奉献给了祖国的医学教育和医药卫生事业，奋斗不息、鞠躬尽瘁。彭瑞骢同志为人厚道、作风正派、清正廉洁、严于律己、待人诚恳、艰苦朴素。他高尚的思想品质、务实的治学态度、不息的求索精神，永远值得我们学习和怀念。

本文为2015年彭瑞骢追思会上的总结。

附录2

笔耕不辍：彭瑞骢学术成果一览

说明：本部分材料以作者名为关键词检索数据库而得，并结合《彭瑞骢文集》内容补充整理，以公开发表时间先后为序。

出版著作

[1] 彭瑞骢. 医学辩证法试用教材［M］. 大连：医学与哲学杂志社，1983.

[2] 彭瑞骢，高良文. 中国卫生事业管理学［M］. 长春：吉林科技出版社，1982.

[3] 彭瑞骢. 医学辩证法［M］. 北京：人民卫生出版社，1985.

[4] 彭瑞骢. 临床思维及例证［M］. 广州：广东科技出版社，1988.

[5] 彭瑞骢. 中国改革全书：1978—1991 医疗卫生体制改革卷［M］. 大连：大连出版社，1992.

[6] 彭瑞骢. 医学科技与社会［M］. 北京：北京医科大学、中国协和医科大学联合出版社，1998.

[7] 彭瑞骢. 医学科学技术哲学［M］. 北京：人民卫生出版社，2002.

[8] 彭瑞骢. 彭瑞骢回忆录［M］. 北京：北京大学医学出版社，2012.

[9] 彭瑞骢. 彭瑞骢文集［M］. 北京：北京大学医学出版社，2012.

学术论文

[1] 彭瑞骢. 预防霍乱，要打预防针！［N］. 人民日报，1949-06-08.

[2] 彭瑞骢. 掌握辩证唯物主义的世界观和为自然科学摆脱唯心主义影响而斗争［J］. 自然辩证法研究通讯，1957（3）：14-15.

[3] 彭瑞骢. 积极开展医学哲学问题的研究［J］. 医学与哲学，1980（2）：1-3.

[4] 黄筵庭，谢竹藩，田庚善，等. 临床观察的现况与展望［J］. 医学与哲学，1980（2）：9-15.

[5] 彭瑞骢，常青，阮芳赋. 关于生物医学模式向生物—心理—社会医学模式的转变及其意义［C］. // 首届中国医学辩证法学术讨论会学术论文. 1981.

[6] 彭瑞骢，李天霖，阮芳赋. 经济发展与我国医疗保健事业［J］. 医学与哲学，1982

（1）：4-8.

[7] 彭瑞骢，常青，阮芳赋. 从生物医学模式到生物—心理—社会医学模式［J］. 自然辩证法通讯，1982（2）：25-30.

[8] 彭瑞骢，常青，阮芳赋. 生物医学模型应转向生物—心理—社会医学模型［J］. 世界科学，1982（3）：50-51.

[9] 彭瑞骢. 总结经验，为办好北京医学院而努力［J］. 北京医学院学报，1982，14（3）：165-179.

[10] 彭瑞骢. 医生与生命科学［J］. 自然辩证法，1984（12）：25-30.

[11] 彭瑞骢. 当代医学发展对临床思维的影响［N］. 健康报，1984-04-02.

[12] 彭瑞骢，谢竹藩，黄莛庭，等. 论医学生临床思维能力的培养［J］. 医学与哲学，1984（4）：2-6，57.

[13] 彭瑞骢. 需要全社会关注的事业——从医学模式的转变看未来的医疗工作［J］. 瞭望（新闻周刊），1984（9）：39.

[14] 彭瑞骢. 谈生物—心理—社会医学模式［J］. 中华预防医学杂志，1985，19（6）：367-368.

[15] 彭瑞骢，谢竹藩，黄莛庭，等. 论医学生临床思维能力的培养（上）［J］. 中国医刊，1985（11）：2-3.

[16] 彭瑞骢，常青，阮芳赋. 论现代医学的性质和构成［J］. 医学与哲学，1985（12）：1-4.

[17] 彭瑞骢. 衣食住行医和健康保险［J］. 卫生经济，1985（4）：28-30.

[18] 彭瑞骢，谢竹藩，黄莛庭等. 论医学生临床思维能力的培养（上）［J］. 中级医刊，1985（11）：2-3.

[19] 彭瑞骢，谢竹藩，黄莛庭等. 论医学生临床思维能力的培养（下）［J］. 中级医刊，1985（12）：2-5.

[20] 彭瑞骢，常青，阮芳赋. 论现代医学的性质和构成［J］. 医学与哲学，1985（12）：1-4.

[21] 彭瑞骢. 关于医学的发展战略及其研究［J］. 医学与哲学，1986（03）：1-4.

[22] 彭瑞骢. 医疗保健事业与发展研究［C］. // 彭瑞骢文集［M］. 北京：北京大学医学出版社. 2012：203-207.（原文最早发表于《中国初级卫生保健》，1986 年第 10 期）中国初级卫生保健，1986（10）：137-150.

[23] 彭瑞骢. 参加世界卫生组织召开的国际会议的简要汇报［J］. 中国初级卫生保健，

1986（10）.
[24] LEROY WALTERS 著，彭瑞骢译. 生物医学伦理学［J］. 美国医学会杂志中文版. 1986，5（2）：126-127.
[25] 彭瑞骢，朱世能. 日本国“面向社会需要，未来医学教育”国际讨论会介绍［J］. 医学教育，1986（12）：1-3.
[26] 彭瑞骢. 建设有中国特色的卫生保健事业［J］. 健康报. 1986-11-20.
[27] 彭瑞骢. 新形势下的卫生人力问题的专题发言［J］. 中国农村卫生事业管理杂志，1987（1）：10-12，20.
[28] 彭瑞骢. 在“实现2000年人人享有卫生保健领导干部研讨会闭幕会上”北京医科大学党委书记彭瑞骢教授的致词［J］. 中国农村卫生事业管理杂志，1987（1）：14-14.
[29] 陈育德，杨辉，彭瑞骢. 农村经济体制改革形势下农村卫生情况的改变及其对预防服务的挑战［J］. 中国农村卫生事业管理杂志，1987（1）：40-47.
[30] 彭瑞骢. 写在前面［J］. 中国心理卫生杂志，1987（1）：10.
[31] 彭瑞骢. 第二十二届日本医学会总会简介［J］. 国外医学（医院管理分册），1987（4）：1-3.
[32] 严和骎，彭瑞骢. 关于WHO西太区第三次精神卫生协调会情况［J］. 中国心理卫生杂志，1987（5）：223-224，229.
[33] 彭瑞骢. 医学院校应经济参与初级卫生保健运动［J］. 健康报. 1987-12-17.
[34] 彭瑞骢. 关于医学哲学研究的几点意见［J］. 医学与哲学，1988（4）：1-3.
[35] 彭瑞骢. 胎儿能用于医疗吗：对于“胎儿研究”的辩论热［J］. 医学与哲学（人文社会医学版），1988，（6）：52.
[36] PENG R C. Medical Schools can Play a Major Role[C]//Health Manpower and Leadership Development. World Health Forum, 1988（9）: 136-138.
[37] 彭瑞骢. 医学进步与社会发展［J］. 同济医科大学学报（社会科学版），1989，2（1）：44-45.
[38] 彭瑞骢. 要勇于回答医疗实践中的各种伦理问题［J］. 医学与哲学（人文社会医学版），1989（10）：5-6.
[39] 彭瑞骢. 医疗单位实行承包制的几个问题［J］. 中华医院管理杂志，1989，5（1）：8-9.
[40] 彭瑞骢. 一以贯之坚持多数人受益的原则——简论我国卫生工作的四十年［N］. 健康报，1989-10-12.

[41] 彭瑞骢. 中国医疗的平等性（Equity and Health Care in China）[C]. 1989年于德国发言.

[42] 彭瑞骢. 高技术医学的伦理学问题[J]. 国外医学（医院管理分册），1990,（1）：30-32.

[43] 彭瑞骢，常青，元文玮，彭逢友，卢德怀，欧阳智，邓平修. 医学辩证法发展十年回顾展望：祝贺《医学与哲学》杂志创刊十周年[J]. 医学与哲学，1990,（4）：1-2.

[44] 彭瑞骢. 在第五次全国医学哲学学术讨论会闭幕式上的发言[J]. 医学与哲学，1990,（11）：4-6.

[45] 彭瑞骢，吴咸中，艾钢阳等. "欲穷千里目，更上一层楼"——纪念本刊创刊十周年座谈发言摘要（上）[J]. 医学与哲学，1990,（11）：1-3.

[46] 彭瑞骢. 我国卫生事业发展战略问题（提纲）[J]. 自然辩证法研究，1991,（1）：54-57.

[47] 彭瑞骢. 符合时代特征 适应发展趋势[N]. 健康报. 1991-05-05.

[48] 许林峰，胡向阳，刘东辉等. 城市初级卫生保健机构的适宜技术初探[J]. 中国初级卫生保健，1991，5（7）：36-39.

[49] 黄莛庭，彭瑞骢，张鸣和，马明信，胡秉忠，彭勃，王文治，高玉洁，刘国礼，董悦. 临床诊断水平和高诊断技术的应用[J]. 医学与哲学，1991,（7）：1-4.

[50] 彭瑞骢. 回顾建校八十年 奋进迎接新世纪[J]. 北京医科大学学报，1992（4）：241-245.

[51] 彭瑞骢，安笑兰. 缅怀我国医学教育的一代宗师林宗扬教授[J]. 中华预防医学杂志，1993，27（5）：280-281.

[52] 李竹，严仁英，秦新华，彭瑞骢，钱宇平，渠川琰，李天霖，唐仪. 论在我国推广"妇女增补叶酸预防神经管畸形"成果的必要性和适时性[J]. 中国优生优育杂志，1994,（1）：33-37.

[53] 彭瑞骢. 我国现行医疗保健体制改革的研究[J]. 中华医院管理杂志，1994，10（5）：257-260.

[54] 彭瑞骢. 开展"医学目的"的讨论很有必要[J]. 医学与哲学，1994，15（7）：1-2.

[55] 彭瑞骢. 有关"医学目的"的几个重要问题[J]. 医学目的. 1994.

[56] 彭瑞骢. 中国医疗卫生保健事业的过去、现况及挑战（The Past and Present of Health Care in China, and its Future Challeges），1994年10月发表，具体刊物不明.

[57] 彭瑞骢. 区域卫生规划中要加强初级（卫生）保健为基础的医疗服务系统的建设［C］. 在区域卫生发展研究会上的讲话. 1994-11.

[58] 彭瑞骢. 面向21世纪 初级卫生保健工作只能加强——纪念《中国初级卫生保健》杂志发刊100期［J］. 中国初级卫生保健，1995，9（2）：9.

[59] 彭瑞骢，常青. 可贵的探索成功的尝试：评《当代医学发展启示录》［J］. 医学与哲学，1995，16（11）：615-616.

[60] 彭瑞骢. 展望21世纪［N］. 健康报. 1995-12-14.

[61] 彭瑞骢. 医学目的与公共卫生［J］. 医学与哲学，1996，17（6）：281-283.

[62] 彭瑞骢，李东方. 卫生事业的性质、地位与作用的讨论［J］. 中国农村卫生事业管理杂志，1996，16（1）：10-13.

[63] 彭瑞骢. 关于中国自然辩证法研究会章程修改草案的说明［C］// 中国自然辩证法研究会. 中国自然辩证法研究会第四届全国代表大会文件. 中国自然辩证法研究会第四届全国代表大会文件，1996：6.

[64] 彭瑞骢. 医学目的与公共卫生［J］. 医学与哲学，1996，17（6）：281-283.

[65] 彭瑞骢，谢竹藩. 卫生事业的性质、地位与作用的讨论［J］. 中国农村卫生事业管理，1996，1（16）：10-12.

[66] 从医学目的看卫生发展［N］. 健康报，1996-5-5.

[67] 彭瑞骢. 总结过去向前看［N］. 健康报，1996-9-22.

[68] 彭瑞骢. 回顾与展望纪念本刊发刊十周年［J］. 中国心理卫生杂志，1997，（1）：3-4.

[69] 彭瑞骢. 社会主义市场经济体制下关于我国医疗保健体制的思考［C］. 彭瑞骢文集［M］. 北京：北京大学医学出版社，2012：203-207.

[70] 彭瑞骢. 发扬好传统，勇于改革创新，努力建设有中国特色的社会主义卫生事业［J］. 医学与哲学，1997，18（3）：113.

[71] 汪宏，彭瑞骢. 药品政策改革与卫生费用控制［J］. 中华医院管理杂志，1997，13（2）：75-78.

[72] 彭瑞骢. 学习十五大精神——探讨医学改革新思路［N］. 健康报，1997-10-12.

[73] 彭瑞骢. 祝贺中国医学伦理学杂志创刊十周年［J］. 中国医学伦理学，1998（6）：58.

[74] 李世荫，杨雪琴，邵长庚，彭永年，王光超，彭瑞骢. 在“医学目的”讨论中审视当前银屑病防治研究工作. 中华皮肤科杂志，1998，31（2）：69-71.

[75] PENG R C. The goals of medicine and public health.//Mark J. Hanson & Daniel Callaham

ed. The Goals of Medicine[M]. Washington D.C: Geogretown University Press. 1999: 174-180.

[76] 彭瑞骢. 加强职业道德建设 弘扬白求恩精神[J]. 医学伦理学, 1999, 67(5): 25-26.

[77] 彭瑞骢. 精神卫生需多学科合作——当伸手派，不当缩手派[J]. 中国心理卫生杂志, 1999(5): 257.

[78] 彭瑞骢. 加强职业道德建设弘扬白求恩精神[J]. 中国医学伦理学, 1999,(5): 25-26.

[79] PENG R C. How professional vaules are developed and applied in medcial practice in China. Hasting Center Report(Special Supplement), 2000: 23-26.

[80] 彭瑞骢. 新世纪医疗卫生服务值得思考的几个问题[J]. 医学与哲学, 2000, 21(11): 13-16.

[81] 彭瑞骢. 读“关于城镇医药卫生体制改革的指导意见”[J]. 医学与哲学杂志, 2000, 21(5): 1-3.

[82] 彭瑞骢. 新世纪医学发展值得关注的两个问题[C]// 中国自然辩证法研究会. 中国自然辩证法研究会第五届全国代表大会文件. 2001: 57.

[83] 张大庆, 程之范, 彭瑞骢. 20世纪医学: 回顾与思考[J]. 医学与哲学, 2001,(6): 60-62.

[84] 彭瑞骢. 祝贺《中国医院》正式出版发行[J]. 中国医院, 2001, 5(3): 12.

[85] 彭瑞骢. 医学目的的讨论和精神卫生服务[J]. 前进论坛, 2001,(12): 16-17.

[86] 彭瑞骢. 关于伦理委员会组成工作原则(提纲)[J]. 中国医学伦理学, 2001,(6): 60.

[87] 彭瑞骢. 改革的过程回顾与急需解决的问题[J]. 国外医学(医院管理分册), 2002,(1): 6-8.

[88] 李本富, 彭瑞骢, 杜治政, 谢竹藩, 郭照江. 临床试验中如何保护受试者权益[N]. 健康报. 2001-11-15.

[89] 彭瑞骢. 伦理委员会的组成与工作原则[J]. 世界核心医学期刊文摘(眼科学分册), 2002, 1(3): 210.

[90] 彭瑞骢. 改革的过程回顾与急需解决的问题[J]. 国外医学(医院管理分册), 2002, 71(1): 6-8.

[91] 彭瑞骢. 重新探讨“医学目的”的意义[J]. 科技中国, 2006,(7): 28-33.

[92] 陈育德，姚树印，彭瑞骢. 关于新世纪头二十年我国卫生改革与发展的浅见［J］. 中国社会医学杂志，2006，23（2）：65-69.

[93] 彭瑞骢. 医学的可持续发展与整合、公平［J］. 医学与哲学（人文社会医学版），2009，30（2）：1-4.

[94] 彭瑞骢. 医学哲学研究的开天辟地——广州医学辩证法讲习会的回顾［J］. 医学与哲学（人文社会医学版），2009，30（4）：74-76.

[95] 彭瑞骢. 在东西方交流与合作中促进医学创新——在纪念《医学与哲学》杂志创刊30周年暨广州医学辩证法讲习会30周年纪念大会上的讲话［J］. 医学与哲学（人文社会医学版），2010，31（2）：7+9.

[96] 彭瑞骢，孟讙，张大庆. 医学院的灵魂之旅［J］. 书屋，2010，（11）：26-31.

（整理：姜海婷）